创新企业知识产权理论与实务丛书

互联网诉讼实务精要及案例详解

姚克枫 著

中国·武汉

图书在版编目（CIP）数据

互联网诉讼实务精要及案例详解/姚克枫著．—武汉：华中科技大学出版社，2023.7
（创新企业知识产权理论与实务丛书）
ISBN 978-7-5680-9746-8

Ⅰ.①互… Ⅱ.①姚… Ⅲ.①互联网络-民事诉讼-案例-中国 Ⅳ.①D925.105

中国国家版本馆 CIP 数据核字（2023）第 117402 号

互联网诉讼实务精要及案例详解
Hulianwang Susong Shiwu Jingyao ji Anli Xiangjie

姚克枫　著

策划编辑：	郭善珊
责任编辑：	张　丛
封面设计：	沈仙卫
责任校对：	刘　竣
责任监印：	朱　玢

出版发行：华中科技大学出版社（中国•武汉）　　电话：（027）81321913
　　　　　武汉市东湖新技术开发区华工科技园　　邮编：430223

录　　排：华中科技大学出版社美编室
印　　刷：湖北恒泰印务有限公司
开　　本：710mm×1000mm　1/16
印　　张：15.25
字　　数：227 千字
版　　次：2023 年 7 月第 1 版第 1 次印刷
定　　价：108.00 元

本书若有印装质量问题，请向出版社营销中心调换
全国免费服务热线：400-6679-118　　竭诚为您服务
版权所有　侵权必究

序言
preface

快速发展的信息技术，已经改变了人们生活的各个方面，全球已迎来了万物互联的时代，司法活动也受到了互联网和信息技术的推动。各个国家在推动司法技术化、司法信息化上，投入了大量的财力物力，互联网法院、互联网诉讼、互联网仲裁正是互联网时代的产物。目前互联网诉讼在全球范围内颇受重视，很多国家将其视为有效提高诉讼效率和大幅度降低诉讼成本的司法活动手段。

本书对互联网诉讼发展进行了概述，对互联网民商事诉讼、互联网知识产权诉讼、互联网劳动诉讼、互联网不正当竞争诉讼进行了分析，介绍了在线纠纷解决机制，并对近年来中国互联网行业的典型诉讼案例进行了评论，向读者展示互联网诉讼的总体情况。

在司法实践中，网络远程庭审作为互联网诉讼的重要一环，由于它特有的显著优势而逐渐被推广使用，早在 2015 年，《最高人民法院关于适用〈中华人民共和国民事诉讼法〉的解释》明确规定了采用视听传输这一审理方式的适用情形。读者可以通过本书对互联网诉讼发展状况的研究，了解到我国司法机关为适应互联网时代发展做出的先进改革，了解互联网诉讼与传统诉讼方式的差异，以及这一新兴诉讼方式给生活所带来的改变。

除法院诉讼活动外，在线和解、在线调解和在线仲裁等多元纠纷解决机制展现出与互联网纠纷强大的适配性，众多在线纠纷解决机制中，互联网仲裁正在被广泛推广。中国首个互联网仲裁院是青岛仲裁委员会在 2016 年设立的，是国内首个专门针对互联网领域成立的仲裁院，是中国最早以互联网命名的仲裁院，青岛仲裁委员会在"互联网＋"时代背景下，顺应时代发展要求而设立的以行业和技术划分的专门仲裁院。青岛仲裁委员会互联网仲裁院的设立，旨在借助互联网技术，开创仲裁服务的新模式。笔者有幸担任青岛仲裁委员会互联网仲裁院首任院长。

2019 年，北京市律师协会新设立互联网诉讼服务研究会，这是北京市律师协会顺应互联网新时代的特点，新设成立的以研究互联网诉讼为方向的研究会，笔者当选北京市律师协会互联网诉讼服务研究会首位主任。作为该互联网诉讼服务研究会主任，笔者在京津冀律协集中培训讲授了《互联网诉讼指南》课程。多年来，笔者一直在为推动互联网仲裁、互联网诉讼尽自己的绵薄之力。

当前，互联网的发展打破了原有的空间限制，人与人之间的信任不再仅仅依靠面对面的接触，在线纠纷解决机制也是在这种虚拟、脱域的情境下建立起来

序言

的。在互联网规则和行为模式的作用下，人们对在线纠纷解决机制的信任，区别于基于亲缘、人际、结果、制度的信任建立起来的传统纠纷解决机制，变成对网络、系统、程序、信息技术等互联网时代产物的信任。所以，弱信任建立和弱信任维持危机便成为纠纷当事人对在线纠纷解决机制付诸信任的一大障碍。不仅如此，现阶段在线纠纷解决机制虽然已经逐步确立，但是对于相当一部分人来说，还是一个比较陌生的概念，民众对于在线纠纷解决机制所具备的经济性、灵活性、弱对抗性、科技性等特征更是一头雾水。因此，完善我国在线纠纷解决机制和建立与在线纠纷解决机制相配套的技术就成为构建具有中国特色的在线纠纷解决体系的核心任务。笔者希望抛砖引玉，通过本书引发读者朋友对在线纠纷解决机制、智能诉讼体系的进一步思考，以便能够提出更新颖的观点和发展更快捷便利的技术，更好地为司法实践所用。

目录
contents

第一章 互联网诉讼发展概述 ⋯001
 (一)第一阶段:互联网诉讼探索阶段 ⋯003
 (二)第二阶段:互联网诉讼生成阶段 ⋯006
 (三)第三阶段:互联网诉讼完善阶段 ⋯008

第二章 互联网民商事诉讼 ⋯012
 (一)电子商务合同 ⋯012
 (二)网络服务合同 ⋯023
 (三)互联网金融借款合同 ⋯032
 (四)网络人身权 ⋯043
 (五)网络财产权 ⋯053
 (六)网络购物产品责任 ⋯064

第三章 互联网知识产权诉讼 ⋯074
 (一)网络著作权 ⋯074
 (二)网络域名权 ⋯084
 (三)网络商标权 ⋯094

第四章　互联网劳动诉讼　…099
（一）互联网平台劳动诉讼　…099
（二）互联网企业劳动诉讼　…112

第五章　互联网不正当竞争诉讼　…125
（一）互联网不正当竞争行为的概念　…125
（二）互联网不正当竞争的认定　…126
（三）互联网不正当竞争行为所具有的特点　…129
（四）不正当竞争行为的类型及涉及的诉讼　…131

第六章　互联网垄断诉讼　…152
（一）互联网垄断的内涵　…153
（二）互联网垄断的特点　…154
（三）互联网垄断的分类　…158
（四）互联网垄断所涉及的纠纷　…160
（五）实务分析　…166

第七章　在线纠纷解决机制　…172
（一）在线纠纷解决机制的内涵　…172
（二）在线纠纷解决机制现实价值　…173
（三）在线纠纷解决机制的特点　…175
（四）在线纠纷解决机制的类型　…177
（五）在线纠纷解决机制在我国的实践
　　问题与应对　…180

(六)互联网法院 …185
　　(七)互联网仲裁 …195

第八章　案例详解 …205
　　(一)P公司、X公司诉杭州D公司、Z公司
　　　　不正当竞争纠纷案 …205
　　(二)吴某诉某借贷公司等债权转让合同
　　　　纠纷案 …209
　　(三)《武侠Q传》游戏侵害著作权及
　　　　不正当竞争纠纷案 …214
　　(四)李某诉某电商平台网络购物合同纠纷案 …218
　　(五)K公司、S公司诉X公司著作权纠纷案 …221
　　(六)QH公司与T公司垄断纠纷案 …225
　　(七)X公司与W公司信息网络传播权纠纷
　　　　申请再审案 …228
　　(八)北京I公司与杭州F公司,以及吕某、
　　　　胡某不正当竞争纠纷案 …230
　　(九)王某诉江某、T公司不正当竞争纠纷案 …232

第一章
互联网诉讼发展概述

当今世界，互联网技术不断革新。我国互联网技术居于世界前列，互联网的普及率不断上升，社会各个阶层因为家庭、社会交往等需要逐渐接触互联网，互联网已经成为人民群众生活和工作的常用工具。根据中国互联网络信息中心（CNNIC）发布的第51次《中国互联网络发展状况统计报告》，截至2022年12月，我国网民规模达10.67亿，互联网普及率达75.6%。人们对互联网的依赖程度可见一斑，互联网已经成为人们工作、生活不可或缺的工具，而基于互联网作为技术基础的数字经济也成为世界经济增长的新动能。以互联网为依托的电子商务市场也飞速发展，目前中国在电子商务领域的发展水平已经超过西方发达国家。根据商务部电子商务司发布的《中国电子商务报告2021》，2021年我国电子商务从业人员超过6700万人，电子商务交易额达42.3万亿元，其中网上零售额13.1万亿元，实物商品网上零售额10.8万亿元，占社会消费品零售总额的比重上升到24.5%。电子商务市场在促进经济发展、扩大就业、刺激消费、拓展跨国贸易、助力脱贫攻坚、乡村振兴以及带动我国产业向数字化方向转型等方面都做出巨大的贡献。

互联网给人民群众带来高效、便捷的生活方式，提高了我们的工作效率，但事物都有两面性，正因为互联网能打破人们交流的空间限制，也引发了新的社会问题——基于网络而产生的社会纠纷日益增多。互联网背景下的社会纠纷从种类和数量上看，主要分为互联网民商事纠纷和互联网知识产权纠纷。互联网民商事纠纷，是以信息技术迅速进步、电子商务蓬勃发展、互联网科技快速普及的背景下引起的合同纠纷和侵权纠纷；而互联网知识产权纠纷，则是以网络知识产权的侵权纠纷为主，还存在部分知识产权合同纠纷。同时，互联网经济的发展也给我国传统法律制度带来极大挑战，相对滞后的法律在新兴产业的冲击下，不断出现新的问题与漏洞。互联网诉讼就是在这样的大背景下，走进公众视野，并得以迅速发展。

如前所述，数字经济迅速发展、互联网普及率和使用率日益提高之后，引起了大量的社会纠纷，纠纷的急剧增加使得诉讼案件的数量也随之大量增加，导致法院审判周期漫长、司法资源浪费和司法效能降低。传统的诉讼模式和线下的诉讼机制无法为争端各方提供高效、快捷的诉讼通道。传统的司法系统难以满足数字经济社会和网络信息时代对司法效率和效能的要求。通过司法改革、技术创新，以及寻求更有效的诉讼模式以满足互联网纠纷的需求已成为司法发展面临的重要课题。因此，互联网诉讼不仅包括解决基于互联网产业产生的实体争议，也包括利用先进的网络技术，通过在线纠纷解决机制解决纠纷争议。

互联网诉讼这一诉讼模式并不是最早滋长于我国本土，而是从国外传入我国的。电子信息化的诉讼方式早期可追溯到澳大利亚，早在1998年，澳大利亚的法律改革委员会就率先提议使用网络建立远程法院的思路[1]。而美国自1999年以来，在民事诉讼中曾大量采用网上起

---

[1] 郑莉：《E-Court 模式下简易程序刑事案件远程审判研究》，载《西南民族大学学报（人文社科版）》2019 年第 10 期。

诉、立案的新型诉讼模式，此后，美国的互联网诉讼发展迅速，已经成为当前世界上将互联网信息技术在司法领域中运用的最广泛且完善的国家，是其他国家在司法数字化领域借鉴的范本。截至目前，美国的大部分州都已经完成了数字化法院的改革，在线立案、诉讼连接、数字化案卷管理、电子送达等技术手段都已经普遍运用于诉讼程序中。当前，虽然不同国家使用互联网进行诉讼的范围、方式并不完全一样，但从全球的适用范围和发展趋势来看，互联网诉讼已成为司法领域最有生命力的发展潮流。

在司法实践中，我国不断探索如何利用互联网更好地解决争议以及构建在线纠纷解决机制，具体发展过程可分为四个阶段。

（一）第一阶段：互联网诉讼探索阶段

在 2000 年之前，我国的互联网技术还处于引入和开发阶段。当时电脑系统逐渐从 386、486 过渡，Win98 刚刚出台，互联网开始进入大众视野。由于上网成本过高，人们对互联网的理解和使用极为有限，互联网诉讼的萌芽尚未生成。这一时期，国家对互联网工作的重心是硬件的铺设、网络基础架构的构建和运营以及互联网技术的宣传。由于政府部门很少干预互联网，这为相关互联网企业创造了快速成长的空间，使得互联网软硬件不断发展，互通互联的方式深入人心，为后续互联网的飞速发展奠定了基础。根据中国互联网络信息中心发布的第 5 次中国互联网络发展状况调查统计报告显示，截至 1999 年 12 月 31 日，中国有 350 万台基于互联网的计算机和约 890 万互联网用户，年增长率超过 100%。1996 年 4 月，我国政府在原全国经济计算机化联席会议的基础上，成立国务院计算机化领导小组，领导全国信息化工作。1997 年 6 月，中国互联网络信息中心（CNNIC）成立，执行国家互联网络信息中心的任务并负责国家网络运营管理和基本资源服务。1998 年到 1999 年期间，我国先后成立了信息产业部和信息化工作组，以推进我国计算机产业发展，维护国家信息安全。这期间，司法领域对于互联网的探索主要涉及计算机信息系统安全保护的管理，全球互联网络的联结和域名注册，重点是颁布了一些有关信息化和计算机安全性的行政法规和规章。其实，我国早在1991年就颁布了《全国劳动管理信息计算机系统病毒防治规定》，后续又颁布了《中华人民共和国计算机信息系统安全保护条例》（1994）、《中华人民共和国计算机信息网络国际联网管理暂行规定》（1996）等。上述规定相对宽泛，内容最多的也只有30余条。

进入21世纪，随着互联网信息技术的不断进步，计算机使用越来越普及，我国网络用户呈指数增长态势。2008年，我国上网人数、宽带使用量、国家域名数量位居世界第一，互联网已经开始渗透到社会的各个领域，给人们的工作和生活带来了极大的便利。与此同时，互联网引发信息安全争议不断发生，保障互联网信息安全已成为全世界范围内互联网产业建设的重要议题之一。我国在全力推进互联网产业建设的同时，也加强了互联网治理和信息安全维护工作。

2001年，中国互联网协会正式成立。该协会由相关行业的70多位从业人员联合发起，包括网络运营商、服务提供商、设备制造商、系统集成商、科研机构和教育机构等。该协会一经成立，就积极开展行业自律行动，并建立了近20条自律规则，其中包括《中国互联网行业自律公约》等自律规范和倡议书。2003年，我国通过了《国家信息化领导小组关于加强信息安全保障工作的意见》，要求各地结合自身实际情况严格付诸行动。2006年，《2006—2020年国家信息化发展战略》制定通过，确定了我国数字化发展的战略目标、战略重点和战略行动。与此同时，为了有效地规范互联网环境、互联网产品和服务，并保护网络信息安全，全国人大常委会、国务院和各部委发布了若干法律、行政法规和部门规章。例如全国人大常务委员会制定的《全国人民代表大会常务委员会关于维护互联网安全的决定》（2000）、《中华人民共和国电子签名法》（2004）、《中华人民共和国刑法修正案（七）》（2009）和《全国人民代表大会常务委员会关于加强网络信息保护的决定》（2012）。国务院发布的《互联网信息服务管理办法》（2000）、《中华人民共和国电信条例》（2000）、《计算机软件保护条例》（2001）、《互联网上网服务营业场所管理条例》（2002）和《信息网络传播权保护条例》（2006）。各部委发布的部门规章涵盖各种互联网产品和服务领域，包含网络传媒、网络文化、网络游戏、网络影视节目、网络在线教育、在线购物、通信服务等方面。

与此同时，我国的人民法院对于在线纠纷解决机制也做出了许多新的尝试。

2005年，贵州省榕江县人民法院通过QQ视频庭审的形式，在线开庭审理了我国第一起民事离婚案件。在审理过程中，被告潘某称人在外地，不能参加庭审。但该案有规定的审判期限，且根据《民事诉讼法》的相关规定，一般情况下离婚案件不能缺席判决，因此，案件承办法官创造性地利用了彼时十分普及的互联网即时通信软件QQ，解决了异地审判难题。而这起离婚案也因此成为我国探索互联网诉讼的第一案。

2006年，南昌市中级人民法院在一起民事纠纷案件的审理中采用了互联网审理的方式，利用网络视频技术让其中一名因异地无法亲自到庭作证的证人为本案作证，顺利解决了审判中的问题。

2007年，受QQ视频能够远程对话所启发，杭州市西湖区人民法院也将这一新型审判方式运用于异国离婚案中，大大缩减了原本需要半年甚至一年才能审判结案的案件。在之后的一年中，西湖区人民法院逐步完成了互联网在线法庭的初步建设。为了适应基于互联网纠纷的诉讼需求，稳步推进法院的数字化建设，浙江省高级人民法院也在致力于探索在线诉讼新模式，用于专门受理电子商务类、金融类和著作权类的纠纷案件。

2008年，上海市第二中级人民法院率先在崇明、宝山法庭开展了互联网诉讼的诉讼模式试点工作，同时出台了有关在线审判案件的具体规则，来规范具体环节的运行，以填补我国法律对在线审判方式等相关规定的空缺。

2010年9月，北京市高级人民法院通报延庆区人民法院、密云区人民法院、平谷区人民法院、门头沟区人民法院、怀柔区人民法院这

5家基层法院在民商事纠纷领域率先实行远程在线视频庭审制度。而后，北京市高级人民法院突破了远程在线的方式只审理民商事纠纷的限制。2011年11月27日，北京东城区人民法院网络法庭通过在线审理的方式公开审理了一起公交扒窃案件。在远程视频庭审制度下，当事人只需要前往其就近的基层人民法院，就能与中级人民法院的法官进行交流，并且案件的审理流程与一般普通的流程完全相同。

以上几种模式都是将司法服务平台与互联网技术相结合的实践成果。这些实践都在一定程度上实现了网上法庭的部分功能，即利用计算机网络技术以及相关平台审理案件解决纠纷。但是，从严格意义上来讲，上述探索不能算是完整的网上法庭，只能将其归类为建立互联网诉讼的早期探索。因为进行深入研究后可以发现，以上几种模式在解决纠纷的过程中，并不完全是通过互联网技术在线上完成案件的审理，案件的某些环节仍然需要通过线下方式完成。

（二）第二阶段：互联网诉讼生成阶段

随着互联网的飞速发展，网络现实性、交互性、广域性和即时性的特征已变得越来越清晰，网络管理也越来越困难。2014年，我国成立了中央网络安全和信息化领导小组，并开始大胆实施虚拟空间环境治理，顶层设计变得越来越清晰，逐渐形成了新的互联网治理标准，积极推动"互联网＋"产业的发展。2015年7月，《国务院关于积极推进"互联网＋"行动的指导意见》发布；5月，国务院以积极推动电子商务和大数据产业的发展，促进了中国经济的变化和升级为目的，颁布了《关于大力发展电子商务加快培育经济新动力的意见》。

人们切实感受到网络带来巨大便利的同时，基于互联网的社会纠纷也频发，让人们意识到虚拟空间中缺乏基本的互联网规则，社会对于互联网法律的需求越来越大。2015年在中共十八届四中全会上通过的《关于运用大数据加强对市场主体服务和监管的若干意见》提出"完善互联网领域立法，网络信息服务，网络安全保护，网络社会管理，依法规范网络行为等法律法规",促使我国加快了网络领域立法进程。我国的法制议程中加入了网络虚拟空间的基本规则,如网络安全、电子商务、隐私保护、未成年人在线保护和互联网信息服务等内容。自国家互联网信息办公室成立以来,已采取特别措施积极清理和纠正互联网领域的各种问题、打击在线威胁和在线色情信息,并制定了诸如《中华人民共和国刑法修正案(九)》《即时通信工具公众信息服务发展管理暂行规定》和《互联网用户账号名称管理规定》之类的法规。网络治理取得了显著成果,虚拟空间规范也变得更加清晰。中国的互联网法律体系初步实现了对网络安全、数字化、网络信息管理、域名管理、用户隐私保护、网络购物、消费者保护、在线知识产权保护、在线侵权、电子证据等方面的覆盖。

这一阶段,国家对于在线纠纷解决机制的探索也在不断继续,互联网诉讼模式逐渐形成。

2015年,河南省郑州市中级人民法院利用"微信办案群"的方式进行案件审理,整个审判程序只花费了不到一个小时,自此开创了微信平台审理案件的模式。此后江苏省盐城市阜宁县人民法院在审理一起跨国离婚案件时,借助微信平台,采取与在远在国外的被告发消息、语音聊天、视频聊天等方式,最终确认了婚姻事实、送达地址等信息,该案得到成功调解。

2015年4月,浙江省高级人民法院决定在西湖、滨江、余杭三个基层法院及杭州中级人民法院开展试点,设立网上法庭,主要审理网络支付纠纷、网上著作权纠纷以及网上交易产生的纠纷,上述纠纷的上诉案件由杭州市中级人民法院审理。2015年5月,余杭区人民法院网上法庭开庭审理王某诉浙江某T公司、深圳某T公司网购产品责任纠纷案,敲下了我国电子商务网络法庭第一锤。2015年8月,浙江省电子商务网络法庭正式开始运行,受理案件范围主要包括基于互联网产生的纠纷,较之前试点经验来说具有进步意义的是,包括起诉、立案以及送达程序全部都可以在线进行。网络法庭正式运营三个月后,浙江省高级人民法院与阿里巴巴集团达成战略合作关系,创设"审务云"平台，通过整合浙江省人民法院案件数据资源，结合其他相关产业数据，构建浙江省"智慧法院"的大数据生态圈。试点一年后，杭州市根据网络法院数据，结合总结改革经验，向中央提出了对互联网法院的探索、思考以及未来互联网法院功能定位的总体思路。2017年6月，《关于设立杭州互联网法院的方案》通过。同年8月，杭州互联网法院正式挂牌成立，作为我国第一家专门审理涉网案件的试点法院，它彻底地贯彻"网上案件网上审"的审理原则，将网络中产生纠纷的案件剥离出来集中审理。

浙江省电子商务网上法庭试点的运行，标志着我建立互联网法院的开始，同时也是司法系统主动适应"互联网＋"时代的变革，转变服务方式的重要表现。经过长期的实践与探索，网上法庭试点已经初步建立起了一套完整的互联网技术与司法服务平台相结合解决涉网纠纷的制度框架，丰富和发展了我国多元化纠纷解决方式。

（三）第三阶段：互联网诉讼完善阶段

2013年12月，我国正式将《中华人民共和国电子商务法》（以下简称《电子商务法》）的立法提上立法进程，于2016年完成了草案并开始征求社会各界意见。2018年8月31日，《电子商务法》由全国人大常委会表决通过，自2019年1月1日起正式施行。《电子商务法》主要解决电子商务领域中的新风险，例如个人信息安全、网络知识产权保护、网络消费者权益保护和支付安全等纠纷，与此同时，《电子商务法》扩大了第三方平台的监督责任，有力促进了电子商务行业的健康发展。《电子商务法》与其他许多规范互联网领域行为的法律法规结合起来，共同构建我国互联网领域的立法框架，可以在电子商务交易过程中更好地维护各方主体的信息安全和支付安全，并严厉打击已经扩展到电子商务领域的相关违法犯罪活动。

计算机技术的广泛运用，加大了信息的传播范围，降低了信息的传播成本，同时也使知识产权侵权在网络交互环境中变得越来越普遍，加大了政府的监督难度和执法工作的难度。而且,由于公民自身的法律意识薄弱以及在线身份识别的困难,一系列问题限制了法院在互联网环境中保护知识产权的力度。据统计,2019 年地方各级人民法院共新收知识产权民事一审案件 399031 件,比 2018 年上升 40.79%[1]。鉴于上述情况的发生,我国已经开始制定有关知识产权保护的法律,建立专门的司法机构,加大法官的培训力度,在一定程度上提升了网络虚拟环境中知识产权的法律保护水平。

2020 年 6 月,最高人民法院发布了《关于涉网络知识产权侵权纠纷有关法律适用问题的批复(征求意见稿)》。批复内容主要包括在互联网环境下网络知识产权权利人、涉嫌侵权的网络用户以及网络平台(网络服务提供商、网络平台运营商),应当如何分工、相互合作,以及由此产生的纠纷后法律责任的问题。但是,在司法实践中如何平衡互联网知识产权纠纷中知识产权权利人、侵犯知识产权的网络用户或网络经营者和网络运营平台三方主体之间的利益关系,依然是一个难题,这一点在《关于涉网络知识产权侵权纠纷有关法律适用问题的批复(征求意见稿)》中也有体现。不仅我国面临着这样的挑战,远在大洋彼岸的美国也面临着同样的挑战。2020 年,美国版权局也发布了有关《美国版权法》第 512 条的报告,该报告的基本结论是美国《数字千年版权法》的第 512 条、版权侵权责任的"避风港制度"与"通知—删除责任"在当今时代已经难以平衡权利与义务各方主体的利益关系,因此建议美国国会对法律进行修正。

在针对互联网诉讼方式的探索中,杭州互联网法院的运行开启了在线诉讼从无到有的转变。根据杭州互联网法院诉讼网页平台发布的信息,截至 2019 年 11 月,杭州互联网法院共立案 14719 起,60%以上的案件实现了在线庭审与在线裁判。在解决涉网纠纷上取得了很好的效果,为在全国推广设立互联网法院积累了宝贵的经验。2018 年

---

[1] 《中国法院知识产权司法保护状况(2019)》,载中国法院网,https://www.chinacourt.org/article/detail/2020/04/id/5049570.shtml。

7月，中央在综合互联网及相关产业发展，结合杭州互联网法院经验数据，决定在北京市、广州市增设互联网法院。该决定在有限的司法资源中，优先选择互联网产业相对发达、涉网纠纷数量大、技术环境相对成熟以及人才储备相对充分的地区设立互联网法院，回应了现阶段涉网案件对司法资源的需求。同时，在确定案件管辖范围上，与杭州互联网法院的受案范围大致相同，确定方式更加科学规范，互联网法院受理的案件主要为网络特性突出、适合通过网络审理的案件，进而为推动互联网经济的有序发展，为明确互联网基本规则、保障网络安全提供了司法支撑。网上电子诉讼平台的构建，由最高人民法院负责逐步完善建设标准，两市互联网法院所在地区的高级人民法院根据最高人民法院的标准，结合本地互联网法院的特色与技术，优化诉讼平台。与主要电子商务平台建立更加完善的案涉数据对接模式，保证电子数据的证据效力，完善电子数据的对接流程、管理流程；相关职能部门建立实时共享的信息通道，为在线提供证据、在线核实证据真实性，以及数据的实时更新和存储管理提供便利。

2018年9月6日，最高人民法院经过多次调查研究以及向社会广泛征求意见后，印发了《关于互联网法院审理案件若干问题的规定》，该规定对北京互联网法院、杭州互联网法院以及广州互联网法院的级别、受案范围、案件的审理模式、当事人的救济方式以及文书的送达方式等做出了规定，该规定于2018年9月7日开始实施。在法律层面，我国目前尚未出台规定互联网法院运行的较高层级的立法。在探索互联网法院制度的发展方面，我国在国际社会上处于相对领先的地位，尤其是近几年来，国际社会对互联网法院制度探索的步伐上落后于中国。因此在司法实践中，除该规定外，目前尚未有统一的法律对互联网法院的运行制度作出规定，国内几家互联网法院多根据该规定制定内部的案件审理规则。

2019年，我国全面推进智慧法院建设，创新应用取得重大突破，探索新型互联网司法模式取得重大进展。北京、杭州和广州的互联网法院在审判、平台构建、诉讼规则、技术使用和网络治理方面均具有可复制和可推广的经验。在此基础上，最高人民法院发布了《中国法院的互联网司法》白皮书，在浙江乌镇举行了世界互联网法治论坛，充分展示了中国法院互联网司法的体制优势和治理效果。

第二章

互联网民商事诉讼

（一）电子商务合同

电子商务是指通过应用网络与计算机信息技术，开展商务性质的商品交易及在线服务活动。2018年我国颁布的《电子商务法》将"电子商务"的内涵确定为"通过互联网等信息网络销售商品或者提供服务的经营活动"。随着电子信息技术的进步，互联网的运用在商业领域不断深入，全球范围内电子商务迅速发展，渗透到各个行业与领域。电子商务合同作为电子商务活动进行的保障，用于设立、变更、终止电子商务活动中的权利义务关系，对于顺利开展电商业务、完成在线交易具有不可替代的作用。

1. 电子商务合同的内涵

电子商务合同是指参与电子商务活动的当事人之间通过网络电讯等方式签订的对合同当事人具有法律效力

的协议①。电子商务合同的内涵,强调合同形式的电子化。电子商务合同用计算机通信手段改变了普通合同的订立方式和履行方式,但电子商务合同没有背离合同的本质,受《中华人民共和国民法典》(以下简称《民法典》)合同编调整,其合同内容与传统的合同没有区别,只是合同形式与传统合同不同。其特殊性体现在"电子"而非"合同"。

最早的电子合同,是指当事人在交易活动中使用电子数据交换(EDI)的形式签订或履行合同。电子数据交换使用建立在企业之间的独立信息网络来完成和实现从计算机到计算机的数据传输,并非通过互联网平台。此种以电子数据交换为基础进行的、以数据电文形式所订立的合同是电子商务发展的最初阶段所采用的主要电子合同形式。不过,随着互联网技术的成熟和普及,如今交易当事人通常会直接通过互联网平台订立合同、完成商事交易。

狭义的电子商务合同,是指商事活动中当事人借助局域网或互联网等多种网络平台签订的合同。借助于局域网或互联网等多种网络平台的电子商务是当前形势下世界各国发展速度最快、前途最广阔的电子商务交易形式,也是当前电子商务活动的主流发展方向。但由于电子商务的应用早于互联网的出现,因此狭义的电子商务合同排除了以EDI、电报、传真、电传等方式进行的商务活动时所订立的电子商务合同,虽然反映了当下电子商务活动的特点,但其内涵比较狭窄。

广义的电子商务合同,简言之就是通过数据电文的方式订立或履行的合同②。通过数据电文的方式实现电子商务交易的手段涵盖了电子邮件、即时通信、电子数据交换、传真等多种形式,"电子"可以扩大理解为包括电子化手段以外的电、磁、无线等其他相关技术。从广义的角度理解电子商务合同,可以更好地反映商事交易活动的公平交易原则。

---

① 齐爱民:《电子商务合同的民法原理》,武汉大学出版社2002年版,第9页。

② 王利明:《电子商务法》,中国人民大学出版社2011年版,第50页。

2. 电子商务合同的特点

（1）交易主体的虚拟性与广泛性。

在一般合同中，合同当事人在实际商谈的过程中是通过面对面沟通的形式订立协议，除了能够清楚直观地观察到合同相对人年龄、行为能力以外，还可以通过各种有效身份证件、资格证件了解合同相对人信息以及资信情况、责任能力。所以，在此种形式下，有利于合同当事人在了解彼此的身份信息以及其他必备资质等情况时，能够得到相对可靠的信息。而电子商务合同是通过计算机信息技术与网络平台所构建的数字平台进行的操作。合同当事人的相关信息是通过数字平台进行数据传输与交换，当事人之间并不需要见面，当事人也不能通过手写签署合同，当事人之间的信息核验也通过相关查询平台与线上磋商来实现。合同当事人只能依靠电子认证、电子签名，或者由电子代理人来检查、核对合同相对方的身份、资格信息与资信情况，达到顺利进行电子交易的目的。

（2）合同相关形式的电子性。

电子商务合同有别于传统意义中落实在纸面上的合同，具有电子性、无纸化的特点，协议所签订的内容以及相关辅助文件、电子签名认证信息等都是通过电子数据的形式传递、储存于计算机系统、磁盘或者互联网云端等数字化平台中。也就是说，在合同签订过程中，合同并不需要像传统合同那样以纸质形式呈现在合同当事人之间。除此之外，电子商务合同的部分合同履行往往也需要进行数据化。由于电子商务合同本身不以纸张为基础，因此在电子商务活动中，合同纠纷的证据也具有电子性的特征，在合同签订、履行的过程中产生的证据多是以计算机系统、互联网等数字化平台作为依托的电子数据。

（3）合同订立环节的特殊性。

电子商务合同的合同相关形式具有电子性的特征，因此其邀约和承诺的实现方式也不同于传统商贸交往中的信件、电话等方式，主要是通过邮件、即时通信等依托于互联网的数据交互。与传统意义上的纸质合同相比，电子商务合同的合同缔约地、合同成立时间具有一定程度的可选择性。根据《民法典》第四百九十一条规定，若采用电子数据等形式签订合同时，合同当事人可以通过签订确认书来确定此合同效力，确认书签订时合同成立。需要注意的是，由于电子商务合同签订的全过程依赖于计算机信息系统以及互联网平台，因而体现出较强的专业技术性特征，同时合同的订立也容易受到外部技术性因素的影响，如网络传输故障等，导致合同成立的时间不容易确定。

（4）电子商务合同纠纷的复杂性。

电子商务合同的合同形式决定了其无法脱离计算机系统或互联网平台而存在，合同的签订过程中，除交易双方当事人以外，参与的主体还可能包括应用服务提供商、互联网接入提供商、互联网内容提供商、互联网使用者、金融机构以及认证机构等。上述多方主体之间形成了复杂的法律关系，涉及身份识别、资格核实、能力确认等多方面问题，这与一般面对面签署的纸质合同形式具有较大差别。在合同交易空间环境的虚拟化背景里，多种、复杂的法律关系会导致证据保全困难、责任划分模糊、管辖权不明确等问题。

3. 电子商务合同的分类

（1）依据合同主体身份的不同。

根据电子商务合同订立当事人主体身份的不同，一般将其分为商对公（business to administration）、商对商（business to business）、商对客（business to customer）三种类型。商对公是企业与行政机关之间开展各种商务业务时以电子形式签订的合同，大多存在于行政管理征收、政企与社会资本合作项目等方面；商对商是不同企业与其他商事单位之间利用各类电子、电讯方式进行交易磋商、订立合同；商对客是指普通企业与个体消费者之间因电子商务交易行为而签订的电子合同，常见于网络平台上销售商品、提供服务等商业活动中。

（2）依据合同订立形式的不同。

根据合同订立的形式不同，电子商务合同一般可以为无纸化合同、电子邮件合同、格式合同三种类型。无纸化合同实质内容上与一般合同相同，但其载体是互联网信息平台，以无纸化的方式完成合同的签订。电子邮件合同是以发送电子邮件的方式完成前期磋商、要约、承诺等合同签订过程，并且以商谈过程中产生的电子邮件数据为合同成立、生效的依据和证据；电子商务格式合同主要应用于商对客的互联网消费领域。格式合同的具体内容事先拟定、没有特定性，由出售商品或服务的一方提供，合同相对方被动接受合同条款、无法要求修改格式合同的内容。

（3）依据合同内容标的的不同。

依据合同内容标的不同，电子商务合同大致分为商品型与服务型两种类型。商品型电子商务合同的合同标的为财产，其本质是商品买卖合同，是以转移财产所有权为目的，其中财产既包括需要以物流配送来实现交付的有形物，也包括电子书、音乐、视频等可以通过数字形式进行复制、传播的无形标的物；服务型合同不以转移标的物所有权为目的，其合同内容是通过互联网平台提供的各类有偿服务，包括提供交易平台、信息交换和使用许可等。

4. 电子商务合同所涉及的纠纷

（1）电子商务合同效力引发的纠纷。

① 电子商务合同主体缔约能力问题。

电子商务合同的本质仍然是合同，受到《民法典》合同编规制。合同主体的缔约能力是影响合同效力的关键性因素，由于缔约主体能力瑕疵而产生的电子商务合同纠纷，在司法实践中十分常见。

电子商务合同的缔约主体大致可以分为两类：第一类是自然人；第二类是法人和其他组织。根据《民法典》总则的规定，将自然人的民事行为能力以年龄和精神状态作为标准区分。完全民事行为能力人自愿实施的民事法律行为有效；限制民事行为能力人除实施纯获利行为或与其智力、精神状况相适应的行为以外，实施其他民事法律行为应当由其法定代理人同意或追认；无民事行为能力人实施民事法律行为应当由其法定代理人同意。

电子商务合同的签订不同于一般民事合同的签订，合同订立环节、形式具有电子性，交易通常不以面对面的形式进行，使得交易方难以对其他交易主体的身份、资格、行为能力进行确认。随着计算机信息技术以及互联网的迅速普及，网络生活成为多数人生活中的重要组成部分，只要满足一定的条件，行为人无论是否具有相应的民事行为能力，都可能成为电子商务合同的缔约主体。对于无民事行为能力人订立的电子商务合同，限制民事行为能力人订立的除与其年龄、智力、精神状态相适应的合同或者纯获利的电子商务合同外，没有经过法定代理人追认，一律为无效合同。

电子商务合同缔约主体的存在问题也可能是因为冒用他人信息实施民事行为造成的。电子商务合同中，冒用他人信息一方当事人的主观意思通常分为两种情况，一是代理，二是欺诈。第一种情况下，冒用他人信息的行为人主观是善意的，此种情况属于无权代理，根据《民法典》第一百七十一条规定，无代理权人实施的民事行为，未经代理权人追认的，善意相对人可以向行为人请求赔偿。第二种情况下，冒用行为人主观是恶意的，属于欺诈行为，因此给合同相对人造成损失的，应当根据具体情况，判断其应当承担的是民事责任还是刑事责任。

② 电子商务合同的特殊合同内容效力问题。

A. 电子商务合同成立前对于要约邀请或要约的确定。

在线销售的情境下，商品展示页价格的属性究竟是要约还是要约邀请，在司法实践中对商品展示页价格属性的不同理解可能产生纠纷。

要约的意思表示所要具备的构成要件如下：一内容具体确定；二表明经受要约人承诺，要约人即受该意思表示约束。如果认为商家对商品的展示构成要约，那么用户下单的行为构成承诺，用户下单的时候合同就已成立。此时商家就要开始受到合同的约束，担着依据合同向买家发货的义务，当然前提是合同没有其他效力上的瑕疵；如果认为商品展示页面属于要约邀请，那么应由商家决定合同的成立与否，就算买方已经完成下单，商家也不必然有发货的义务。因此，用户下单的行为就只是要约，需等商家确认之后才能构成承诺，合同方可成立。仅在合同成立上就可以看出商品展示页面是要约还是要约邀请对双方当事人权利义务的影响，这在民法上属于典型的价值判断问题。

从商家角度而言，为了避免该商品展示意思表示的约束，将其定义为要约邀请对其更有利。但实际上因商品展示页面通常明确标有醒目的购买按钮、配送方式、售后服务等信息，理性第三人有理由相信自己的下单行为商家愿意接受并对之负责，即商家有受约束的意思。但是，若平台明确约定商品展示属于要约邀请，那么此时用户下单为要约，商家确认信息构成承诺，双方合同自商家确认时方能成立。

B. 电子商务合同格式条款效力的确定。

根据《民法典》合同编的相关规定，合同中含有的格式条款应当遵循公平原则，并"采取合理的方式提请对方注意免除或者限制其责任的条款"。《中华人民共和国消费者权益保护法》（以下简称《消费者权益保护法》）则规定了但凡经营者使用了格式条款就应当以显著方式提请消费者注意与其有重大利害关系的内容，且经营者不得在格式条款免除或者限制自身责任，也即形式上提请对方注意，实质上不违反规定。关于此类格式条款是否影响当事人之间的合同成立，不同的法院有着不同的判断。

C. 电子商务合同中电子签名效力的确定。

电子商务领域中的电子签名适用的是2015年修订的《中华人民共和国电子签名法》（以下简称《电子签名法》），但该法对电子签名的可靠性只是设定了几个笼统的标准，如电子签名数据是否为签名人所专有、所控制，签名和数据电文一经改动能否被发现等。

《电子签名法》第十三条第二款规定当事人可以约定电子签名的可靠条件。当事人协议在满足一定条件情况下，可根据协议核实可以信赖的电子签名。一是在当事人所约定的电子签名安全系数较高时，如约定由合格资质的认证机构所提供的认证证书所完成的电子签名，可认为是可靠的电子签名。二是当事双方所约定的电子签名安全系数较低但事后双方认可该电子签名时，不能因为电子签名方式的不合适、不可靠而认为电子签名无效,但有效不等于可靠,两者在证明力上有强弱之别。

(2)电子商务合同法律适用引起的纠纷。

在电子商务合同中,互联网的虚拟性使得属人连结点和属地连结点失去了传统意义,而与客观连结点为主的传统冲突规范,在实践中引发了部分争议。

电子商务交易与具体的、传统的物理空间中实施的交易不同,它以网络为平台,传统以物理空间为基础的属地连结点因网络的虚拟性而无法适用。可根据电子商务合同的履行方式不同将其分为两类,一类是现实履行的电子商务合同,一类是现实不履行的电子商务合同。因现实履行的电子商务合同在网上订立,故很难确定合同缔结地,合同缔结地这个连结点就失去意义。但这类合同若在现实中完成交付,合同履行地是可以确定的,因此对于现实履行的电子商务合同,合同履行地可以作为连结点。另一类现实不履行的电子商务合同,如电子信息,此时合同缔结地和履行地都无法确定。又如网上拍卖活动,包括竞价在内的一系列拍卖过程都是在网络上完成的,虽然按照传统的冲突规范,拍卖应适用拍卖地法,但此时拍卖地这个连结点是毫无意义的。所以,在虚拟的网络空间中,以地域空间为基础的属地连结点是难以顺畅运用的。

属人连结点主要是以属人法的系属公式为依据,包括国籍、住所地、惯常居所地等。就国籍来说,任何人不论其是何国籍或在何地域,都可以访问开放的互联网,并在互联网上进行电子商务交易。但是,电子商务交易一般不会认证用户的身份,因此在互联网交易中很多情况下用户的国籍是无法确定的,确认其身份的真实性更是困难,此时国籍作为连结点毫无意义。就住所地或居所地而言,因用户在使用互联网交易的时候一般无须提供具体的地址,即使提供也无法证实其真实性,因此住所地这一连结点也失去了意义。由此可见,属人连结点电子商务合同中也很难适用。

5. 实务分析

案例一：陈某与北京某信息技术公司买卖合同纠纷

基本案情

陈某在某知名网络电子商务网站购买电视机一台，该网站网页上详细展示了电视机的名称、型号、价格、尺寸等详细的商品信息，描述内容明确，指向性单一。陈某通过网站设置的正常程序在该网站订购该商品，并且在线支付货款161.99元。第二天，该网站向陈某指定的电子邮箱发送邮件，称因货物短缺，无法向陈某提供订购的商品，已经支付的货款将以同样的支付方式，退回原支付的账户。之后北京某信息技术公司将货款退回陈某原支付的账户。陈某向人民法院起诉北京某信息技术公司，要求按照合同内容继续履行合同并交付货物。若无法交付货物，应当赔偿陈某损失并承担陈某诉讼支出的相关费用。

案情分析： 在此案例中，该网站公布的《使用条件》中表明，使用该网站即表明用户同意使用条件。在关于合同缔结的相关条款中显示，若用户使用本网站购买某一商品，网页中显示的商品型号、价目等详细信息是要约邀请而非要约，而用户的订购信息则作为要约向网站进行发送。收到用户的要约后，网站将通过以发货确认为内容的短信或邮件形式进行承诺，并载明订单的详细内容，此时买卖合同成立。关于网站显示的商品价格，可能会有定价错误，若某一商品的正常售价远高于网站显示的商品价格，网站有权根据具体情况取消订单或采取相关措施。

法院认为，双方缔结合同的基本原则是双方意思自治。因网站明确说明，网页中显示的商品及相关信息的性质为要约邀请，网站用户的订单作为要约，网站发出送货确认的电子邮件或短信构成对此要约的承诺。因此，法院认定此种情况属于《电子商务法》第四十九条"当事人另有约定的，从其约定"，认定双方的买卖合同没有成立。

在现实情况中，绝大多数消费者在网购时都不会仔细阅读理解网站中设置的《使用说明》和风险提示。消费者相对于网站处在弱势地位，即使购物网站做出相应提示说明，如果不同意网站《使用说明》或风险提示，则不能使用网站进行商品订购。本案中，网站公布的《使用说明》全篇以普通字体显示，并未对有利于网站与商家的格式条款进行重点说明和标注，没有尽到向消费者提示和说明的义务。应当以《电子商务法》第四十九条"电子商务经营者不得以格式条款等方式约定消费者支付价款后合同不成立；格式条款等含有该内容的，其内容无效"认定该条款无效。

案例二：LS 网与某广告公司广告合同纠纷案

基本案情

LS 网和某广告公司签订《网络广告发布协议》，约定 LS 网允许广告公司在其网站及客户端上发布广告。LS 网因广告公司在发布广告后，未按照合同约定的期限内支付价款，以违反合同约定为由，将该广告公司诉至人民法院，请求对方支付合同约定的价款，并赔偿违约金。广告公司则认为，LS 网并没有按照合同约定发布该广告公司的信息，因此不需要支付合同约定的价款，也无须承担违约金。

案情分析：在合同纠纷发生之后，LS 网向公证处申请对相关网页进行证据公证。公证处将相关网页进行公证并出具了《公证书》。但是此《公证书》只能证明申请公证的当天 LS 网上的广告发布情况，无法证明 LS 网按照合同约定全面履行了合同义务，包括在合同约定的期间和合同约定的数量。LS 网将自行制作的内部广告排期表、往来电子邮件以及投放报告作为证据证明其全面履行合同义务。但是这些证据因由 LS 网单方制作，法院认为难以采信，故驳回 LS 网的诉讼请求。网络

广告与实体广告不同,具有更强的时效性,也更容易变化。涉及电子证据的电子商务合同中,更容易因为证据难以及时保全而产生纠纷。因此,在合同履行过程中,应当及时证明履行合同并得到对方的确认和反馈,或者合理地多次进行证据固定和保全,否则可能因无法举证而损害自身合法权益。

案例三:徐某网络购物合同纠纷案

基本案情

徐某在T网络交易平台某店铺购入俄罗斯进口奶粉,按照规定,向我国进出口食品应当实施境外食品生产企业注册制度。经查询,我国《进口食品境外生产企业注册专栏》,该"俄罗斯进口奶粉"生产商不在此名录中,且该网店也无法提供进口食品应具备的全部检验检疫等材料。徐某遂将该网店以及网络服务提供者T公司诉至法院,请求退还货款,赔偿十倍价款,T公司承担连带赔偿责任。

案情分析:《电子商务法》第二十六条规定,电子商务经营者从事跨境电子商务,应当遵守进出口监督管理的法律、行政法规和国家有关规定。进口食品必须符合我国食品安全的国家标准,经营者违反相关法律法规销售进口食品应当承担法律责任。本案中,被告销售商网店无法提供进口食品应当具备的检验检疫等材料,且该俄罗斯奶粉不是我国目前准入的商品,该网店明知该商品不符合食品安全标准仍进行销售。根据《中华人民共和国食品安全法》(以下简称《食品安全法》)第九十六条规定,生产不符合食品安全标准的食品或者销售明知是不符合食品安全标准的食品,消费者除要求赔偿损失外,还可以向生产者或者销售者要求支付价款十倍的赔偿金。因此,该网店应当退还徐某货款并支付十倍价款的赔偿金。

纠纷发生后,被告T公司对网络平台服务商铺的负责人身份信息、经营资质进行了审核,并在原告徐某维权时提供了销售者的真实名称、地址和有效联系方式,帮助徐某实现诉讼权利。T公司对纠纷相关的商品及时进行下架处理。网络服务平台已经履行了其应尽的注意义务,不应承担连带赔偿责任。

(二)网络服务合同

在网络经济高度发达的今天,服务业借助互联网不断发展,产生了各种新型的以信息加工管理为核心的服务产业,使得网络服务合同广泛应用于日常生活中。网络服务合同作为电子化的格式合同,能够给网络服务提供商和用户带来方便,但由于其具有事先拟定、服务接受者无法修改以及部分网络服务平台的垄断地位的特点,也给用户利益的保护带来了不小的风险。

1. 网络服务合同的内涵

网络服务合同,是指网络服务提供商单方面拟定、提供网络用户选择是否接受、以用户个人信息采集与利用、提供网络服务等权利义务关系为内容的电子合同,亦即用户协议。网络服务合同具有格式合同的特征,属于格式合同规制范畴。而且,该类合同通过网络订立,交易过程全部在线实现,符合电子合同的特点,可归为狭义电子合同。一般网络服务合同主要包括授权许可协议、信息系统服务协议等。该类合同的主体比较特殊,分别为网络服务提供者和互联网用户。网络服务提供者泛指通过互联网提供信息服务和中介服务的互联网平台,负责管理、发布各类信息以及运营、维护平台。用户通过自有计算机终端,以接受某种网络服务或获取某些网络信息为目的,在其平台上注册用户信息,此时双方成立服务关系。需要强调的是,网络服务合同与电信服务合同有本质区别。电信服务合同是具有电脑终端设备的用户为了接入互联网络与电信运营商签订的服务合同,往往是在电信运营商营业厅线下签订的,并非电子合同。

2. 网络服务合同的特点

(1) 网络服务合同为格式合同。

《民法典》合同编对格式条款的定义为:"格式条款是当事人为了重复使用而预先拟定,并在订立合同时未与对方协商的条款。"网络服务合同是网络服务提供者为了重复使用与不特定多数网络用户而事先拟定的,并且在双方订立合同时不与网络用户约定合同内容;以相同的条款面对不同的用户,反复使用;用户在选择网络服务时无法提出对于合同条款内容的修改,要么签订合同以获得服务,要么选择退出;作为格式合同提供方的网络服务提供商在经济上通常占优势,甚至具有垄断地位。

(2) 网络服务合同为电子合同。

网络服务合同是通过计算机网络采用一定的电子程序以数据形式订立的,不需要合同订立方会面进行磋商,节约了线下会面商谈的成本,网络服务使用者和网络服务提供者使用计算机终端,通过网络回应电子信息或履行某种程序而缔结合约,使得达成的合同具备电子合同便捷、隐蔽、开放等特征。

具有电子合同性质的网络服务合同放开了一般合同缔约双方资格的限制。网络服务合同以虚拟性、隐蔽性强的互联网空间为依托,无法保证合同当事人的现实情况与其在合同中约定的完全一致,用户也难以识别网络服务提供者的实际情况,合同能否顺利履行全凭当事人的自觉。所以,一旦发生违约行为或侵权行为,这种限制会暴露得更加明显。

(3) 网络服务合同为服务合同。

网络服务合同本质上依旧属于服务合同。我国最高人民法院印发的《民事案件案由规定》(法发〔2008〕11号)将"网络服务引起的合同纠纷"归入"服务合同纠纷"下的具体案由。网络服务合同约定了网络服务运营商向用户提供的各类服务,包括电子邮件、社交通信、广告投放、互动娱乐、数据库使用等,可能有偿,也可能无偿。网络服务合同作为一种特殊服务合同,适用《民法典》合同编相关规定,同时也应当适用《中华人民共和国消费者权益保护法》的相应规定。

3. 网络服务合同的分类

按照合同内容不同,我们将网络服务合同大致分为两类。

(1) 信息系统使用类网络服务合同。这种类型的合同也称为访问合同,是指信息系统提供者和用户之间签署的协议,通常规定服务提供者为用户提供从信息处理系统获得的信息的电子访问权或与此类与访问有关的其他内容。它可以分为临时信息系统使用合同和长期信息系统使用合同。如果用户需要在有法律声明的临时访问网站查看信息,需要与该网站签署临时信息系统使用合同,该合同仅对当次的浏览活动有效,在用户停止浏览网站后终止。如果有长时间访问特定的信息系统或数据库的需求,则必须在该网站进行信息注册并签订长期信息系统使用合同来确定与服务方的权利和义务,用来维护当事人之间稳定的关系。例如电子邮箱系统使用服务合同。另外,根据是否需要缴费,信息系统使用合同可以分为付费信息系统使用合同和无偿信息系统使用合同。

(2) 大众市场许可类网络服务协议。这种类型的合同,也称为一般零售授权合同,是指以软件所有者或网络服务提供商授权用户控制和使用软件或平台为内容的合同,常见形式为各种类型的最终用户许可协议。因多数网络服务通常包括对软件所有者的知识产权的保护,因此该类合同较为普遍。由于合同内容包含第三方的权利和义务,加大了该类合同的复杂程度。

4. 网络服务合同所涉及的纠纷

(1) 网络服务合同内容和效力引起的纠纷。

网络服务合同内容和效力引起的纠纷即失权条款的效力纠纷。网络服务合同的失权条款,指用户满足网络服务平台的业务活动中指定的权利损失条件,则网络服务提供商依据失权条款排除用户的某些权利。失权条款是网络服务提供者为满足其最大化商业利益而设置的,限制了用户接受合同约定的服务的权利。《民法典》第四百九十七条"排除对方主要权利"是失权条款概念的来源。

网络服务合同中失权条款一般体现为"关闭禁用账户","禁用某些服务"和"清除账户数据"等。失权条款通常包括两个部分：第一是失权条款的适用条件，即达到合同约定的条件，网络服务提供商将根据失权条款对网络用户的权利进行禁止和限制；第二是失权条款的适用结果，即适用失权条款会产生何种后果。在实践中，网络服务提供商通常在某些情况下根据协议适用失权条款排除用户的权利，从而实现规范平台秩序或其他目的。

（2）网络服务合同管辖权纠纷。

网络服务合同当事人在订立合同时通常会约定管辖法院。在判断网络服务合同中约定管辖条款的效力时，争议焦点主要包括两个：第一是条款提供方是否履行了合理的提醒和说明义务；第二是管辖条款的内容是否为免除条款提供方的相关责任而在实质上加重了合同相对方的责任。

根据对消费者权益保护的要求，严重损害消费者权益的格式条款无效。因此，若网络服务合同中以格式条款形式出现的管辖条款严重损害消费者利益，该条款应认定为无效。至于是否严重损害了条款相对方的利益，需要根据双方主体的地位和能力进行综合判断。网络服务提供者在设置格式网络服务合同时，通常将管辖法院约定为被告住所地或者合同签订地法院，若约定合同签订地法院为管辖法院，而后通常又会明确合同签订地为被告住所地，以此将管辖法院最终确定为被告住所地的法院。因网络服务合同一般跨地域较广，故用户权益受到侵害但接受的服务价值较小的情况下，其通过诉讼维权所付出的必要支出很可能远远大于其接受的服务的价值，其需要支付更多的成本来行使诉权，导致他们对诉权的不合理放弃，有失公平。由此可见，网络服务合同中带有格式条款性质的管辖条款若严重损害用户合法权益，用户维权的难度相对较大。同时，大型网络服务提供商通常对其所在地经济具有重要贡献，其所在地管辖法院审理网络服务合同的纠纷，可能因存在地方保护主义而造成裁判不公的结果。

网络服务合同是互联网时代一种新兴的合同形式。在判断合同中的管辖条款效力时，应当基于最高人民法院《关于适用〈中华人民共和国民事诉讼法〉的解释》第三十一条规定，将确定网络服务提供商对于格式条款的约定是否采用合理的方法引起该条款相对方的注意作为确定其有效性的关键。换句话说，在确定网络服务合同规定的管辖权约定的有效性方面的争议焦点在于"是否采用合理方法提醒合同相对方的注意"。在这方面，司法实践尚未达到统一的标准，实践中法官对于约定的管辖权"是否已经以合理的方法引起另一方注意"的问题持有不同意见，因此该问题需要根据案例的实际情况进行具体分析。

（3）格式条款的提示、变更与违约责任引起的纠纷。

网络服务提供商是否可以在不通知用户的情况下变更双方之间的合同内容？这种行为是否违反合同约定？《民法典》第四百九十六条规定了格式条款提供方的义务，应当用明显、合理的方法提醒合同相对方注意免除或者限制提供方责任的合同内容。通常，当用户注册某网络服务平台时，服务提供商会提醒用户阅读服务合同以及各种平台规则等，并逐步执行该类程序，以单击"下一步"，最后单击"确定"的方式引导用户进行注册。在实践中，用户被动接受合同这一方式是否有效，主要是基于网络服务提供商是否提供阅读机会，即在正常情况下普通人能否阅读合同内容。倘若某合同或协议需要用户签字，则用户签字即意味着同意合同的全部内容，无论用户是否实际阅读、知晓合同。在互联网大环境中的各种规则、通知不断变更的情况下，此类问题的判断更为复杂。

通常情况下，用户完成注册程序即表示用户对网络服务合同的各项内容进行了同意确认。在合同签署之后，网络服务提供商更改或修改网络服务合同应该经过通知或宣布（网站主页上发布公告，用户注册时填写电子邮件通知等告知行为）。除非这些更改内容本身无效，否则在其采用相关通知行为引起合同相对方注意之后，该部分内容即成为网络服务合同的条款。在此之后，用户连续使用网络服务提供商提供的相关服务，可以认定这些条款被注册用户接受，用户行为应当受到新条款的约束。

（4）网络服务合同侵害隐私权引起的纠纷。

从用户签订网络服务合同成为合同相对方之时，网络服务提供商即要求用户提供各种个人信息，例如身份信息（真实姓名、性别、年龄、ID、通信地址、居住地址、邮件地址），背景信息（职业、教育、收入、婚姻、家庭状况），政治背景（宗教信仰、政党），生活方式（嗜好、生活规律、日常习惯）等。网络用户提供的以上个人信息属于个人隐私保护的范畴。个人信息的保密性是个人隐私权的重要内容，用户的信息一旦进入网络，就面临着被恶意传播或散布的风险，严重损害网络用户正常接受服务的状态与个人利益。

在互联网时代，计算机信息技术的滥用和虚拟空间道德的破坏是个人隐私信息保护的最大威胁。网络用户的个人信息及取向是互联网企业进行商业行为的基础和资本。在某种意义上，网络平台拥有越多的个人数据，其在行业竞争中就越有优势，因此获取用户的个人数据常常是网络服务提供商不惜一切代价追求的目标。然而，这些数据通常是用户不希望被他人获取的个人隐私，网络虚拟环境下的用户隐私变得更加脆弱。同时，互联网自身具有的传播性和隐蔽性，也为网络用户隐私权的侵害行为提供了温床。因此，网络用户（在线消费者）的隐私权比传统消费者的隐私权更容易受到侵害。

5. 实务分析

案例一：高某与T公司网络服务合同纠纷

基本案情

高某假借他人身份在T网络交易平台注册名为"某0571"的网店，在不到一年的时间里，高某利用该网店，擅自向各地出售假冒注册商标ROEM与MO&Co的服装赚取利润，收入共计106827元。T公司发现后向人民法院起诉，要求高某赔偿损失，支付诉讼相关费用。

案情分析：法院认为，双方网络服务合同关系成立，高某赔偿 T 公司损失 4000 元，并支付 T 公司诉讼的合理支出。在注册平台店铺时，勾选同意网站提供的《服务协议》并完成全部注册程序，实际开始使用此网络平台时，就表示用户充分理解、同意合同内容，网络服务合同成立。高某作为协议的实际签订人，完成注册并实际使用 T 公司服务平台销售商品，说明高某与 T 公司的网络合同依法成立并生效，受法律保护。高某违反合同约定的行为，应当承担赔偿损失的违约责任。《服务协议》中约定关于相对人因其自身的违反法律法规、违反约定的行为，应当赔偿网络服务平台遭受的损失，此条款属于合同中正常的违约责任条款，不属于格式合同中限制的免责条款和失权条款，无须对此做出合理提示和重点标注。也就是说，即使《服务协议》是格式合同，但是有关违反合同约定承担损失赔偿责任的内容仍然有效。

网络服务平台遭受的损失主要体现在以下三个方面：首先，网络用户实际购买了假冒商品，一方面给该用户造成了一定的经济损失，另一方面还会降低用户的信赖值，进而存在用户转向其他平台购物或者线下购物的可能性；其次，平台上正品经营者的利益被售假经营者窃取，造成正品经营者利益损失，降低其他正品经营商家对平台的信心，扰乱了平台诚信、有序的经营环境，可能致使一些正品经营商家退出平台而转向其他竞品电子商务平台；最后，销售假冒伪劣产品的行为势必会影响平台正常招商及增加诚信商家维护自身利益的成本，损害平台长期通过大量投入维护的良好形象与诚信、公平的经营环境，损害平台的社会评价，对平台的信誉显然具有负面影响。

关于本案中网络服务平台用户售假行为造成的损失，是否应当由 T 公司共同分担的问题。《服务协议》中明确禁止违反法律法规、禁止售假行为，服务平台对于商铺的违约售假行为抵制的态度十分明确。本案中高某的售假行为采用隐蔽的方式进行，不能因为网络服务平台未发现其违约行为而认为 T 网络交易平台应当分担高某对其造成的损害。良好的电子商务环境，需要网络服务平台和商铺经营者共同努力。高某不仅违反国家法律法规,还违反了与网络平台订立的网络服务合同。其售假行为侵害了T网络交易平台消费者以及其他在此平台商铺的利益,使T公司的商业信誉受到负面影响,又造成了经济损失。高某除自身受刑罚处罚外,另外需要承担民事赔偿责任。

案例二:王某与DD网买卖合同纠纷

基本案情

王某通过DD网购买某产品,对产品质量不满,与DD网沟通无果后,向合同履行地广州市白云区人民法院提起诉讼。DD网随即提出管辖权异议,依据是王某注册成为网站用户时,确认同意的使用交易协议中包含"所有争端将诉诸北京市DD网所在地人民法院"的条款,因此本案不应由广州市白云区人民法院管辖,应由DD网所在地北京市东城区人民法院管辖。

案情分析: 本案属于网络购物买卖合同纠纷,DD网根据其公布的《DD网交易条款》提出管辖权异议。DD网认为消费者在注册成为用户之前阅读并同意《DD网交易条款》,就应当适用合同中的协议管辖条款。但是,在消费者注册成为DD网用户之前,《DD网交易条款》页面默认并勾选消费者同意选项,因此消费者比较难注意到该条款的具体内容。并且,网络商务合同中当事人之间往往实际地理距离相距遥远,该条款可能使得消费者额外付出大量的时间和金钱来维护自己的合法权益,易造成诉讼费用远高于合同纠纷中涉及标的额的情况,妨碍消费者正常实现诉讼权利。该合同内容对网站用户做出了不合理的限制,因此法院裁定驳回被告提出的管辖权异议请求。

案例三：王某与杭州某公司网络服务合同纠纷

基本案情

王某在被告杭州某公司运营的网站申请注册了××客账户。之后，王某使用自己注册的域名搭建了内含多个页面的导航平台网站，用以进行××客的推广业务，即网络用户可通过该导航平台网站的不同页面进入相应的"××""××"等购物平台进行浏览和购买。在此过程中，王某从这些订单的收益提取一定比例的佣金。两个月后，杭州某公司通知王某，因其运营的导航平台网站内流量异常，冻结了王某的××客账户，导致王某在该账户内的资金无法提取。王某发现后立即按照杭州某公司规定的程序提交申诉，但没有得到合理的解释，杭州某公司也没有出具任何王某违约的证据或判断流量异常的证据。另外，王某认为杭州某公司，搜集用户cookie记录属于侵犯用户隐私权。王某向法院提起诉讼，请求解冻账户并支付佣金，承担诉讼的相关费用。

案情分析：本案中，平台协议约定人工认定涉嫌违规的，平台可视是否涉及商业秘密等而独立决定是否披露具体认定依据。原被告双方是网络服务合同关系，该条款免除了被告在纠纷争议中的举证责任，一旦因为流量异常等情况发生争议，被告可以基于对方申诉材料独立判断对方是否违约，且不需要披露理由。据此，诉争进入司法程序，被告也可以以此主张免于举证。但因上述条款排除了合同相对方的主要权利，使合同目的难以实现，显失公平，属于免责条款，故该合同条款无效。

本案中，判断被告搜集并使用cookie记录是否侵犯用户的隐私权、是否侵害用户的信息安全的主要标准，应为搜集和使用行为是否符合法律规定。当然，在评价是否符合法律规定之前，还需要举证证明用户是否知晓信息的搜集和使用。而网络服务平台如果向网络用户公开的《隐私政策》《使用协议》等合同中明确了个人信息、非个人信息搜集的约定，即表明用户注册账号和使用账号时，是知晓平台搜集信息行为的。基于网络用户的这种授权许可，网络平台可搜集使用其相关信息。网络服务提供商搜集、使用相关数据的目的应当合法合理，搜集并使用信息的方式和范围应当符合相关法律规定和平台公布的使用约定。

（三）互联网金融借款合同

在"互联网+"大背景之下，金融业与互联网技术的结合不断深入，形成了金融新业态，例如互联网金融借款。虽然互联网金融借款业务为广大资金需求者提供了便利的融资渠道，但也给金融机构乃至金融行业带来了风险隐患。主要原因是互联网金融借款业务依托互联网平台，门槛低、金额小且分布非常分散，容易产生风险，对金融交易的安全性造成不良影响。近年来，国家加大了对互联网金融借贷的规制力度，同时最高人民法院在《关于互联网法院审理案件若干问题的规定》中确定了互联网金融借款、小额借款合同受所在市辖区的互联网法院管辖。法律需要平衡互联网金融借款业务的旺盛需求和其中的风险防范，切实维护金融机构与资金需求者各自的合法权益。

1. 互联网金融借款合同的内涵

互联网金融借款合同，是指签订、履行行为均在互联网上完成的金融借款合同。互联网小额借款合同，则是指签订、履行行为均在互联网上完成的小额借款合同。从其定义可以看出，互联网金融借款合同、小额借款合同与传统意义上的金融借款合同、小额借款合同在内容上并无本质区别，关键差别在于订立、履行的方式是否通过互联网来完成。

在内容方面，互联网金融借款合同依旧涵盖传统金融借款合同的基本要素，如借款人信息、出款人信息、本金金额、利率、放款日、到期日、起息日、还款日、还款方式、承诺与保证、保密条款、争议解决方式等。互联网金融机构在借贷活动中实质上起到的就是银行的作用，近年来银保监会批准成立的民营银行之中就有多家互联网银行。在形式方面，互联网银行借贷活动相关信息的知悉、确认以及审核都是通过互联网完成，借款手续更为便捷，覆盖的借款用户更广，也更容易发挥金融机构货币乘数的效益，更有利于提高资金利用率。另外，借款人作为用户在互联网借贷活动中的行为留痕形成了大量数据信息，互联网金融机构可以利用这些大数据优化信用管理体系、控制风险、定制金融借款产品，以便完善相关金融服务。

2. 互联网金融借款合同的特点

（1）电子化。

互联网金融借款合同与传统意义上的金融借款合同最大的区别在于合同当事人签订合同的行为、履行合同的行为均在网络平台上完成，记载信息的各类表单、合同当事人的签字确认都通过无纸化的方式进行。其电子化的特征可以使合同约定的内容真实可视，且被完好保存、可供随时调取查用。借款人与互联网金融机构可以通过电子签名订立合同，保证合同的确定性及效力。另外，平台可以根据用户的个人信息，利用大数据算法等自动进行匹配，更有利于促成合适的借贷交易，平台也可以依据用户形成的大数据不断进行服务优化。尽管互联网的应用更利于信息的快速、广泛传播，但并不当然有利于信息透明。由于缺乏当面审核，当事人在身份认定、资质认定等环节中容易构成欺诈，这也为互联网金融借贷活动带来一定风险。

（2）手续简便、操作灵活。

互联网金融借贷拥有非常简洁的操作程序，合同双方只需在相关网络金融借贷平台上进行注册，填写、提交个人身份信息，通过互联网平台自动审核，就可以达成借款协议并在网上完成交付清算流程。该种形式避免了线下的金融借贷活动填报各种表单、资料审批繁杂、审批时间较长等弊端。借款人足不出户，只需要通过网络达成一致协议、订立合同即可。互联网金融借贷依据的是个人信用，而不要求提供其他方式的担保，故而手续更为便捷。只要完成相关手续，资金即可迅速到账，极大节约了借款人的时间成本。而对于金融借贷平台来讲，设置条件自动审核也节省了大量人工审核的成本。另外，互联网金融机构可以在法律支持的范围内根据需要自由调整借款政策，以满足借款人的不同需要，贷款金额、利率、担保抵押等条款的约定相对自由，操作更为灵活。

（3）金额小。

在互联网金融借款合同关系中，借款人主要为个人，资金需求方往往是小微企业、个体户等创业者以及个人消费者，借款人根据自身需求直接在网上与互联网金融机构完成资金对接。一方面，其资金需求量不大、借款金额小，目的是解决短期资金需求，借款周期往往为一个月到两年不等，网络金融借款的金额少则数千元，如网络购物信贷；多至几十万元，如创业信贷，但基本都不会超过一百万元。另一方面，互联网金融机构往往也吸纳投资者自有闲置资金，单笔投资的资金量本身相对较小。互联网金融借款平台还可以利用货币乘数效应将一笔资金放贷给多个借款人，提高资金的利用效率。

（4）资金总量大。

互联网金融借贷往往依托于相应的互联网金融机构，由网络平台作为资金匹配媒介，吸纳投资者的自有闲置资金的同时，解决借款人的资金需求。由于传统金融借贷门槛高、手续复杂、要求一定的资金量，大量的小额闲置资金以及小额借款需求没有纳入到市场之中。而互联网金融借贷相关网络平台，发挥了"长尾放大器"的效用，吸纳和盘活社会闲置资金，由平台对于资金借贷过程中的信用风险进行把控，将贷款发放至借款需求方，如此，既解决了借款人资金紧张的问题，也让投资者获得一定的投资回报，从而满足了这部分金融消费者的投资、融资需求，而互联网金融机构可供贷款的金额也就更加充裕。一方面，大型的互联网金融机构的资金量巨大；另一方面，随着监管力度不断加强，不符合法律规定的小型、劣质互联网金融借款平台逐渐被淘汰出局，也加大了互联网金融机构的两极分化。

（5）地域分布广泛。

由于依托网络平台，互联网金融借贷可以广泛地服务到更多的资金需求方。无论借款人身处何处，只要资质合格、有个人信用作为保障，通过平台进行申请，即可获得借款，无须囿于地域上的限制。同时，互联网金融机构也不同于传统金融机构受服务范围的地域限制，不同的互联网金融借贷平台并没有地域的区分，存在的只是服务上的差别。另外，当事人的分散也涉及确定合同管辖权的问题。最高人民法院在《关于互联网法院审理案件若干问题的规定》中确定了北京、广州、杭州互联网法院集中管辖原由基层人民法院受理的网络金融借款、小额借款合同纠纷。但互联网金融借款协议仍然属于金融借款协议，该类争议由被告住所地、合同履行地法院进行管辖。

3. 互联网金融借款合同的分类

（1）小微企业信贷。

小微企业是市场中的重要主体。小微企业生命周期短，根据国家统计局的有关资料，小微企业的生命周期大约为三年。而银行在发放贷款时，需要审核企业的经营时间，要求企业长期持续经营，很多小微企业难以达到银行持续经营的标准。小微企业通常是服务型、商贸型的企业，通常企业主没有足额的资产进行抵押，也不太容易找到合适的担保人，对于借款的担保主要依赖企业主的个人信用。另外，小微企业主贷款的额度不大，这也提高了银行的服务成本，使得银行很难青睐这一类借款者。这些现状都使得小微企业很难通过银行这样的传统金融机构快速取得贷款。

互联网金融借款则很好地解决小微企业贷款难的问题。由于互联网信息交换的迅捷和便利，金融借款可以很容易和企业的运营环节相匹配，从备货、仓储、物流、广告、销售，互联网金融机构可以提供有针对性的金融服务，将小微企业的业务需求和金融需求相结合。在消费旺季，互联网金融机构还会推出相应的特殊贷款政策。这样的优势也使得互联网金融机构可以将金融服务下沉到农村地区，覆盖更广的资金需求者。

(2) 消费信贷。

在我国新的经济形势下，消费取代投资和出口成为我国经济增长第一增长点。随着消费不断升级，人们的消费习惯也在改变，越来越多的人选择使用消费信贷，消费的商品也从单价高的商品房、汽车渗透到家电、服装、食品等日常商品。尤其是90后、00后等年轻人成长为社会消费的主要力量，他们以消费观念超前为主要特点，追求个性化、高品质的享受型消费。在这一背景下，不断增长的消费升级需要拉动消费信贷增长，具有金额小、期限短、利率高、无抵押特点的互联网金融借款、小额借款在个人消费领域的应用也越来越广泛。

互联网金融机构利用自身的技术优势和数据优势，持续打磨、精细化自身的运营能力，有效解决了传统消费信贷中人工审核成本高、信用风险难以控制、逾期催收困难等问题，直接触及用户，响应迅速，能够很好地满足个人消费的小额、短期贷款需求。互联网金融机构可以直接和网络购物平台、网络充值系统等无缝对接，配合旺季的消费需求，推出相对灵活的借款产品，从而为用户提供更好的消费体验。在这一过程中积累的大数据也可以为平台进一步优化服务产品提供有力的支持。

4. 互联网金融借款合同引起的纠纷

(1) 因缔约人身份认证而引发的纠纷。

在《电子签名法》发布以后，电子签名成为我国认可的签名形式，经过第三方机构认证的电子化签名，可以正确辨别用户的个人身份，是可以信赖的签名方式。但是，在金融平台融资业务中，交易中心等合作机构出于成本的考虑，可能不愿意与电子认证机构进行合作。《互联网金融个体网络借贷电子合同安全规范》第五项中明确了"合法的电子签名必须经第三方电子认证服务机构认证"，该条款是对《电子签名法》中未强制要求电子签名经第三方认证的补充说明。也就是说，在个体网络借贷合同中，出借人和借款人的电子签名只要在经过第三方电子认证服务机构认证后就构成《电子签名法》规定下合法的电子签名，其所载合同才能产生相应效力。同时，《互联网金融个体网络借贷电子合同安全规范》肯定了他人代签电子签名的有效性，但从业机构或者第三方电子合同服务商必须能提供证据，证明电子签名产生的信息由电子签名人控制，这些信息包括用电子签名签订相关文件的时间和方式、电子签名人位置、IP 地址、授权及认证方式、授权及认证记录等。对于电子签名人来说，这是有利的。一方面可以限制平台在非本人授权下，不得私自应用电子签名；另一方面所有电子签名使用记录清晰可见，防止签名误用、滥用。

部分金融机构会自行开发电子合同签署系统，《互联网金融个体网络借贷电子合同安全规范》规定，自行开发电子合同签署系统的金融机构从事网络贷款时，电子合同签署系统必须独立于平台本身。目的是保证电子合同订立系统和平台其他业务系统之间的分离，确定电子合同订立系统在管理上的职责。

（2）因本息计算方式而引发的纠纷。

"砍头息"通常指出借人给借款人发放贷款时预先从借款本金中扣除一定金额作为利息，致使借款人实际收到的借款金额与借款合同中约定的借款本金不同的情形。《民法典》第六百七十条规定，借款的利息不得预先在本金中扣除，利息预先在本金中扣除的，应当按照实际借款数额返还借款并计算利息，即本金实际上应当是贷款机构转账至借款人账户的金额。在司法实践中，个别企业为了逃避法律责任，即使把全额借款打入借款人账户，但是会在一定的时间内就扣除部分利息，如金融机构 A 向借款人 B 提供 1 亿元借款，但是支付第二日就扣除 1000 万元作为利息，致使借款人 B 无法真正使用全部本金，在此种情况下，应当认定借款本金为扣除"砍头息"的实际借款部分。

关于年利率，我国法律规定，借贷利息以中国人民银行授权全国银行间同业拆借中心每月 20 日发布的一年期贷款市场报价利率（LPR）的 4 倍为最高标准，以此确定民间借贷利率的司法保护上限。

（3）因违反合同约定而引发的纠纷。

金融借款合同的主要内容是金钱给付与届时清偿。现实中，借款人借款期限届满而不返还欠款的现象突出，为了避免这种现象频繁发生，我国相关法律法规对金融借贷合同违约情形、借款担保等内容规定相对详细。金融借贷合同违约情形主要有以下几种。

① 借款人逾期履行、没有全面履行合同约定的义务（如期限届满之后不能按合同约定还本付息；未能履行合同约定的申明和保证；未按时提交约定的财务报表）。

② 借款人的经营情况出现重大变化（包括突破合同约定的财务指标；借款人出现经营不善或其他可能妨碍债务清偿的情况；借款人恶意逃避金融机构债务；借款人出现公司改组等重大事项损害、影响贷款安全的；借款人出现财务状况恶化涉嫌诉讼、仲裁等情形可能影响贷款安全的，等等）。

③ 借款人违反诚实信用义务。

④ 借款人有违反法律法规的经营行为。

⑤ 交叉违约，包括借款人违反其与债权人或其他第三人所签订的其他合同，或者因此类合同产生争议而导致或可能导致诉讼、仲裁；借款人与债权人签订的其他借款合同或担保合同项下存在违约情形。

⑥ 担保人违约，主要包含担保人故意捏造虚假材料提供担保以及其他法律规定的减弱其担保能力的情况。

（4）金融机构因借款人逾期未履行偿还本息而引发的纠纷。

现实中经常存在金融机构在贷款时对借款人的履约能力和可信任程度审查力度不足、贷款用途审查不够严格的情况，例如金融机构未能对借款人资格、偿还能力进行严格审查，存在一部分借款人因其资信较差等原因而借名贷款，或者在借款之后，未将相关款项用于协议约定的用途，而是用于高利息转贷或者赌博等非约定事项，导致贷款到期后无力归还等情况。部分金融机构在审查时机械地要求符合担保形式要件即可，而并不关注担保人实际履行保证责任的能力。借新还旧、以贷还贷现象突出，使得担保流于形式，风险制约作用不明显。或由于审查力度不足，借款人之间互相担保、一位担保人同时为数项贷款提供担保的现象频发。实际情况中，这类担保人多数无力承担担保责任。部分案例中，借款人在逾期无力偿还欠款的情况下，数次借新还旧，向不同金融机构借款，以贷养贷。这一方面增加了担保人的负担，另一方面威胁了金融机构的贷款安全。在贷款担保人不同的情况下，若新担保人对以贷养贷的情况并不知晓，金融机构还将面临免除保证人责任的风险。

对于超出担保范围或无担保的借款而借款人可能丧失清偿能力的，金融机构利用债权保全制度，尽可能扩大借款人的责任财产范围，借款人无偿转移名下财产、以明显低于市场价格的价格转移财产或以明显高于市场价格的价格收购财产等明显会给金融机构的债务造成损失的情形，金融机构均可行使撤销权，实现对自身债权的保全，撤销权一般通过诉讼的方式实现；因借款人怠于行使其到期债权，对金融机构造成损害的，金融机构可以基于自身合法债权向人民法院请求以自己的名义行使借款人的债权，通过在执行程序中代位执行借款人对第三人享有的到期债权或提起代位权诉讼实现。

（5）因管辖而引发的纠纷。

根据《中华人民共和国民事诉讼法》（以下简称《民事诉讼法》）相关规定，金融借款纠纷的被告住所地、借款合同履行地的人民法院可以行使管辖权。电子金融借款合同的当事人可以就发生争议时的管辖法院进行约定，但是约定管辖不得与我国法律法规对级别管辖和专属管辖的规定相冲突。根据最高人民法院《关于互联网法院审理案件若干问题的规定》第二条第三款规定，北京互联网法院、广州互联网法院、杭州互联网法院集中管辖所在市的辖区内应当由基层人民法院受理的下列第一审案件，其中就包括签订、履行行为均在互联网上完成的金融借款合同纠纷、小额借款合同纠纷。

5. 实务分析

> **案例一：朱某诉 Y 公司等 P2P 网贷合同纠纷案**
>
> **基本案情**
>
> Y 公司运营某网站，提供 P2P 互联网金融借贷服务。朱某在此网站注册成为用户后，在网站进行过若干次出借资金的行为。网站的主要运营模式为：网站展示有关借款人的项目、借款数额、期限等信息，网站用户可以选择借款项目和借款人，由网站将款项支付给相应的借款人。注册完成之后，网站用户可以下载电子借款协议。在借款期限届满之后，借款人将借款本金及利息支付给网站平台，再由网站平台将本金和利息转入借款人关联的银行账户内，借款人可以自行申请提取款项。因网站停止向朱某支付相关款项，双方沟通未果，产生纠纷，朱某遂向人民法院起诉，请求 Y 公司支付欠款以及逾期利息。截至纠纷发生之时，朱某在此网络平台账户资产总额约 950 万元。

案情分析：朱某通过 Y 公司运营的网站平台向借款人出借资金，从借贷协议、平台账户线上和线下的充值记录、网站平台出借资金记录以及银行交易明细来看，朱某通过平台已实际借出款项。在借款期限届满后，借款人按期还款，网站平台将借款本金和利息收回网站平台的情况下，Y 公司有义务按照协议约定的期限将本金和利息支付给网络用户朱某。但是朱某与 Y 公司签订的《借款协议》并未就借款期限届满后，Y 公司未能及时支付款项所需承担的违约责任进行约定，所以朱某主张 Y 公司应当支付逾期利息的请求缺乏合同依据，但是 Y 公司应当按照中国人民银行同期同类贷款基准利率向朱某支付还款利息。

本案明确了互联网金融借款合同纠纷中网络服务提供者的法律地位以及责任。网络服务提供者应当与出借人签订协议，为出借人提供网络平台服务，包括提供交易环境、发布借款项目及借款人的相关信息、及时披露借款人还款情况、及时向出借人支付款项等。网络服务提供者违反合同约定、未履行合同义务，出借人有权根据《民法典》向要求网络服务提供者承担违约责任。

案例二：某商业保理公司与甲公司借款合同纠纷案
基本案情

某商业保理公司通过某 P2P 平台向甲公司借款 30 万元，双方签署电子《借款协议》，其中约定了借款数额、借款期限、借款利率、服务费等内容。借款期限届满之后，甲公司未按照合同约定返还本金和利息，某商业保理公司向人民法院起诉请求甲公司承担违约责任。经法院审理查明，某商业保理公司的经营范围为进出口保理业务、国内及离岸保理业务，以及与商业保理相关的咨询服务。且此纠纷发生的同一时期，由同一 P2P 平台放贷引起的类似纠纷共有 3 件。根据相关法律规定，商业保理公司通过 P2P 平台向不特定对象发放贷款，双方签订的借款合同无效。法院认定《借款协议》无效，甲公司应当返还某商业保理公司借款 30 万元，并支付银行同期贷款利率计算的利息。

案情分析：商业保理公司具有准金融机构的特征，由银保监会负责监管。根据商务部《关于商业保理试点有关工作的通知》的规定，商业保理公司不得从事吸收存款、发放贷款等金融活动。根据《中华人民共和国银行业监督管理法》（以下简称《银行业监督管理法》）第十九条规定，未经国务院银行业监督管理机构批准，任何单位或者个人不得设立银行业金融机构或者从事银行业金融机构的业务活动。本案中某商业保理公司作为准金融机构，以 P2P 平台为媒介向公众放贷，且此举并非为了解决其机构内部资金困难或者生产急需，故具备经营性质。因此双方签订的《借款协议》因违反了我国法律规定而无效。此外，除法律规定的特别情况之外,"超越经营范围"本身就是合同无效的情形之一,通过 P2P 平台向不特定对象发放贷款的行为属于特许经营的范围,应当取得相应的资质。某商业保理公司的行为超越其经营范围,违反国家限制经营、特许经营的规定,因此,《借款协议》应认定为无效合同。

互联网金融借贷通过网络平台和计算机科学技术,能够更好地满足中小微企业的融资需求,同时也可以满足个人的投资需求,具有普惠金融服务的特点。但是值得注意的是,商业保理公司、融资租赁公司等准金融机构并不具备通过网络平台发放贷款的资质,因此上述企业应当防止以金融创新为名逃避金融监管的行为,规避金融风险的交叉传递。

案例三:甲公司诉乙某等借款合同纠纷案

基本案情

甲公司通过运营某网站提供网络借贷居间服务。2013 年,乙某通过甲公司网站与 264 人达成《借款协议》并签订电子合同,共借款 50 万元。合同约定,乙某在借款期限届满之后若出现逃避债务、拒绝沟通或拒绝承认借款行为等恶意行为或逾期还款 90 天,则全体投资人一致同意将案涉合同中的债权无偿转让给甲公司,由甲公司向乙某要求还款。与此同时,丙某、丁某、戊公司承诺对乙某的债务承担连带保证责任并签订《保证合同》。在借款期限届满之后,甲公司受让债权,尝试多种催收方式均未收回欠款。甲公司以电子邮件的方式通知乙某,其已受让全体投资人的债权。甲公司向人民法院提起诉讼,请求乙某支付本息及逾期利息,并请求丙某、丁某、戊公司对债务承担连带保证责任。

案情分析:本案中的《借款协议》及《保证合同》系签订各方当事人自愿真实的意思表示,合同有效。乙某超过借款期限未偿还本金和利息,应当承担违约责任。甲公司起诉丙某、丁某、戊公司,在保证期间和保证范围之内，三方应当对乙某的债务承担连带责任，在承担保证责任之后，有权在其保证范围内向乙某追偿。甲公司在满足《借款协议》设置的条件之后，以电子邮件的形式通知乙某债权转让的事实，甲公司已成为合法债权人，有权提起诉讼。

（四）网络人身权

互联网的发展为人们带来便捷的同时，也使得借助互联网侵犯用户人身权的行为增多。由于相关立法尚不完善、网民素质参差不齐、公民权利意识和法律意识淡薄以及网络服务提供者责任意识不强等因素，在虚拟、开放的网络环境中，公民的人身权相较于现实世界更容易遭到侵害，且侵害后果更为严重。近年来网络人身权纠纷案件，尤其是侵权纠纷案件不断发生。人身权侵权现象具备一系列新特征，使得互联网空间内人身权保护不断出现新的挑战。

1. 网络人身权的内涵

网络人身权与传统人身权在本质上并无不同。互联网空间内的人身权并不是全新的权利种类，它的本质仍然是人身权，只不过强调的是公民在互联网空间内享有的以人身利益为内容的权利。网络人身权是计算机信息技术不断发展、全球互联背景之下对传统人身权内涵的拓展丰富。

传统意义上，人身权包括人格权和身份权。人格权是法律所确认的、作为民事主体必要条件的身份、人格相联系的权利，随着权利主体的存在而存在，并随权利主体的消亡而消亡，如公民的姓名权、生命权、健康权、肖像权等。身份权是权利主体因一定的地位和资格而产生的权利，它随着当事人之间互相存在的某种身份关系而存在，也随着这种身份关系的消灭而消灭，主要包括亲权、监护权、继承权等。

由于互联网的虚拟性和开放性，网络人身权的保护围绕着信息与数据的相关权益开展，权利范围、主体与传统人身权存在区别。在网络环境中,各项人身权被具体为用户隐私权、用户名誉权、公众知情权、言论自由权等。网络人身权纠纷主要集中在人格权侵权问题上。

2. 网络人身权的特点

(1) 权利内容的范围不同。

传统意义上,人身权既包括人格权也包括身份权,主要涵盖以下几个方面:一是与生命、身体相关的权利,包括生命权、健康权等;二是与人身自由相关的权利,包括行动自由、言论自由、婚姻自由等;三是与个人身份、形象相关的权利,如姓名权、肖像权、名誉权、荣誉权等;四是与身份关系相关的权利,如亲权、监护权、继承权等。

在网络环境中,人与人之间的交流并不是面对面进行的,而是通过文字、图像、音频、视频等信息与数据进行传播,不存在身体接触的可能,所以很难发生针对生命、身体以及很大一部分人身自由相关的权利。网络人身权通常是指如肖像权、名誉权等与个人形象相关的权利。需要强调的是,一些由于网络争端而引发的、存在于现实生活中的侵权,并不属于网络人身权讨论的范畴;网络人身权强调权利的侵害与保护是发生在虚拟的网络环境中。

(2) 权利主体的范围不同。

现实生活中,人身权的主体包括自然人、法人以及具有法律人格的其他组织。而在网络环境中,人身权的主体更多是实际使用互联网各种服务的自然人用户。虽然不排除具有法律人格的组织在网络领域中的具有人身权,但在讨论网络人身权时通常指的是真实的自然人,即网络人身权强调的对真实个体而非虚拟主体的保护。

互联网环境中,由于不同平台拥有各自独立的用户管理系统,在不同平台间会出现相同的用户名对应的是不同自然人的情形,容易造成权利主体不明。对此,虚拟空间中主体实现其权利必须以现实主体为基础,虚拟主体自身不能作为某一权利的主体向他人主张其权利,同样,也不能以此身份向司法机关寻求法律救济。因此,当虚拟空间内的主体缺少现实主体基础时,其自身不享有任何权利,亦不能作为权利主体进行任何民事行为。对于网络人身权的保护仍然要归于现实生活中的真实个体。

（3）侵权的方式与后果不同。

互联网作为独立于现实生活的虚拟环境，是迅速、即时、匿名的信息交换与发布渠道，这使得网络人身权的保护更加困难。在现实生活中，侵犯人身权都表现为实际存在的侵害行为，侵权行为人与受害人都极易被发现、识别。但在互联网平台中，网络用户只需在平台中进行注册登记就可以匿名发表任何言论，操作十分简单，又具有很强的隐蔽性，这与传统意义上的民事侵权完全不同。而且因网络本身具有较强的传播性，导致侵权行为传播速度很快，造成的影响也更大。

侵犯网络人身权的后果很可能是复合性的，不只是侵害当事人的具体某一项人身权利，还很可能造成受害人精神损失与财产损失。例如网络中的诽谤性言论会借助网络传播的快捷性、广泛性而更快更直接地被更多人了解，给受害人带来更大的伤害；又如与个人身份关联的账户被黑客窃取，受害人不仅失去对账户本身的控制，账户之下的财产也受到威胁。

在互联网中侵害人身权的侵权行为人不易追踪，调取证据也更为复杂。例如，由于网络的虚拟性，用户以虚拟身份发表侵权言论，往往只能通过查找 IP 地址等方式确认其真实身份，技术上要求更高，也更难实现追查与取证。同时，一个网络侵权行为的发生可能是由数名互不认识的用户共同导致的，如发布者、传播者、平台运营商、服务器管理者等等，导致追责主体难以确定。

3. 网络人身权的分类

虽然网络人身权依据的仍然是传统意义上的人身权的理论体系，但网络人身权及其保护有其突出的特征。下面重点介绍姓名权、肖像权、名誉权、隐私权四种网络人身权的具体类型。

（1）网络姓名权。

姓名权是公民根据法律拥有的决定、使用、变更自己姓名的权利。

姓名权维护的是自然人的独立人格，也令社会中的自然人特定化，从而达到对自然人进行识别的作用。根据我国法律规定，干涉他人姓名使用、盗用、假冒他人姓名的行为，都是侵害他人姓名权的行为，应当追究侵权行为人的民事责任。无论是在互联网虚拟空间中还是在现实生活中，姓名权侵权现象都屡见不鲜。其中，网络环境中对侵犯公民姓名权多表现为盗用或者假冒他人姓名从事违法活动。

（2）网络肖像权。

肖像权是指公民根据法律拥有对自己的肖像进行制作、使用、处分的权利。网络肖像权指的是在互联网虚拟空间中个人享有的对能识别自己身份的面部特征的肖像进行制作、使用和处分的权利。在各类互联网平台上，人们可以轻易地获取、发布信息，使得海量的图片、视频在网络上传播，其中，以广告宣传为目的商家擅自使用显示他人面部特征的图片来吸引流量，或者个人用户将偷拍、偷录的照片或录像上传至网络，都可能涉及侵犯肖像权。而针对这些侵权行为，相关的法律尚未有明确的规定，这就使得侵害网络肖像权的行为无法得到有效治理。

（3）网络名誉权。

名誉权，是指自然人根据法律拥有的对其本人所获得的客观社会评价、排除他人侵害的权利。互联网虚拟空间中的名誉权是指在互联网环境中的个体都有权利维护自己的外在评价。网络名誉权的主体与客体都具有虚拟性，用户不以真实身份发表观点与评价，而且网络环境的名誉也是以虚拟的形式体现的，甚至网络游戏排名、网络积分等也是网络名誉权的表现形式。

（4）网络隐私权。

隐私权是指自然人享有的私人生活安宁与私人信息秘密依法受到保护，不被他人非法侵扰、知悉、收集、利用和公开的一种人格权。网络隐私权强调的是自然人个人的网络空间与个人隐私信息在互联网中形成的数据不受他人侵害的权利。在互联网虚拟空间中隐私权保护的范围要比传统隐私权保护的范围更广，包括网络用户在相关网络平台的注册信息、浏览历史、购物清单等。另外，海量隐私信息形成的"数据链""数据网"也具有相当的经济价值，需要法律保护。

4. 网络人身权涉及的诉讼

计算机信息技术的普及给人们的生活提供了便利，利用网络工作、生活、休闲的门槛越来越低，基于互联网衍生的法律问题却也不断冲击传统法律规范和制度，尤其是网络人身权的保护面临巨大的挑战。

网络人身权纠纷是因在互联网上侵犯他人人身权引起的纠纷。在现实生活中，侵犯他人人身权成本较高且风险很大；侵犯他人人身权手段有限且被受害人察觉的可能性很大。但是，在互联网空间中，侵权主体较现实世界具有隐秘性，侵犯网络人身权的手段也非常多，加之网络世界信息传播速度飞快，使侵犯他人网络人身权更为容易，损害后果更加严重。

（1）侵犯网络姓名权引起的纠纷。

网络姓名权是公民姓名权在互联网世界的延伸，侵害公民网络姓名权引起的纠纷主要有以下几个类型。

第一，网站服务提供者或是其他互联网用户利用技术手段，非法收集他人姓名等信息。例如部分社交平台或者网络购物平台，要求用户在进入网站或软件之前使用自己的个人信息注册，网络服务提供者在采集到这些数据之后，以营利为目的将其出售。又如部分网络黑客通过侵入他人计算机信息系统非法获取用户数据，进行不法交易。

第二，网络服务提供者或网络用户出于抢占、推广、打响知名度以获取不当利益的目的，故意使用他人真实姓名完成注册，侵害他人网络姓名权，尤其是知名人士的姓名权，违背了我国民事法律规定的公序良俗的原则。

第三，不合理使用他人姓名。例如将权利人的姓名标注在不合时宜的新闻或照片中；对权利人的姓名进行恶意调侃或创造侮辱性的谐音；为获取利益将权利人的姓名恶意抢先注册成域名；盗用他人的社交网络账号，使用他人姓名，骗取其亲友钱财，或发送恶意邮件等行为。

(2) 侵犯网络肖像权引起的纠纷。

侵犯用户网络肖像权引起的纠纷主要有以下几个类型。

第一，网络用户侵犯他人肖像权的行为。包含未经肖像权人允许，将包含用户个人肖像的图片上传、转载到其他公共网站；以恶搞或牟利为目的，利用软件修改、丑化他人图片，并公布在公共网站上或出售；未经他人允许将其照片公布在色情网站上；未经肖像权人允许，利用他人照片作为宣传，以此牟利的行为。

第二，网络服务提供者侵害用户网络肖像权的行为。如社交平台等网站的管理者没有正当理由删除用户上传的音像和图片，或者没有正当理由限制肖像权人对包含其肖像的视频或者照片进行修改或者删除的权利；未经肖像权人授权，使用其照片装饰网页或者未按照注册时协议约定的内容使用其肖像；网络运营商和网络服务提供商利用经营过程中形成的信息和技术优势非法获取、非法使用、非法传播包含权利人肖像的图像和视频；未经肖像权人允许，利用其照片作为商业宣传，以此牟利的行为。

在侵犯权利人网络姓名权、肖像权的案件中，人民法院在判断受害人的实际经济损失时，会全面考量受害人的知名度、影响力、侵权行为给受害人造成的影响程度、侵权人可能获得的现实利益、侵权人行为的过错程度等要素。

(3) 侵犯网络名誉权引起的纠纷。

侵犯权利人网络名誉权的行为大体分为两类：侮辱和诽谤。

第一，在互联网虚拟世界中，具有隐蔽身份的部分网络用户往往言辞激烈，利用社交平台肆意发布一些对权利人的侮辱性语音、文字或图像资料。

第二，在一些社会热点事件、媒体关注事件中，部分用户为了吸引其他网络用户的关注以提高自身的流量，通过捏造莫须有的事实，对权利人进行诽谤，侵犯了权利人的网络名誉权。

在通过互联网侵犯权利人名誉权等人身权益案例中，侵权人发布的侵权言论通常借助拐弯抹角、指桑骂槐的表达来达到影射他人的目的，一般不会明确地指向被侵权人，尤其被侵权人是公众人物的情况下更为常见。司法判例通常从信息接受者的角度判断网络名誉权的侵权行为，即根据具有特定背景群体的经验进行判断，若有合理理由相信涉嫌侵权的行为指向特定的人，就可以认定该行为侵犯了权利人的网络名誉权。

（4）侵犯网络隐私权引起的纠纷。

通常人们使用某款互联网产品时，需要以个人信息进行注册以便授权平台获取其相应信息。例如网购时，电商平台需要获取用户的身份信息、地址信息等。网络上的个人隐私较现实世界的隐私更容易被非法获取、非法传播、非法利用，并且网络隐私权比传统意义上的隐私权范围更广，还包括了一些新兴的网络个人数据，如QQ号、微信号等。

侵犯网络隐私权引起的纠纷，大体包含三种情况。

第一，非法搜集和泄露个人隐私。例如部分黑客，通过非法途径侵入他人网络平台获取用户个人数据；或部分网络平台超出范围搜集用户个人信息，对搜集的用户个人信息保护不到位致使用户信息泄露。

第二，非法宣扬他人个人隐私。由于我国目前尚未全面推行网络实名制，导致部分网民在公共社交平台肆意传播他人个人隐私。例如，2008年北京姜某"人肉搜索"案使"人肉搜索"这个名词第一次进入司法程序，审判机关开始建议对"人肉搜索"等新生网络事物进行规范引导。

第三，非法交易个人隐私。如前文所述，大多数网络平台通过要求注册用户提供个人信息以此获取海量的用户数据。个别网络平台将获取的用户个人数据出售给数据经销商，以此获取非法利益。部分网络平台通过对网络用户的个人数据以及社交内容、社交习惯进行再剖析、完善，描绘用户画像，以牟利为目的将其中有商业价值的内容的数据出售。

5. 实务分析

> **案例一：杭州某网购平台公司诉某报社、**
> **北京某互联信息服务有限公司侵犯名誉权纠纷案**
>
> **基本案情**
>
> 杭州某网购平台是一家跨境电商服务平台，某报社在其网络报刊及官网上刊登了一篇关于该电商平台的文章。文章先后叙述了"该电商平台陷入造假旋涡""该电商平台陷入自营危机"。北京某互联信息服务有限公司运营的网站下属频道全文转载了案涉文章并更改标题。后杭州某网购平台公司以某报社、北京某互联公司共同侵犯名誉权为由起诉两家公司，请求立即停止侵权行为、消除不良影响、赔礼道歉，并赔偿经济损失及诉讼合理支出100万元。

案情分析：虽然被告运营的网站及报纸上刊登、转载的案涉文章从标题到内容描述了"杭州某网购平台公司深陷售假旋涡"的新闻事件，但是综合全文判断，没有明确的证据指向该电商平台售假。本案中，某报社属于新闻媒体，涉案文章的题目及内容报道评论性文章，属于新闻报道。根据最高人民法院《关于审理名誉权案件若干问题的解答》，如果新闻报道与相关事实严重不符，致使他人名誉受到损害的，应当按照侵权行为人侵害他人名誉权进行处理。

该报道以尚未证实的单一用户投诉作为基本内容，严重违背事实，违反了新闻报道真实性原则；且某报社对于案涉文章的编辑存在主观恶意，严重影响了消费者对于杭州某网购平台公司的信任和评价，造成该平台社会评价降低，侵犯了该平台的网络名誉权。本案中，北京某互联信息服务有限公司对于文章的转载行为负责，因该转载行为是由该公司实施，而非其用户利用该公司运营的网站平台发布，该公司主观具有明显过错，同样构成了对杭州某网购平台公司网络名誉权的侵犯。某报社与北京某互联信息服务有限公司的行为虽无故意联络，但是二者分别实施的原创、转发行为，共同造成了杭州某网购平台公司的损失，应当承担按份责任，法院认定责任比例为4∶1。

> **案例二：熊某与杨某名誉权纠纷案**
>
> **基本案情**
>
> 杨某在熊某开设的网店多次购买汉服。熊某怀疑杨某高价倒卖其在熊某处购买的汉服，并在某官群发送侵害杨某的信息，称杨某为高价倒卖汉服的黄牛，杨某多次通过QQ与熊某进行沟通解释，陈述熊某的指责是没有根据的不实事实。但是熊某不予理会，继续通过QQ悬赏煽动其他成员对杨某进行人肉搜索，意图查出杨某的住址以及其他个人数据予以爆料。该店铺不明真相的部分会员，经熊某煽动后对杨某使用侮辱性表达进行人身攻击。杨某遂向人民法院提起诉讼，请求熊某赔礼道歉、消除不良影响、恢复名誉，并赔偿精神损害抚慰金1000元。

案情分析：公民、法人享有名誉权。我国法律保护公民和法人的人格尊严，严禁使用侮辱、诽谤等方式侵害公民、法人的名誉。公民和法人的名誉受到损害，有权要求侵权人承担侵权责任。本案中，熊某故意在某官群等平台使用侮辱性语言对杨某进行人身攻击。虽然双方在网络中为虚拟主体，但是杨某、熊某在案涉互联网上登记的为真实身份信息，映射出现实的民事主体。熊某的侵权行为使杨某的社会评价降低，客观上侵害了杨某网络名誉权。法院判决熊某向杨某书面赔礼道歉，在案涉网站、官群中公开为杨某消除影响、恢复名誉，并赔偿精神损害抚慰金1000元。

《民法典》第一千一百九十四条规定，网络用户、网络服务提供商若有利用网络侵害他人民事权益的行为，其应当承担侵权责任。上述规定结合最高人民法院《关于审理利用信息网络侵害人身权益民事纠纷案件适用法律若干问题的规定》第十二条规定，网络用户通过互联网，未经权利人允许，擅自公开被侵权人的个人隐私信息数据的，应当承担侵权责任。本案中，熊某悬赏煽动对杨某进行人肉搜索并在一定范围内进行公开，对杨某使用侮辱性语言进行人身攻击等行为，构成了对杨某网络名誉权的侵害，应当承担侵权责任。

案例三：某美容医院与孟某肖像权、名誉权纠纷

基本案情

孟某系中国著名演员，出演过多部影视作品，拥有多个时尚品牌代言。孟某的形象具有相当的商业价值和社会影响力。某美容医院未经孟某同意，在其网站上使用孟某照片进行宣传，擅自使用包含孟某肖像的照片作为文章插图，还在案涉网页中多处设置客服问询平台及其他整形项目简介，并搭配文章《××症状表现是什么样的》。某美容医院作为整形医院，将孟某的照片作为宣传，可能让不明真相的大众误以为孟某接受过整形。孟某向法院提起诉讼，请求判令某美容医院停止侵权，删除其网页上的照片。

法院向某美容医院送达起诉状后，某美容医院提出管辖权异议，认为本案属于网络肖像权侵权之诉，以侵权作为案由起诉的案件，应当由侵权行为地或被告所在地人民法院行使管辖权。根据最高人民法院《关于审理涉及计算机网络著作权纠纷案件适用法律若干问题的解释》第一条规定，侵权行为地包括实施被诉侵权行为的网络服务器、计算机终端等设备所在地。因此应当由某美容医院住所地法院管辖。

案情分析：法院认为，孟某以整形医院侵犯其名誉权、肖像权为由提起诉讼，属于因侵权行为引起的诉讼，应由侵权行为地或被告住所地

法院管辖。侵权行为地包括侵权行为实施地和侵权结果发生地。最高人民法院《关于审理名誉权案件若干问题的解释》中对侵犯名誉权案件中侵权结果发生地的认定有如下规定："人民法院受理这类案件时，受侵权的公民、法人和其他组织的住所地，可以认定为侵权结果发生地。"侵权结果地发生法院具有管辖权，某美容医院的管辖权异议不成立。

（五）网络财产权

从物理角度，互联网属于虚拟空间，但随着人们对互联网的依赖程度提升，互联网与现实之间的联系已经不可分割。人们在使用互联网交流沟通的过程中，产生了具有实际经济价值的各类网络信息。这些网络信息逐渐形成了一种具备财产属性的新型虚拟物品，进而衍生出网络财产权的概念。互联网非法外之地，网络虚拟财产也同样属于财产权的范畴，受法律保护。虽然我国在司法实践中早已经认可了虚拟财产权，但直到2017年颁布实施的《中华人民共和国民法总则》才首次将网络虚拟财产纳入了法律规定，该权利同样在《民法典》中得以体现。尽管网络财产权立法层面已经有明确规定，但对网络虚拟财产性质的界定、规制路径等内容还在逐步完善。

1. 网络财产权的内涵与外延

网络财产权是权利人基于网络虚拟财产享有的财产权利。网络虚拟财产主要是指存在于互联网空间中，依靠于网络用户投入时间、精力和金钱所获取的具有交换价值和流通性质的、由数据代码进行存储的、具有一定视听外观的虚拟物品。广义上的网络虚拟财产主张只要是电子化的、没有现实物质载体的财产形式均能够纳入网络虚拟财产的范围之中，包含域名、各类网络账号及电子邮箱、虚拟货币、虚拟角色、游戏道具与装备等可以为人所占有和支配的有价值的网络虚拟物。狭义上网络虚拟财产则通常指互联网账户中拥有的虚拟物品，主要包括装备、道具与技能等。

区别于有形的财产，网络虚拟财产实质上属于一种电子数据，因其具有多重表现形式，界定相对更为复杂。在物理层面，网络虚拟财产属于一种电子数据，是一种电信号，由互联网平台的服务器进行储存。在数据层面，网络虚拟财产是由"0"和"1"为基础的二进制代码组成的，通过程序编写形成有意义的内容，以客户端/服务器的结构或者浏览器/服务端的结构呈现出来。在应用层面，网络虚拟财产的存在形式通常为文字、图像、视频等或静态或动态的交互形式，可以通过视听所感知，可以进行互动操作。

作为财产，网络虚拟财产必然具有价值，而这种价值通常是可以以货币进行估算的，即具有现实世界中的交换价值。互联网平台或网站的运营商、网络服务提供商在创造网络虚拟财产的活动中投入了技术、人力、资金等诸多资源，涉及策划、创作、设计、管理、维护、更新、推广等各方面，将物理和数据层面的信息转化为具有市场价值的商业产品。网络用户与网络平台或网站签订服务协议，通过无偿或有偿的方式获得虚拟财产，在获得和使用的过程中也投入了时间、精力乃至金钱，使得虚拟财产具有价值性的特征，同时可以进行转让和交换。

正是由于网络虚拟财产以网络虚拟空间为依托，其存在形式具有一定的特殊性，网络财产权的属性从诞生之初就有很大争议。《民法典》将网络虚拟财产的规定放在了总则编的"民事权利"一章之中，并未归为某一类具体的财产权利之中。由于我国承继大陆法系的民法体系，具有"物债二分"的特点，而网络财产权作为一种新型财产权利，兼具物权与债权的属性，难以直接归入物权或债权的规制体系之中，需要单独进行界定。就性质而言，网络虚拟财产不是纯粹的有体物，网络用户对其自由支配和处分的同时也需要网络平台的维护、运营并提供相关技术支持。这样的属性决定了网络财产权的法律保护不能采取单一路径，一方面网络平台与用户签订服务协议转移支配虚拟财产的权利，二者之间属于合同关系，适用《民法典》合同编、侵权责任编调整，以违约责任、侵权责任进行规制；另一方面，网络用户拥有虚拟财产，对于其他主体享有类似于所有权的对世权,可以自由消耗、转让、注销虚拟财产,适用《民法典》物权编的相关规制给予保护和救济。

2. 网络财产权的特点

(1) 虚拟性。

网络财产与现实财产最显著的不同就是其具有虚拟性。网络财产权是对虚拟财产享有的财产权利。网络虚拟财产是一种以电子数据的方式进行存储,通过各种技术组合和编写,在虚拟的网络世界中以较为直观的形式表现出来的无形物,虽然可以被感知、可以进行互动操作,但无法脱离网络平台在现实空间中单独存在。网络虚拟财产之所以被称为"虚拟"的财产,根本原因是其只能依附于互联网世界,其外表、用途、功能由网络空间设定并只能在其中实现。但是,"虚拟"并不是指这种财产不存在,而仅仅是指其来源是虚拟世界、表现形式是数据而非有形物。

(2) 价值性。

网络虚拟财产是网络平台通过计算机编写程序形成的电子数据,其呈现形式也需要策划和设计,并且需要投入持续的时间、精力和资源进行后期的维护和升级,其本身凝聚了很高的价值。以网络游戏玩家为例,玩家用户投入了大量的精力和智力,甚至是物力以获取和支配游戏币等网络虚拟财产,在一定程度上表现出玩家的智力、精力和物力的差别,虚拟财产的等级或数量就直接反映了用户消耗的成本。无论是网络虚拟财产创造之初网络平台在其中凝结的智力成果,还是用户对其投入的时间和金钱,都使网络虚拟财产具有一定的价值性,在网络虚拟空间中,网络虚拟财产可用于使用和交换也说明了其价值性的特征。另外,网络虚拟财产在某种程度上还具有使用户产生心理满足的作用,用户使用各种各样的网络虚拟财产可以寻求精神上的满足感,这同样是其价值的一种体现。

(3) 期限性。

网络财产权的行使依赖于互联网平台,很多网络虚拟财产实质上是有期限限制的，如果平台终止运营服务，网络虚拟财产也将不复存在。诸多网络虚拟财产是网络平台向市场推销的服务性质商品，其平台运营的时效受到市场供需关系、经营状况、运营成本等因素的调整和影响。其平台的运营期限直接决定了网络虚拟财产的存在期间。另外，一项网络服务的运营也有赖于用户的影响，通常情况下，用户的流量越多，网络服务的价值越高，平台能够获得更丰厚的边际效益。而当用户流失，则虚拟财产的价值也会随之贬损，平台运营成本过高会促使平台停止服务，则用户的网络财产权也随之消灭。

（4）技术依赖性。

相较于现实的各项财产权利，网络财产权的行使需要网络电子技术的支持。网络虚拟财产的生成要通过编写程序来实现，而程序等电子数据需要存储在服务器之中，这些都依赖于电子信息技术。网络虚拟财产的各项运行机制由电脑程序固定，用户无法随意修改；而技术设置也是网络虚拟财产具备稀缺性特征的根本原因。网络虚拟财产的意义是特定的网络空间中赋予的，也只有在网络空间中网络财产的各种意义才可以充分显示。因此，网络虚拟财产想要发挥其更大的效用，只能依赖于计算机所搭建的互联网平台。另外，网络用户也需要通过使用计算机和互联网来行使其网络财产权利，一旦离开了互联网环境，网络用户没有办法进入某一平台，则账户之下的虚拟财产也无法产出其应有的价值。

（5）可转让性。

由于网络虚拟财产具有价值和商品的性质，网络财产权可以依法进行转让。其转让与交易主要有两种形式：一是网络平台与网络用户之间签订服务协议，由平台将特定网络财产的权利转让给用户，具有相对完备的转让程序，安全性也较高；二是用户之间出于自身的需求就网络财产权利发生的交易行为，依据的是用户支配网络虚拟财产的自由意志，此类交易脱离于平台的官方渠道，交易时相应的安全性保护较弱，用户需要承受更高的交易风险，具备自愿、随机、宽松的特点。网络虚拟财产生成的边际成本几乎为零，出于利益的考虑，很多网络平台会对用户的自发交易进行一定限制。

(6) 合法性。

网络财产权也同样是受法律保护的财产权利。我国现行《民法典》的总则编中规定了数据及网络虚拟财产的保护应依照相关规范。由于我国现行法律法规并没有对网络虚拟财产做出专门性规制,所谓法无明文禁止即自由,司法实践中,法律法规对网络虚拟财产的规制侧重于关注其获取的方式是否合法,这明显与普通财产不同,即虚拟资产不在普通财产的范围之内,在此领域还没有构建出完备的规制体系,在争议解决的场合需要参考其他法律。但是,只要是通过合法手段获取,虚拟财产也是合法的财产,也应当受到法律的保护。

3. 网络财产权对象的分类

(1) 网络账号。

网络用户在使用网络平台提供的产品或服务时,通常需要签订《服务协议》,平台进行授权后注册账号,并登录账号使用相应的服务。网络账号是用户使用网络平台的入口,本身承载了用户的个人信息。网络账号是平台对于用户的管理、保证用户对于个人网络虚拟财产支配的依托。一些具有等级、排名性质的账号本身就是一定的财产价值的体现,如 QQ 号、游戏账号等,在该类账号中,用户往往为了提升等级,投入了大量的财力与精力,一旦账号被盗取,将会给用户造成巨大损失。

如今,网络账号实名制的大趋势正在不断深入,根据《中华人民共和国网络安全法》(以下简称《网络安全法》)的有关规定,网络用户在注册账号时需要提供真实的身份信息。这也是为了避免恶意注册账号、"养号"等行为,以打击违规操作、网络诈骗等互联网违法犯罪行为。这也使得网络账号的财产性质进一步弱化,增强了网络账号与用户的个人身份识别相联系的属性。但账号之内的各类网络虚拟财产仍属于财产的范围。

(2) 虚拟角色与道具。

这种网络虚拟财产主要分布于网络游戏领域。玩家通过以金钱购买、投入时间修炼等级等方式获得各类虚拟设备以提高其游戏角色属性，例如游戏人物的服装、兵器、宠物等，并投入时间和精力设计和塑造自身的游戏角色。虚拟角色与各类虚拟道具、游戏装备，能够给游戏增加游戏性和趣味性，增加了账号本身的价值。网络平台利用技术手段为各类装扮、道具、装备设计稀缺性，加之用户本身的时间、精力、财力投入，使得其具有价值。网络平台通常会将装备分为不同等级，玩家想要获得更高级、更好的游戏装备，需要投入金钱或者精力，从而创造出需求市场。玩家之间交换、购买各类道具的需求也催生出了各类交易，甚至形成了相应的市场，增加了网络虚拟财产在该市场内的交换频率，推动虚拟空间的繁荣发展。

（3）虚拟货币。

虚拟货币，是指在互联网空间中用于自由流通和使用的货币。货币的基本功能在于流通和支付操作，在虚拟环境内实施商品交易。用户可以使用虚拟货币购入网络平台提供的相关商品或服务，包括角色造型、道具装备、会员资格等。通常，虚拟货币依托于网络平台本身，服务于平台内部的交易活动，很难跨平台进行使用，不同平台之间的虚拟货币往往无法直接进行兑换。

另外，近年来以比特币为代表的、基于区块链技术的去中心化加密货币的影响力不断扩大，已经形成了体系化的金融交易系统，该类虚拟货币可与现实货币进行标价买卖，甚至有投资者观察其市场行情、价格走势进行投资。加密货币虽可以作为各类网络交易的工具与媒介，但其作为虚拟货币，本身不具有价值，缺乏相应的信用背书。目前，各国法律对于加密货币的规制均持谨慎态度。

4. 网络财产权所涉及的纠纷

（1）虚拟财产所有权引起的纠纷。

首先，虚拟财产权具有特定性和排他性的特征。特定性体现在虚拟财产无论是原始取得还是经过数次流转，其间虚拟财产权的权利主体始终指向特定的网络用户，虚拟财产的所有者是特定的。在权利人占有、使用虚拟财产的期间，除权利人之外的其他人未经权利人允许，不得干涉权利人行使对虚拟财产的占有、使用、处分权利。即使是网络运营商或是网络服务提供者也不可以通过技术手段和用其他方法侵犯网络用户对虚拟财产所拥有的所有权。例如，网络游戏运营商作为游戏平台和游戏网络环境的管理者，虽然在特定情况下可以查封用户游戏账号、冻结装备、恢复装备等，但其应当对其所采取行为负担举证证明的义务。

其次，虚拟财产可以交易和转让。虚拟财产本质是能够被更改的电子记录，可以交换、转让。转让的价格与虚拟财产原始价值、投入的金钱、时间紧密相关。网络游戏虚拟物品的价值也可以被量化。

最后，虚拟财产存在本身具有合法性，《民法典》规定，对网络虚拟财产、数据，参照其他法律的规定进行保护，明确将虚拟财产纳入法律保护范围，因此虚拟财产具有合法性。

综上，网络虚拟财产属于法律意义上的"财产"概念范畴，同样应当受到法律的保护。即使网络虚拟财产没有现实形态并且只能依附于网络空间存在，但并不妨碍其作为一种财产类型受到法律的保护和救济。

（2）网络用户与第三人之间纠纷。

第三人对网络虚拟财产的侵害，是独立于用户和网络服务提供商之外第三人的侵害，基本形式是第三人通过非法进入计算机信息系统盗窃或者通过诈骗等不合法的手段，侵害用户网络虚拟财产的行为。在侵犯网络虚拟财产的大量纠纷中，由于网络服务提供商提供的软件、程序存在的漏洞，被恶意第三人发现，并进入系统实施非法行为，导致网络用户虚拟财产被盗窃，网络用户追查侵权行为人通常比较困难，即使采取诉讼手段，举证也面临巨大的困难。

（3）网络用户与网络运营商之间的纠纷。

在实践中可能存在因网络运营商的程序流程系统存在漏洞造成用户数据丢失，或由于网络运营商冻结和清理用户的账户，删除其虚拟商品。若网络运营商更改相关参数并终止其运营，会直接导致用户无法使用其在账户中的虚拟财产。上述情况将引发网络运营商与用户之间的纠纷。此类争议通常不涉及运营商和用户以外的第三方。从法律关系角度而言，用户和网络运营商已经形成网络服务合同关系。该合同是由网络运营商预先提供的格式合同，相关争议都围绕此合同展开，因此可以在该服务合同的框架内处理用户与运营商之间的此类纠纷。网络服务协议相关条款的法律效力和解释是该类争议的焦点，因此，合同双方都必须根据合同的解释方法，显示相关条款的确切含义。根据《民法典》合同编规定，合同当事人可以就解约条件进行约定，当满足解除合同的条件时，解除权人可以解除合同。以手机游戏为例，若从网络运营商的角度来看，为了保持手机游戏的正常运行并为便于对在线游戏装备或道具的主要数据进行更改，网络运营商可以遵循协议的有关约定以及交易习惯，将此类行为表示为基于合同目的隐含条款。或者将网络运营商由于各种原因终止提供服务的行为视为一种合同解除的条款。因此，如果网络运营商存在合理的理由使得解除合同的条件成立，就可以在履行相关义务的前提下解除合同并终止提供网络服务。这里的义务主要包括提前通知合同相对方的义务、退还剩余款项的义务，还有可能的赔偿义务等。

在用户与第三方侵权人产生纠纷的情况下，网络用户很难找到实际的侵权第三方而直接起诉侵权人。因此，网络用户通常选择起诉具有安全保证义务的网络运营商。依据我国司法判例，网络运营商安全保证义务的来源可能是合同当事人约定的给付义务，也可能是合同当事人未约定的合同附随义务。例如，李某与某公司服务合同纠纷的第一审判决中，法院认为，若是公司可以供应完整的游戏防火墙保护和完整的安全保护系统，那么第三方将很难入侵和窃取服务器数据。该公司尚未履行其安全保证义务，应当对此承担责任。又如，马某与某公司的合同纠纷案一审判决中，法院认为某公司作为网络运营商按照双方合同约定向用户提供了游戏服务，因此基于双方的合同关系其必须确保网络用户的安全。值得讨论的是，网络运营商的安全保证义务是否可能是《民法典》第一千一百九十八条规定的法律义务。部分学者认为，网络平台具有两个属性："开放性，参与社会互动"和"对他人权利存在潜在风险"。网络运营商将网站作为运营平台，起到类似社交平台和大型活动组织者的重要角色，像物理空间一样，互联网虚拟空间也在法律范围之内，同样需要安全性。因此，网络运营商具有安全保证义务。作为潜在风险的发起者、管理者和受益者的网络运营商必须对风险做出回应，有义务审查和控制可能的侵权。

国外立法与判例大都承认网络运营商应当承担安全保证义务。用户的网络财产损失（包括被盗、丢失等情形）究其原因有多种可能，其中最典型的就是网络服务商未尽到安全保证义务，其经营的网络系统、服务器和程序的安全性能不足，或他人利用网络技术非法入侵从而导致用户网络财产的损失。但相对于用户，网络服务商对用户网络财产丢失在举证方面更具优势，因此，网络服务商应当举证证明已提供有安全保障的网络运行环境，并应当对用户网络财产产生的实际损失予以合理解释。

《网络安全法》第九条规定，网络运营商开展经营和服务活动，应当履行网络安全保护义务。第二十一条规定，网络运营商应当按照网络安全等级保护制度的要求，履行安全保护义务，保障网络免受干扰、破坏或未经授权的访问，防止网络数据泄露或被窃取、篡改。这里通过"安全保护义务"，为网络运营商确立了在网络空间应承担的法定义务，也可以作为网络用户起诉网络运营商时的一种请求权基础。

5. 实务分析

案例一：比特币网络财产权侵权纠纷

基本案情

吴某通过 T 电商平台（运营主体为 T 公司）从上海某科技公司运营的网站上购买了比特币。吴某通过被标记为比特币的某交易平台的电商平台官方店铺购买了产品"FXBTC 充值代码￥497.5（适用于信用卡，普通用户也可以购买）"，并支付了 500 元人民币。同一日交易订单显示发货、确认收货，该项订单服务当天完成。后来，吴某又向上述门店的支付宝账户支付了共计19920元。之后，吴某忘记了这件事。几年后，当其想重新登录该交易平台的时候，吴某发觉该网站已关闭，并且与该网站的运营商失去了联系。吴某认为，关闭该网站时，上海某科技公司没有给他任何通知，这种不作为行为使他无法收回所购买的比特币，从而造成了巨大的经济损失。同时，T公司未履行对于禁止在T电商平台销售的比特币、莱特币等虚拟互联网货币及相关产品应尽的审核义务，导致其在网上购买违禁商业产品时造成损失。因此，吴某向人民法院提起诉讼，要求两名被告上海某科技公司和T公司承担赔偿损失责任，要求赔偿76314元。

案情分析： 2011年到2013年，我国先后出现比特币交易平台"Bitcoin China"和"OkCoin"，目前，中国已成为世界上最活跃的比特币交易市场之一。但是，伴随着比特币热潮，社会公众对于比特币的法律属性和风险监控存在着激烈的争议和广泛的担忧。虽然我国法律已明确规定互联网的虚拟财产权受法律保护，但对在互联网环境中生成的比特币等虚拟货币的属性，却没有明确的规定。为了强化比特币交易市场监管并防范金融风险，我国分别在2013年和2017年推出了《关于防范比特币风险的通知》和《关于防范代币发行融资风险的公告》，使用了虚拟货币和代币这两个术语，并将比特币归类为虚拟产品。但是，由于"虚拟商、产品"的概念本身含糊不清，确定比特币的特定属性依旧存在很大困难。

从财产构成要件来看，首先，比特币具有财产的价值性。"矿工"的"采矿"以及获取劳动产品的过程，使得比特币凝聚了抽象的人类劳动力。比特币持有人可以用比特币与作为对价的货币进行转让、交易和创收，因此比特币具有使用价值和交换价值。其次，比特币的财产短缺，其总金额恒定，供给受到限制，难以作为资源获得。最后，比特币具有所有权的排他性和支配可能性。作为财产，它具有明确的边界，可以转让和分离，持有人可以占有、使用并享有依靠其产生一定的孳息权利。因此，在本案中，法院将比特币作为网络虚拟财产加以认定，但是因原告吴某未能尽到举证责任而驳回其诉讼请求。

> **案例二：张某与网络公司侵权责任纠纷案**
> **基本案情**
> 2016年，张某在某网络公司为某平台开发的游戏《红警大战》中，数次对游戏装备进行升级。某网络公司获悉之后，数次和张某进行沟通，认为其利用游戏中的漏洞进行装备升级，违反游戏规则，要求张某退还已经完成升级的装备。双方沟通未果，某网络公司封禁张某的账号。张某遂将该网络游戏公司诉至法院，请求法院判令某网络公司赔偿张某之前的游戏投入钱款、封禁账号期间的损失。某网络公司辩称，其有权依据《红警大战》中禁止利用系统漏洞非法升级游戏装备的游戏规则封禁张某的游戏账号，并且张某游戏账户并没有实际损失，因此张某的主张没有事实和法律依据。

案情分析：此案的争议焦点是网络公司长期封禁张某账号的行为是否构成侵权并因此支付赔偿。在这种情况下，争议主要在于维护网络游戏中的秩序、公民网络财产权和网络游戏中行使自由权利之间的价值判断。在本案中，原告张某提起的诉讼是侵权诉讼，不是虚拟财产确权诉讼或合同诉讼。张某明确放弃了解封游戏账号的权利，只是追究网络公司的侵权责任。规范在线游戏世界的秩序不能以牺牲玩家，也就是消费者的合法权益作为代价，维护正义的代价不得超过理性的需要。因此，不能因为虚拟世界的原始所有权仍然存在，就直接确定各方实际上未发生损失。对权利人财产损失的考虑不但必须考虑财产的直接减少，而且应该考虑可得利益的损失。因此，经过二审审理，法院认为，某网络公司侵犯张某的合法权益，赔偿张某20万元人民币。

案例三：于某诉孙某合同纠纷案

基本案情

2009年，于某、孙某签订买卖合同，协议约定，孙某从于某处购买游戏账号一个，应当支付价款9000元人民币。游戏账号包括账号的全部游戏装备及附属龙宫ID一个，于某将合同约定一切物品交予孙某处，孙某在约定期限内支付价款。双方达成买卖合同之后，于某按照协议要求将相关标的物支付给孙某，后孙某因游戏账号被盗拒绝向于某支付合同约定的价款。于某遂诉至法院，请求法院判令孙某支付价款。

案情分析：《民法典》第一百二十七条规定，法律对数据、网络虚拟财产的保护有规定的，依照其规定。这说明我国法律明确将网络虚拟财产纳入法律保护范畴。虚拟财产具有有用性、稀缺性、可控性。法院可以确定虚拟财产在法律上，以及在实际的社会生活中玩家之间、玩家与网络游戏运营商之间具有财产性质的意义，并通过广泛的交易体现其商品价值。我国的相关法律未明确禁止进行网络虚拟财产交易，则法院必须基于合同当事人的意思表示确认参与者之间交易的合法性。买卖合同的出卖人转移标的物的所有权于买受人，买受人应按照合同的约定支付价款。本案中，双方签订的购买协议系双方真实意思表示且不违反相关法律、法规的规定，合法、有效，对双方当事人均具有拘束力。在于某依法履行了给付标的物的义务时，孙某亦应按照双方合同约定支付相应价款。

（六）网络购物产品责任

网络在线购物是以互联网为依托的全新消费形式。不同于传统的消费模式，网络在线购物具有高品质、低价格、全价比较、突破性的空间、无限的时间、方便快捷的独特优势。因此，网上购物自然受到大众的欢迎和喜爱，俨然成为人们日常生活中不可或缺的部分。但是，由于我国计算机信息技术虽起步较晚，但发展迅速，相关法律保护制度存在不少漏洞和缺陷，给犯罪分子和不良企业留下了空白，他们侵犯了网络购物用户的合法权益。在网上购物时，人们经常担心自己是否被侵权，网购消费者没有足够的安全感。这种情况限制了在线购物市场的积极健康发展，并影响了我国在线市场经济的发展。如何从法律角度规范在线交易行为，保护网购群体的合法权益，已成为当前我国发展数字经济的重要课题。

1. 网络购物产品责任的内涵与外延

所谓网络购物，是指商家通过网络平台将自己的产品在平台上展示出来供买家挑选，买家在浏览后进而签订电子订单并付款，商家在接收到订单后通过第三方将产品以送货上门等形式满足买家购买需求的过程。

产品责任是网络购物合同中最常见的责任形式，又称产品侵权损害赔偿责任，是指因产品质量有缺陷造成他人财产、人身损害，产品制造者、销售者所应承担的民事责任。对产品责任的理解主要有两种，一种认为，其既包括产品有缺陷致他人损害所应承担的民事责任，即侵权责任，也包括产品质量不合格所引起的不适当履行合同的责任，即违约责任；另一种则认为产品责任仅指侵权责任。

我国法律规范虽未直接对产品责任的概念做出规定，但从其对产品责任承担情形的具体描述来看，不外乎有以下几个要素：（1）产品质量问题，包括产品质量不符合既有标准和存在缺陷两种情形；（2）造成他人损害，包含人身性损害和财产性损害；（3）产品责任的责任主体为生产者和销售者，二者之间不真正承担的连带责任。

产品责任是由于产品有瑕疵或缺陷而引起的，当产品仅有瑕疵而无缺陷时，产品责任直接归属于《民法典》的调整范围。当产品有缺陷但没有造成他人损害时，由于不满足侵权行为的构成要件，不发生侵权责任与违约责任竞合的问题。因此，只有当产品有缺陷且给消费者或第三人造成损害时，才会产生责任竞合的情形。

我国民法学家通常认为产品责任是侵权责任。产品责任作为特殊的侵权责任有两层含义。第一，它是侵权责任而不是违约责任。它的请求权基础不是侵权行为人和受到损害的人之间的合同关系，而是基于产品缺陷对他人造成伤害的事实。这是由于侵权行为人直接违反法律（或法定义务）造成损害而产生的法律责任。因此，不管与侵权行为人是否有合同关系，只要因使用该有缺陷的产品而造成的人身伤害或财产损失，都可以请求赔偿。第二，产品责任与其他一般侵权责任相比较，特别之处在于责任原则的运用上。一般侵权责任适用过错责任原则，而产品责任主要适用无过错责任或严格责任归责原则。受害人不需要提供侵权行为人存在过错的证据，仅需提供证据证明产品的缺陷、使用有缺陷的产品与造成的损害结果之间具有因果关系。

产品责任的构成要件有以下几点。（1）生产或出售不合格的产品。此处提到的产品是指经过加工和制造后出售的产品。建设项目、初级农产品等不包括在内。（2）不符合相关质量标准的产品造成他人财产或人身损害。这里提到的他人财产是指有缺陷产品以外的财产。至于对有缺陷的产品本身的损害，消费者还可以要求卖方根据《民法典》侵权责任编的规定承担侵权责任。人身伤害的受害者可以是买方或消费者，也可以是买方或消费者以外的第三方。（3）产品质量问题与受害人的受损事实之间存在因果关系。这一点由受害者提供举证责任。但也不排除部分情况下有条件的适用因果关系推定理论。

人们从在线购物中受益的同时，也产生大量在线交易纠纷。由于网络具有虚拟性和不稳定性，网络用户在线购物时面临许多风险，其权利很容易受到侵犯。加之电商购物的法律保护体系仍然存在漏洞和不足，使侵权行为肆虐猖獗。

应该注意的是，尽管在线交易具有其特殊性，例如，消费者在决定购买之前无法查看、试用或测试实物产品，但是从网购行为的本质来看，其仍然是一种商品销售行为。该交易行为必须受现有强制性规定的约束和规范，例如《中华人民共和国产品质量法》《中华人民共和国消费者权益保护法》等。网上销售商品的卖方（即在线销售商）仍必须对其出售的产品质量承担相应的法律责任，例如不得出售不符合国家质量标准的产品，瑕疵品允许消费者在一定时间内退货或换货等。

2. 网络购物产品责任的分类

（1）生产者应当承担的产品责任。

生产者应当承担的产品责任，即产品存在缺陷，造成人身或者除缺陷产品以外的其他财产损失后，缺陷产品的生产者应当承担的赔偿责任。

（2）销售者应当承担的产品责任。

销售者应当承担的产品责任，即由于销售者的过错，使产品存在缺陷造成人身或者除缺陷产品以外的其他财产损失后，销售者应当承担的赔偿责任。

3. 网络购物产品责任的特点

相比传统线下消费的模式，网络购物的产品责任特别之处体现在以下几点。

（1）知情权不能充分体现。

在传统购买模式中，消费者知情权可以得到充分体现。然而，在网上购物中，消费者知情权受侵害并不罕见，主要体现在两个方面。其一，电商经营者的虚假身份。中国目前的在线商业注册系统尚不完善，尽管该系统设置审核程序，但是这些审核大多数仅基于表格登记等形式层面，缺乏严格性，企业主或经营者伪造身份较为容易。同时，网络购物平台是消费者与商家交易买卖的载体，平台通常会吸纳众多商家入驻以提高平台影响力，但在商家资质审核等方面却存在管理漏洞，或者过滤不实信息不及时，会给消费者带来损失。其二，虚假的商业宣传。由于网络用户在线购物时无法真实地接触商品，只能通过销售商上传的图像和宣传文字来理解商品。这种被动获取商品信息的形式对普通消费者非常不利。产品宣传图极有可能为盗图或经软件修改过，宣传文案可能是夸大或伪造，并且仅凭图像和文字很难保证产品的质量，甚至部分商家存在以虚假信息误导消费者、销售假冒伪劣商品、使用含糊的用词来表达和导致消费者"误解"的违法行为。

(2) 消费者维权困难。

① 管辖权确认困难。网上购物一旦发生纠纷，既难以确定被告的住所，也难以确定订立合同的地点，并且商家身份也难以确定，若实际经营者有一定程度的流动性，消费者仅依靠购买记录的信息是难以确定实际操作者的相关信息。在线购物存在交货、邮件、运输、交接等环节，并且买卖双方主要受合同格式的约束，通常没有商定的执行地点，因此合同签订地极难确定，确定法院管辖权也十分困难。

② 维权成本较高。网络购物的购物标的通常较小，即使消费者的权利受到侵犯，也很少会通过诉讼来救济其权利，这主要是由于诉讼的周期长、成本高所致。尽管当前我国已经广泛适用小额诉讼程序，但诉讼毕竟涉及法律的运用，仍需专业人员参与，并根据法律程序进行处理和判断，这在一定程度上也提高了维权成本。

③ 收集证据困难。网络购物纠纷中，网络信息与主体之间的关联很难确定，且互联网技术本身具有无形性和脆弱性，例如，当侵权商家一旦发现消费者采取一定行动取证或维权，往往会立即删除证据。依靠消费者自行采集的证据的真实性和合法性可能也会受到质疑。普通消费者甚至监管机构获取侵权的事实和证据难度较高。

④ 难以确定责任主体。线上交易责任确定问题涉及多个环节和多个主体，包括买方和卖方，在线购物平台和货运代理平台等。消费者权益受到损害，各方很容易互相推诿。例如，在严格签收快递的流程中，消费者必须在签收之前先验证产品，但实际消费者签收商品后再检查产品已成为"潜规则"。这种情况下一旦产生纠纷，责任主体将难以确定，消费者维权更加困难。

4. 网络购物产品责任所涉及的纠纷

(1) 产品缺陷认定标准所引起的纠纷。

产品责任纠纷案件的关键在于争议产品是否存在产品缺陷。对此，

《中华人民共和国产品质量法》(以下简称《产品质量法》)规定了两个标准,一是不合理危险标准,二是法定标准。从法条适用的逻辑顺序来看,对于产品缺陷的认定,应当先参照不合理危险标准,其次参照法定标准。具体而言,如果产品给消费者或他人的人身及财产安全带来不合理危险,则应当直接将其认定为缺陷产品,而对于没有不合理危险的,再进一步分析其是否符合国家、相关的行业标准。

但是,上述规则在司法实践中的适用效果却不尽如人意,具体表现为消费者的诉求得不到满足、受损权益得不到补救,造成审理结果存在差异化等。

(2)产品缺陷证明责任分配所引起的纠纷。

证明责任实质是一种当事人在诉讼中的风险,在事实处于真伪不明状态时,它决定了哪一方承担证明不能的后果,承担证明责任的一方意味着其可能处于不利的诉讼地位。证明责任则是一种裁判规则,法院正确把握证明责任的承担主体,不仅便于诉讼指挥、提高诉讼效率,还有利于做出公正、合理的裁判。也因为此,证明责任合理分配的意义就显得格外重大。我国民事诉讼证明责任分配制度是以罗森贝克"规范说"建立的,根据"规范说",由原告负担产品缺陷的证明责任,但在司法实践中,以此进行的证明责任分配却存在明显问题。

一般侵权行为的构成要件为:过错、损害结果、侵权行为、侵权行为与损害结果之间的因果关系。但产品侵权行为应适用严格责任原则,所以其构成不包含过错要件。另外,《产品质量法》第四十一条明确规定了产品侵权行为的免责事由。根据最高人民法院《关于适用〈中华人民共和国民事诉讼法〉的解释》第九十一条证明责任分配的规则,若受害人主张权利并想获得赔偿,应对权利发生规范要件事实承担证明责任,即应对产品存在缺陷、发生人身或财产损害,缺陷与损害之间存在因果关系承担证明责任。根据最高人民法院《关于民事诉讼证据的若干规定》和最高人民法院《关于适用〈中华人民共和国民事诉讼法〉的解释》,侵权人应对免责事由承担证明责任。如果侵权人不能对免责事由进行举证,则应当承担责任。

(3) 妨害公平交易权引起的纠纷。

公平交易权是指消费者在购买商品时拒绝经营者的强制性交易的权利，例如质量保证、价格合理和计量正确。公平交易权的阻碍体现在三个方面。首先，合同执行的延迟。延迟履行是指商家在收到订单后未在约定或合理的期限内将货物交付给第三方的行为，这导致消费者延迟接收货物。由于目前中国的立法空白，尚无明确的法律规定销售商发货的最后期限，因此部分销售商出于自身便利与节省成本的目的而推迟发货。延迟执行合同在小范围内，是销售商违背职业道德守则。从长远来看，延迟执行合同可能导致合同目的无法实现，消费者可能会解除合同，不仅消费者权益受损，销售商也需要承担违约责任。其次，消费者的退货或换货权很难得到保护。在网络购物的纠纷中，商家或货运代理人存在互相指责、相互推卸责任的情况，使消费者很难顺利地退货和交换产品。最后，在线购物的售后服务存在不完善的情况，消费者在线购买产品后无法体验相应的售后服务。

5. 实务分析

案例一：冯某诉某网络平台网络购物合同纠纷一案
基本案情

2019年，冯某在某网络平台自营的品牌特卖频道购买鱼子酱蛋白粉一瓶，并在线支付价款588元人民币。该商品到货后，冯某签收并食用。一个月后，冯某发现该产品容器内有白色小虫蠕动。冯某遂将某网络平台诉至法院，请求法院判令平台退还价款，并支付赔偿十倍价款损失。

本案中，法院支持冯某的主张，判决某平台退还货款并支付十倍赔偿。

案情分析：某平台既是案涉跨境电子商务商品的境内提供者，亦是跨境电子商务中个人报关服务的提供者，属于《消费者权益保护法》规定的经营者以及《电子商务法》规定的电子商务经营者。冯某展示的产品实际图像显示,案涉蛋白粉中可见蠕虫。冯某已经提供了有关该案产品的食品安全问题的初步证据,某平台必须提供证据证明其已遵守作为经营者的法律责任及其销售的产品符合标准食品安全的证据。案件涉及的产品保质期为2年,冯某在保质期内发现该案涉及的产品含有蠕虫。在没有证据表明是冯某的自身原因造成所涉产品中有蠕虫的情况下,某平台也应承担法律规定的质量保证义务。由于平台未能提供有效证据来证明案件中涉及的产品在出售前已通过出入境检验机构和检疫部门的检验,因此无法确定该平台是否承担了符合以上规定的检查义务,推定该平台明知案件中涉及的商品存在质量问题。

关于跨境电子商务经营者的识别,国务院六个部门联合发布文件,明确了四种类型的跨境电子商务实体的定义和职责,并对其实施有效的监督。

关于跨境电子商务运营商对于有关产品质量问题是否属于"明知"的判断标准,以食品运营商为例,应当依据《食品安全法》规定,即食品运营商在购买食品时必须核实供应商的许可证及食品检验证书或其他合格证书。食品经营企业将建立食品购进检验登记制度,如实记录食品的名称、数量、生产日期等内容,并保存有关凭证,否则应当承担相应的法律后果。

案例二:邓某与某公司产品责任纠纷一案

基本案情

2019年,邓某通过某网络平台在某公司运营的网店中,购买了烟酰胺原液20 ml,商家赠送2瓶5 ml装烟酰胺原液,邓某实际支付219元。邓某在使用该产品后发现该商品的商品详细界面没有对是否经过备案进行描述,邓某认为某公司侵犯其作为消费者的知情权。邓某遂诉至法院,请求法院判令某公司返还货款219元,并赔偿三倍损失657元。

> 法院审理查明，该案的案涉商品烟酰胺并没在国家市场监督管理总局进行备案，并且在网络店铺的介绍商品页面没有描述该商品是否进行了备案，对此可以认定为经营者故意隐瞒该商品并未依据国家规定进行备案的事实，而这一事实可能影响消费者决策。邓某在购买并使用该商品之后，遭受了损失，并因此主张某公司欺诈，退一赔三。人民法院支持了邓某的请求，判令某公司向邓某返还货款219元，并赔偿657元。

案情分析：《消费者权益保护法》规定了消费者的知情权，是指消费者对自己购入、使用的产品或接受的服务有知晓产品和服务实际情况的权利。消费者的知情权与经营者的如实告知产品情况的义务相对应。本案中，案涉商品属于首次进口的特殊化妆品，备案、审批是涉及产品质量安全和消费者生命健康的重要环节。消费者在购买之前是否知晓该事实影响消费者最终决策，因此经营者具有在消费者购买前如实告知该事实的义务。

案例三：廖某与深圳市某科技有限公司网络购物合同纠纷案

基本案情

> 廖某在某网络平台某旗舰店购买裙子一条，该店铺系被告深圳市某科技有限公司在该网络平台上注册设立。该商品的商品详情中介绍："1. 材质：真丝，面料主成分含量：91%—95%；2. 进口材料，面料保证，假一赔万；3. 本产品真材实料，对比真丝与化纤区别很大。"廖某收到产品后，发觉产品与介绍不符，产品面料不是真丝。与卖家沟通无果后，廖某遂向人民法院提起诉讼，并自费把案涉产品交送纺织品检测中心检测。检测显示，该产品中不含真丝，材质主要由聚酯纤维及聚酰胺薄膜纤维构成。人民法院支持原告廖某的请求，判决被告店铺返还廖某购物款299元，支付面料含量检测费用200元，并支付违约金10000元。

案情分析：廖某与网络平台商铺之间买卖商品的约定，系双方真实的意思表示，两方成立买卖合同关系。商品详细介绍页面宣传语"假一赔万"属于商铺出于自身意愿做出的真实意思表示，不违反强制性规定，也不损害社会和他人的利益，因此双方签订的买卖合同成立并生效。合同中约定的权利和义务受到法律的保护。经检测，案涉产品真丝含量为0，与买卖合同中约定的商品"真丝材质占91%—95%"不符。"假一赔万"是店铺为自己设置的义务，在违反合同约定时，做出相应的赔偿，使合同的相对方获得相应的权利。因此，案涉店铺应当向廖某履行合同约定的赔偿义务。"假一赔万"可以理解为"假一赔一万元"或"假一赔一万倍"，廖某作为原告选择"假一赔一万元"作为主张，这是其对权利的自由处分，并且不损害国家、集体、他人的利益，应当予以支持。廖某用于检测的费用200元系被告违反合同约定的行为产生的，因此应由被告承担。

第三章
互联网知识产权诉讼

（一）网络著作权

随着互联网与智能电子设备的普及，普通网络用户通过手机、平板电脑、个人电脑等电子设备即可轻松阅读书刊、聆听音乐、观看视频。一方面，现实生活中更多的内容在互联网上得以广泛传播；另一方面，依托于各类网络平台的原创内容也越来越多，极大丰富了互联网相关文化产业。网络著作权作为一种相对特别的知识产权，是传统著作权在互联网虚拟空间中的体现。网络著作权与传统著作权的区别在于其不以一定现实介质作为载体，而是以数字化的形式体现，这些在线作品的著作权人应该享有与传统著作权人同样的权利，这种权利就被称为网络著作权。但由于网络著作权是诞生于网络之中，而网络环境的快捷性、传播性使得网络著作权的保护陷入困境。例如，网络小说侵权、音乐盗版行为、网络游戏侵权、网盘盗版侵权等频发，尤其是在网络监管法规缺失的情况下，这种情况愈发严重。

1. 网络著作权的内涵与外延

网络著作权实质上依然归属于著作权的范畴,并非全新的知识产权形式。网络著作权是指著作权人在互联网虚拟空间中对其创作的合法作品享有的权利,包括著作权之下的人身权和财产权。著作权的财产权利中,最重要的就是关于复制、传播的权利。《著作权法》中也规定了"信息网络传播权",对于互联网虚拟空间中的著作权进行相应保护。网络环境与现实环境著作权保护最大的不同在于,网络环境中更加侧重对复制、传播权利的保护。互联网为信息及时、迅速地复制和传播给予充分的便利条件,但也因此使侵犯著作权的行为更具隐蔽性,加剧侵权后果的恶劣性,对著作权保护提出了严峻的挑战。

传统著作权的目标客体为作品,具体是艺术、科学领域的具有独创性并且可以进行复制、传播的智力成果。在网络领域,作品的存在形式更为多样,网络著作权将保护客体延伸至计算机软件、搜索引擎、数据库、网络信息共享等互联网新领域。互联网技术使作品传播形式多样化、流转速度加快的同时,给网络著作权及传统著作权的边界也带来很大冲击。形式上,现实作品需要依赖一定的实物介质进行表现,如纸张、光盘、荧幕等。而网络中的智力成果本质上是储存在电子介质中的数据,使其可以在虚拟空间中迅速复制和传输。作为网络著作权客体的各类智力成果,既包括将现实中已经存在、后被上传至在线平台进行传播的作品,也包括创作完毕后仅于网络环境中首次发行并传播的作品。

目前,我国由网络著作权引发的争议频发,相关法律规定尚不完善,另外对于网络著作权侵权行为的规制也需要相应技术层面的支持。

2. 网络著作权的特点

(1) 存在形式的虚拟性。

网络作品存在于网络虚拟空间之中,其存在、运输方式有别于传统的作品。传统作品需要借助现实介质作为存在载体进行表现,而网络作品是以计算机编码的形式在网络这一虚拟的空间内存在、传输,并不占用任何实体空间,因此,网络作品具有虚拟性。这样的虚拟属性也极大降低了网络作品传播的边际成本,在网络环境中,每一位网络用户享受到网络作品的边际成本几乎为零。

(2)作品具有开放性。

互联网具有开放性,以互联网为依托的网络著作权不可避免地带有开放性的特征。网络作品的传播速度更快、受众群体广泛、互联网接入形式种类繁多,这都使得作为著作权客体的各类作品在线传播的开放性特征更加明显。一方面,任何一个网络用户都可以快捷、简单,无须等待地通过各类网站、平台获得他人创作的作品;另一方面,每一位网络用户也都可以上传和分享自己创作的作品,成为内容生产者,获得属于自己的网络著作权。另外,网络作品实现了作品本身内容和形式的创新,由原来较单调的文学、艺术表现形式发展到如今声、图、文并茂的形式,同时可包含文字、音乐、美术、摄影等多重领域的新模式,这也极大丰富了作品本身的内容。

(3)作品具有不稳定性。

由于互联网传播信息的高效迅捷,使得网络作品的传播速度极快,网络作品的诞生和传播是即时的,可能上一秒被传遍世界各个角落,下一秒因为网络用户注意力的转移而淹没于网络信息的大潮中,甚至无迹可寻。网络作品的更新频次也极快,其更新周期远远短于非网络形式下的作品。此外,相较于传统作品,网络作品更容易进行编辑、修改,这也使得网络作品具有相当的不稳定性。

(4)保护难度较大。

作为一种无形财产,网络作品的权利人难以像占有具体形态的财产那样占有和控制该智力成果的复制和传播,权利人对网络著作权的把控力较弱。在互联网环境下,这些缺陷暴露得更加明显,网络著作权受到侵犯可能性更大。由于互联网覆盖面巨大,因而在线侵权和违法行为在其中随处可见,权利人难以控制自己的权利的同时维权难度增加,这种情况导致侵权行为更加猖獗,甚至陷入网络著作权侵权的恶性循环。

3. 网络著作权的分类

(1) 网络小说、文章著作权。

互联网上存在着大量直接在网络发布的、具有独创性的文字作品，这些网络小说、文章是网络著作权的重要客体。网络小说就是以互联网为公开和传播平台、写作风格自由、阅读方式简单、及时更新的形式。相较于传统出版图书，网络小说作品的出版流程更简单，内容与风格的限制更少。而且由于读者可以自由发表观点，使得很多情况下读者也会影响和参与小说的创作。类似的，相较于在传统报刊，网络平台上发表的各种文章与评论在网络领域传播速度更快、内容限制也更少。

但实践中也存在大量网络文字作品的侵权行为，例如：未经权利人许可，复制、下载网络文字作品进行牟利，包括直接售卖或刊载到其他平台进行牟利；直接对小说、文章进行抄袭；未经权利人同意进行转载、盗取链接等。这些侵权行为可能造成权利人的署名权、修改权、复制权、信息网络传播权等人身权、财产权受到损害。

(2) 网络音乐著作权。

网络音乐是将音乐数据信息储存在网络介质之中的音乐表现形式，不同于线下音乐，网络音乐通过应用软件等渠道进行销售和传播。其作品形式不仅包括传统线下音乐作品的数据化，还包括为配合其音乐作品表演而制作的音乐短片，通常称为 Music Video。网络音乐著作权主体的主要包括曲作者和歌词作者，以及获得许可录制或发表此作品的唱片公司等。义务主体也不仅包括传统意义的消费者，还包括未经授权上传、下载作品的互联网用户。

传统意义的音乐著作权侵权行为是未经权利人许可擅自复制传播牟利或者未经权利人许可擅自使用播放音乐。网络环境下，网络音乐著作权的侵权对象和权利主体的范围进一步扩大：发布作品的互联网应用软件既是权利主体，也有成为侵权人的可能性；互联网用户通过各类平台上传自己的作品或进行直播，也可以成为权利主体。在这种情况下，侵权行为在虚拟空间中更容易操作，侵权造成的后果更严重，维权也可能更加困难。

（3）网络视频著作权。

当下人们浏览和传播视频的最主要方式是通过各种视频网站。一方面，由制片方发行的各类影视作品在视频网站等相关平台上依靠用户流量以及广告收入获得收益；另一方面，用户也成为视频内容创造者，尤其是用户自行拍摄、编辑短视频并将其上传至网络平台，与粉丝进行互动。该类视频应受著作权保护。

但是，视频网站和网络用户也可能成为侵权主体。一些用户未经授权将享有著作权的某网站视频文件上传其他网站进行传播，即构成对视频版权的直接侵权，而其他网站的运营者如果明知用户上传侵权作品而不予处理，则构成间接侵权。另外，部分用户以影视剧为素材自行剪辑的视频片段，也可能涉嫌侵权。具有独创性的短视频作品也同样受到网络著作权的保护，如果被他人擅自传播或用于商业广告，也同样构成侵权。

4. 网络著作权所涉及的纠纷

（1）网络著作权侵权纠纷。

网络著作权是权利人在互联网媒介中享受其智力成果衍生的各种权利的结合，网络著作权的权利客体包括但不限于智力成果本身，还包含在互联网上传播的非网络作品的权利。杭州互联网法院将网络著作权侵权纠纷定义为基于互联网的作品侵权纠纷和侵害传统线下作品在互联网中的信息网络传播权纠纷。

网络著作权侵权纠纷与现有著作权纠纷在以下方面有所不同。

第一，网络著作权侵权行为隐藏在开放无边界的互联网之中，侵犯网络著作权的行为具有相当的隐蔽性。若侵权行为对网络著作权人造成经济损失或者其他不利影响，权利人很难察觉侵权行为并追查来源，甚至只有当侵权结果持续扩大时，网络著作权权利人方能知晓，此时即使权利人立即采取停止损失的措施，其已经损失的利益也无法准确估量。

第二，侵犯网络著作权的行为涉及的主体间的利益呈现出多元化的趋势。网络著作权争议可能在作品复制、传播和利益分配的任何环节出现，并且可以触及多个利益相关者，例如网络平台方、网络用户等。在发生争议时，权利人不仅可以要求侵权人停止侵权，排除妨害，维护其独占市场的权益并且获得赔偿，还可以从未来商业利益的角度出发，采取妥协方法，与侵权人合作，进而扩大市场。因此，解决网络著作权侵权纠纷必须妥善处理各种利益关系，以最大限度地提高各方利益。

第三，从2015年到2017年，在北京和上海法院的600件侵权判决书中，原告胜诉569件，占比近95%。可以看出，网络著作权的侵权胜诉率很高。同时，此类纠纷案件的调解率和撤诉率也很高。中国法院官方网站还将"高调解率"列为互联网环境下著作权侵权纠纷的主要特征之一。

第四，相比较其他互联网涉及的纠纷，网络著作权侵权纠纷表现得更为专业，主要体现在对侵权行为的判定，著作权的内容及权利的合理使用等方面，其中涉及的专业性知识和法律知识融为一体表现出来。例如，模仿的作品究竟是一件作品的复制品还是一件作品的原创创作？不同形式的转载是否构成侵权？具体侵犯了哪种权利？这些都是公众无法通过日常经验和常识来判断的。在知识产权领域，与智力创造的成果相关的知识通常表现出较高技术含量，具备相关背景知识的专业人员、法律工作者对其理解较为深刻。这个特点也就促使具有相关知识的第三方参与解决争议。

著作权侵权一般分为直接侵权和间接侵权两类。对于直接侵权主体的确定，可先确定权利人主张的权利是否成立，再确定被诉行为是否侵害了该权利。但认定间接侵权主体则相对复杂。著作权间接侵权可以归纳为三类：一是直接侵害著作权专有权利的，如提供下载服务等技术手段等前置行为；二是为侵权行为提供帮助设备或材料等辅助行为；三是扩大已经存在的侵权损害后果的行为。

(2) 认定作品权利人所引起的纠纷。

署名这一概念与认定作品权利人密切相关。根据《中华人民共和国著作权法》规定，如无相反证据，在作品上署名的公民、法人或者其他组织为作者。最高人民法院《关于审理著作权民事纠纷案件适用法律若干问题的解释》规定，在作品或制品上署名的自然人、法人或其他组织视为著作权、与著作权有关权益的权利人，但有相反证明的除外。并非任意在成果上标注姓名的行为，都构成著作权法意义上的署名，例如，为了进行数字信息保护而在作品之上添加水印，不能认定该行为为作者的署名，更不能据此认定著作权归属。因此，在判断某一署名是否属于作者署名时，要结合作品的类型、性质、表现形式和行业惯例及公众的认知习惯等进行综合确定。

关于著作权的流转。商业维权案件几乎均会涉及著作权的流转，法院对于涉及著作权流转的案件，首先审查授权链条是否明晰。授权链条，即从作品的原始著作权人层层授权，直到行使权利的原告所形成的系列授权协议。

(3) 认定侵权事实所引起的纠纷。

关于合理使用。认定合理使用的核心要素是，使用行为是否具有正当性、合理性，这也是合理使用与侵权的本质区别。对于合理使用，可以根据如下步骤进行判断：第一，合理使用的范围应当以善意使用为限，恶意使用则应当认定为侵权行为。第二，实质合理性，即判断行为人使用作品的行为是否给权利人带来实质损害。

关于"通知—删除"规则。《民法典》侵权责任编和《信息网络传播权保护条例》中的"通知—删除"规则是判断网络服务提供者是否需要承担侵权责任的重要标准。通常，当网络服务提供者即互联网平台不承担主动审查职责时，互联网平台在接到权利人通知并及时采取一定的措施后，可以不对第三方侵权行为负责。反之，收到通知之后，若没有及时采取相应的措施排除侵权行为，则可能因过错而承担侵权责任。

5. 实务分析

案例一：肖某等在网上侵犯他人著作权纠纷

基本案情

2014年，成都某教育咨询公司将其开发制作的5个工程教程视频在四川省版权局注册，并在其运营的教学网站上加密出售和播放，套餐价格为1380元/套。肖某是某电商平台某店铺的创立者和经营者，也是成都某网络技术有限公司的法定代表人。肖某在店铺内对外出售5部涉嫌侵权的视频。买家支付了168元人民币后，按照店铺提供的网络下载地址、提取码及密码，登录到某云盘，就能够下载5部教学视频。同时，买家下单后还能收到肖某的成都某网络技术有限公司的网站登录账户和密码，以便购买后可以在线查看涉嫌侵权的视频。肖某及其公司通过上述方法牟取利润。成都某教育咨询公司遂向法院提起诉讼，请求法院判令肖某及其公司立即停止侵权行为，并从网络店铺及肖某运营的网站上删除案涉作品。肖某及其公司连带赔偿成都某教育咨询公司经济损失200万元及合理支出56463.6元。

案情分析：未经他人许可，以非法牟利为目的，将他人已经注册版权的视频通过在线商店销售、在线存储和下载等方式传播，取得较大数额的利润，构成侵权。

肖某及肖某名下公司分别或共同实施进行侵权行为，侵犯权利人的信息网络传播权，应当承担责任。尽管权利人没有直接证据证明侵权行为所造成的损失以及二被告因此取得的非法利益，但根据最高人民法院《关于充分发挥审判职能作用切实加强产权司法保护的意见》，法院充分考虑了所涉作品的类型、性质、数量和侵权行为的持续时间、影响范围以及案涉网站中侵权视频的下载量、下载时间和播放量，并结合权利人经过公证的肖某及其运营的网站在侵权期间的网店评估记录和网店评价规则等证据，认为侵权人实施侵权行为非法获利超过了最高法律赔偿限额。因此，本案的赔偿金额确定为法定最高限额120万元。该判决符合2016年中共中央国务院《关于完善产权保护制度依法保护产权的意见》中关于"探索建立对专利权、著作权等知识产权侵权惩罚性赔偿制度，对情节严重的恶意侵权行为实施惩罚性赔偿"的精神，让权利人损失得到充分赔偿，侵权人无利可图，有利于在互联网环境下保护知识产权。

案例二：某文化传媒有限公司与深圳市某公司、厦门某酒店侵害信息网络传播权纠纷案

基本案情

某文化传媒公司获得了在中国大陆的独家播放电影《×××》独家信息网络传播权。深圳某公司与厦门某酒店签署了《智慧酒店服务平台合作协议》，为厦门某酒店提供"智能酒店系统"软件和硬件，并负责软件的更新和系统运行期间的硬件设备、视频和更新等。深圳某公司与厦门某酒店在该系统中的相关业务收入按1:9的比例分配，即深圳某公司按合同约定分享了10%的收入，厦门某酒店按合同约定分享收入的90%。双方协议合法运营和管理"智能酒店系统"项目。原告某文化传媒公司通过公证取证证明，上述系统未经权利人许可向顾客提供了点播电影《×××》的服务。基于此，原告主张深圳某公司和厦门某酒店两名被告侵犯案涉电影的信息网络传播权，并要求法院判令两被告立即停止侵权并赔偿损失，并支付维权支出，共计10万元。

案情分析：本案是在互联网普及率大幅上升环境下基于服务行业新业务模型下引发的网络著作权纠纷案。

人们对服务行业的消费要求越来越高，部分网络服务运营商和线下服务提供商使用有线电视网络点播来满足不同的消费者的需求，通过连

接旅馆（或酒店）房间的局域网，终端设备（TV）播放电影和电视内容，并通过向酒店住客收取点播电视和电影作品的费用，以此来谋求利益。新技术和新商业模式通常伴随着新类型的案件。本案的判决对社会的典型意义在于，任何新的商业模式都必须尊重他人的知识产权，否则就需要承担相应的法律责任。本案中，原告某文化传媒公司享有播放电影《××××》信息网络传播的专有权利，被告厦门某酒店未经权利人许可，通过"智能酒店酒店系统"向酒店客人提供电影的在线观看服务并以此牟利，侵犯了原告在互联网上独家传播《××××》的权利。法院判令被告厦门某酒店对相应的网络著作权侵权行为负责，有效保护了原告的网络著作权。

案例三：香港某公司台湾分公司诉中国某通信公司重庆分公司等二被告网络著作权侵权纠纷案

基本案情

原告香港某公司台湾分公司拥有江美琪、萧亚轩等知名艺人演唱的 7 张专辑共 81 首歌曲的录音制作权利。原告发现在中国某通信公司重庆分公司未经音乐著作权权利人许可，在其运营的网站上为公众提供歌曲在线播放服务。该网页在网页底部注明，网站由重庆某科技公司运营。原告自费在上海市某公证处对该证据进行了公证。原告请求法院判令，被告停止侵权，在其网页和《法治日报》发表公开道歉，赔偿经济损失并承担诉讼的合理支出。

案情分析：根据《中华人民共和国著作权法》（以下简称《著作权法》）第四十一条规定，录音录像制作者对其制作的录音录像制品，享有许可他人复制、发行、出租、通过信息网络向公众传播并获得报酬的权利。

香港某公司台湾分公司合法享有被侵权歌曲的录音制作权，而二被告未经权利人许可，也未支付相应的费用，将上述歌曲向公众提供在线播放服务，侵犯了原告享有的录音制作权利。根据《著作权法》规定，发生上述侵权行为，应当根据情况，承担停止侵害、消除影响、赔礼道歉、赔偿损失等民事责任。法院判令，二被告立即停止侵权行为，赔偿原告经济损失10万元，并支付诉讼费用。

（二）网络域名权

随着网络域名的不断发展，与此相关的冲突和纠纷逐渐增多。由于互联网域名具有许多特征，传统法律法规难以充分运用，甚至在实际运用中可能产生诸多矛盾。互联网相关法律体系的不完善不利于网络资源的有效利用和互联网秩序的维护。所以，必须将网络域名纳入法律保护范围并加以严格规定，对网络域名权进行有效保护，从法律层面保证互联网的稳定发展。

1. 网络域名权的内涵与外延

（1）网络域名的定义及法律界定。

互联网是基于TCP/IP协议进行通信和连接的。TCP/IP协议规定每个计算机主机都有用于识别的唯一且固定的IP地址。IP地址是一串非常长的字符。此外，由于二进制数的结构不可逆且没有逻辑性，因此基于IP地址逐渐开发出与IP地址相对应的符号地址，就是网络的域名。

世界知识产权组织（WIPO）大会于1999年通过的《WIPO保护驰名商标联合建议》将网络域名解释为："网络域名是指表示国际互联网数字地址的字母数字字符串。"这种解释是依据网络域名的存在形式而对其进行的定义。

中国互联网网络信息中心（CNNIC）解释："从技术上讲，网络域名只是解决网络上地址匹配问题的一种方法。"因此，网络域名可以简单地理解为网络用户的唯一名称，即用户在网络上的地址，通过网络域名，其他人可以轻松地识别和检索用户。

网络域名一般由数字、字母和部分符号组成,可以由字母单独构成,也可以由字母与其他方式组合构成,一般是由右至左,分为一级网络域名、二级网络域名与三级网络域名。网络域名在理论上可以无限分下去,但受域名长短的限制,一般而言仅分到三级网络域名即停止。其中一级网络域名也叫顶级网络域名,顶级网络域名分为两种:一是国家顶级网络域名,例如我国的国家顶级网络域名后缀都是 cn;二是国际顶级网络域名,例如表示代表教育机构的后缀 edu、工商企业的后缀 com。二级网络域名是指顶级网络域名之下的网络域名,也分为两种:在国家顶级网络域名下,是指注册企业类别的符号,例如 com.cn 属于二级网络域名;在国际顶级网络域名下,是指网络域名注册人的网上名称,例如 username.com 的二级网络域名为 username.com。三级网络域名是指二级网络域名之下的网络域名,如 username.com.cn 三级网络域名为 username。[①] 网络域名因为短小便于记忆而稳定可靠。虽然通过网络域名解析后,网络域名与 IP 地址具有一一对应的关系,但是如果 IP 地址发生更改,原网络域名将保持不变,并且网络域名不会因 IP 地址的更改而丢失。因此,网络域名被网络公司和网络用户广泛使用。在网络域名普及之前,人们通常采用 IP 地址作为链接网站的方式进入互联网。如今,网络域名已经逐渐取代了 IP 地址,成为人们进入网址网页的主要输入方式。

(2) 网络域名权的含义及法律定位。

当前,国际组织和国内都没有在法律上定义互联网域名权,且部分理论否认网络域名权的法律地位。但是,互联网域名隐藏巨大的商业价值,其产生的民事权益不能被否认,因此,网络域名权的存在与保护有其现实可能性和必要性。

为了维持网络经济的健康发展,网络域名相关权利必须由法律明确规定。由于相关法律的空白,网络域名所有者的权益并不能得到法律的有效保护。根据传统的法律权利结构,网络域名权应包含网络域名所有

---

① 陶鑫良等主编:域名与知识产权保护,知识产权出版社 2001 版。

者的权利，包含所有权、使用权和分割权。但是在学术界，网络域名权利的某些属性和内容到目前暂时没有达成共识。理论领域的不同意见造成了理论与实践之间的差异。因此，有关网络域名权利的规定在短期内难以纳入法律法规的保护范畴。而实务中，由于缺乏统一的保护网络域名权利法律规定，网络域名权的保护一度陷入困境。

域名权的概念涵盖以下因素。首先，域名权利的主体是域名的所有者，这由域名的注册过程确定。域名的所有者可以是自然人、法人或非法人组织。其次，域名权必须通过申请获得，并且需要在特定组织中注册。根据民法理论，注册申请必须遵循"在先权利"原则，即在先权利的权利人如果没有对域名进行相应的注册，就无法直接取得域名权。最后，域名权从域名注册之日起由域名持有者获得。域名注册成功后，域名持有者将享受域名权利。如果在域名存在期间没有特殊原因，那么所有者的域名权利将始终受到法律保护，不受他人侵犯。因此，域名权利是指域名持有人对注册域名享有的专有权。

确立网络域名权具有现实价值和现实基础。尽管我国法律没有明确规定网络域名权，但学术界的传统观点倾向于以现实价值作为网络域名权的权利基础。网络域名权的价值基础在于其潜藏的巨大商业价值。此外，网络域名权的性质和内容与互联网经济的稳定发展有关。因网络域名的经济价值高，网络域名的针对性交易和投资活动已成为互联网贸易的必然发展趋势。因此，网络域名权领域的法律规定尚不完善不能成为拒绝建立网络域名权的理由。我国网络域名争议数量逐年增加，为解决此类案件，最高人民法院发布的《关于审理涉及计算机网络域名民事纠纷案件适用法律若干问题的解释》，确认了网络域名的民权权益性，为建立在线域名权奠定了现实基础。

网络域名权属于知识产权的一种，具有知识产权的特征。例如，互联网域名权利具有排他性，这一点与传统知识产权是相同的。网络域名的获取不是自发的，必须经过确认，根据各国的法律法规和惯例，互联网域名申请人必须先向相关机构申请注册，然后才能获得域名权；其必须通过法律程序获得的特征与传统知识产权相同。网络域名所有者独有网络域名，任何人不得侵犯。域名是具有较高经济价值的无形网络资产，其对网络具有巨大的影响力。

然而，网络域名存在于网络之中，是新型的知识产权，这决定了网络域名权与传统知识产权相比具有许多不同的特征，并且不能完全照搬适用传统的知识产权相关法律和法规。例如，互联网域名权利是全球性的，而知识产权则是区域性的。除了签署国际公约或相互的双边协议外，传统知识产权仅在经确认和受保护的特定国家或地区有效；但是，互联网的开放性决定了网络域名可以在全球范围内使用，不受国界的限制。同时，因知识产权具有区域性，同一知识产权可以共存于不同的区域，但是互联网上却没有两个相同域名，每个网络域名都是绝对唯一的。最后，网络域名具备永久性，权利人一旦申请注册了互联网域名，只需在规定期间内付款就可以永久获取网络域名所有权；知识产权却具有期限性，知识产权一旦超过权利保护期，必须重新通过法律程序获得或者自动进入公有领域。

2. 网络域名权的特点

（1）民事权益性。

网络域名权的民事权益性体现在一个域名只能严格地对应一个网站。域名的唯一性使得其作为数量有限的商业标识成为一种稀缺的资源，从而具有了经济价值。争夺稀缺商业资源为己所用是互联网商业竞争的重要内容，因此域名毫无疑问也成为商业竞争的内容之一。

对于企业而言，域名在某种程度上代表着企业的形象，是重要的无形资产和资源，蕴含着巨大的商业价值。因此众多互联网企业都要对域名进行一番抢夺。出于商业竞争的目的，企业的域名可能会遭到"恶意抢注"或者遇到使用相同或类似域名"搭便车"的情形。在某种程度上，域名被称为"互联网领域商标"，被视为商标在互联网中的延伸和映射。域名和商标同样是企业形象的代表，与企业息息相关，所以域名具有民事权益。

(2) 排他性。

域名的唯一性也决定了域名具有排他性,两个相同的域名是不能够同时存在的。与商标权不同,域名权具有绝对的排他效力。对于商标而言,不同的行业领域可以使用相同的商标名称;但对于域名而言,只能是唯一的存在,即主体中只有一个能够享有某一特定域名。域名亦不同于商标可以选择使用中文文字,域名只能由英文字母、数字和特定符号组成,这加强域名本身稀缺性的同时,也区别了同音不同字的中文文字注册为域名时的重复情况,规避企业在域名领域的不正当竞争行为。

(3) 地域性。

域名以互联网为基础产生,互联网最大特性之一是不受地域的限制,可以得到全球的保护。在全球化的今天,企业在谋求发展和扩张时涉及大量跨国业务,这时企业就很可能要面对争夺域名权益等不正当竞争行为。不同的国家对网络域名采取了不同的域名后缀,以此区分全球性域名,使域名的使用和管理更为简便,但也加剧了通过使用不同后缀进行的网络域名不正当竞争行为。

3. 网络域名权纠纷的分类

网络域名可根据形式分为不同的种类,采用不同的标准会出现不一样的分类结果。比较公认的分类方式主要有如下几种。

(1) 数字域名、字母域名和混合域名。

数字域名、字母域名和混合域名是以域名的组成元素为基础进行的分类。数字域名就是单纯由数字构成的域名,比如 8866.cn。字母域名就是单纯由字母组成的域名,字母域名依据组成方式的不同又可以分为单词域名(比如 mall.com)、拼音域名(比如 baidu.com)、无含义域名(比如 google.com.hk)。组合域名,具体是指域名中既包括字母,也包括数字。

(2) 英文域名系统、中文域名系统。

英文域名系统是目前适用范围最广的一个域名类别。根据现行域名管理规则，英文域名系统主要有两个分类，分别是"国家或地区顶级域名"和"国际通用顶级域名"。CNNIC推出了"中文域名系统"，包括四种形式，分别是"中文.中国"、"中文.网络"、"中文.公司"、"中文.CN"。

(3) 国际通用顶级域名、国家和地区顶级域名。

域名按照注册的范围，还可以分为国际通用顶级域名（如.com，.net等）和国家和地区顶级域名（如.cn，.us）。

4. 网络域名权所涉及的纠纷

(1) 域名权与商标权引起的纠纷。

商标权与域名权之间的矛盾是域名领域的最主要矛盾，域名领域的不正当竞争行为大多由此引起。其实，两者之间存在冲突已不足为奇，因为商标权利与域名权利两者在功能和价值上有一定的相似性和共通性。就当前法律规定来看，立法更倾向于保护商标权利，企业也更青睐商标权利。域名与商标之间的法律冲突具体分为下面三种。

一是反向侵夺引发的纠纷。网络域名相关的法律规定对反向侵夺的定义是出于恶意的目的，利用相关法规，企图从域名所有者手中侵夺为其所有的域名的行为。商标持有人出于某种目的企图通过不正当的途径获得域名所有者所有的域名是反向侵夺的主要形式。

二是恶意抢注引发的纠纷。这种抢注往往是为了误导消费者产生错误的品牌识别或者从域名相似企业那里获得域名购买费用。根据抢注内容的不同，一般将恶意抢注分为注册人将他人的域名注册为商标和注册人用他人的商标或与商标相似的符号进行域名注册。随着企业维权意识的增强，域名及商标保护也渐渐受到企业重视，所以恶意抢注情况与之前相比已大幅减少。

三是巧合雷同引发的纠纷。不同企业之间域名与注册商标之间的冲突，也不全是因为恶意抢注造成的。不同类别的企业可以共享同一个商标，但是对应的域名只能是唯一的，域名与商标这一矛盾极有可能造成域名注册者在注册域名时无意与他人的商标相一致，由此引发了冲突。这种域名使用行为会被认定为善意的使用行为。在解决该类冲突时，一般根据"先申请先注册"的原则，后申请的人无法获得相同的域名。

(2) 与其他域名权利之间引起的纠纷。

一是域名变异。域名变异是指以原域名为参照注册近似域名。部分企业通过注册与知名域名有少许差异的域名，以达到域名混淆、骗取不知情用户的目的。毫无疑问，域名变异会对原始域名权利人产生影响，误导用户识别。因此，企业维护域名权利最好的办法是将其原始域名、企业名称等相似的变异域名全部进行注册申请。但是，解决域名变异没有一劳永逸的解决方案，该类问题依旧随时发生。

二是域名窃取。域名窃取是指非域名所有者以不正当的途径或方式变更域名所有权的行为。域名登记处的数据库中域名所有者的信息发生变化就意味着域名所有权发生了变更。域名所有权的变更使得域名窃取者能够攻击或随意更改原域名所有者或者对用户进行误导，会使原域名所有者在临时失去域名期间遭受损失。域名所有权变更通常难以察觉，且一般来说，域名窃取的发生通常与网络安全监管的失职有关，解决此类问题需要加强域名登记机构的安全管理。

(3) 域名权利与其他标识权利引起的纠纷。

域名权是商业标识权的一种。善意的域名注册人巧合使用了其他相同或类似域名，以及恶意的域名注册人恶意抢注域名的现象屡见不鲜。域名权利与其他标识性权利之间的冲突主要包括：① 域名权利与企业名称权之间的冲突；② 域名权与地理标志权之间的冲突；③ 域名权利和姓名权之间的冲突。娱乐界、体育界等知名人士的姓名权经济价值较高且更容易被侵害，易于成为恶意抢注人瞄准的域名来源，该类姓名具有鲜明的识别性或显著性，应受到法律保护。

5. 实务分析

> **案例一：岳某与周某波网络域名权属纠纷案**
> **基本案情**
> 岳某注册了名为 zhou××bo.com 的域名，在此域名下的网站上表达对演员周某波先生的喜爱，并发布该网站对外出售、欢迎前来询问等信息，表示欢迎周某波购买该域名。周某波在知晓后向亚洲域名中心投诉，请求转移该域名的所有权。2011年底，亚洲域名中心以岳某恶意注册与周某波姓名拼音完全一致的域名，足以造成用户混淆为由判定岳某的注册行为不合法，并且将案涉域名所有权转移给周某波。岳某不服亚洲域名中心所做裁决，遂向人民法院提起诉讼，请求法院判令其继续享有该网站的域名权。

案情分析：本案属于典型的将知名演艺人的姓名抢注为域名的案件。

周某波在各类演出中使用其姓名已经持续二十余年，在不特定的公众中具有较高的知名度。案涉域名中的"zhou××bo"是汉字周某波的拼音表现形式，两者具有对应关系。在通常情况下，公众看到"zhou××bo"通常会联想到演员周某波，因此可以判定案涉域名的主要部分足以使公众产生混淆。再加上，本案中岳某在网站上发布与周某波的相关叙述，加深了与演员周某波的对应关系。岳某为了获取不正当的利益，不仅抢先注册与周某波相关联的域名，还在网站上刊登高价出售的信息，可见其明显恶意。因此，法院根据《中华人民共和国反不正当竞争法》混淆标准，认为案涉域名极有可能造成公众与周某波相联系，岳某对于案涉域名不享有合法权益，也没有注册、使用该域名的正当理由。因此，案涉域名归周某波所有。

案例二：李某、浙江某公司诉 R 公司、深圳某公司网络域名权属纠纷案

基本案情

2018年，浙江某公司具有化妆品领域"RealMe"商标的专有权，通过受让取得了李某注册于 2011 年 5 月的域名"real.cn"。2019 年，R 公司以拥有为公众熟知、使用于通信行业的商标"RealMe"，而李某与浙江某公司没有域名相关在先权益，浙江某公司受让域名行为具有主观恶意为由，向香港国际仲裁中心投诉，请求判决域名归其所有。香港国际仲裁中心裁决浙江某公司将域名归还给 R 公司。之后，R 公司将域名权转移给深圳某公司。李某与浙江某公司不服裁决，向人民法院提起诉讼，主张在化妆品领域的"RealMe"商标于 2015 年 4 月获得批准注册，浙江某公司于 2019 年 8 月获得了使用该商标的专用权。R 公司通信领域的"RealMe"商标已于 2011 年 12 月获准注册，深圳某公司于 2018 年 7 月被授权使用该商标，重庆某公司于 2018 年 8 月被授权使用该商标并于 2018 年 12 月获得了商标专用权。李某与浙江某公司认为对案涉域名享有在先权利，并且其经营的化妆品类产品与对方经营的通信产品领域并不相同，导致消费者混淆的可能性极低，请求确认争议域名权属于浙江某公司所有。本案中，法院最终认定争议域名归浙江某公司所有。

案情分析：首先，域名注册服务基于"先申请，先注册"的原则，如果其他人首先正确地注册了其域名，则其他主体无法再注册该域名。

根据《互联网域名管理办法》的规定，事先申请注册的人享有域名的权益，但域名的注册或使用违反他人的优先权或构成不正当竞争的除外。在本案中，存在争议的域名注册时间为 2011 年 5 月，早于通信领域"RealMe"商标的注册时间。该域名的注册不侵犯他人的合法在先权利。其次，注册商标专用权不一定具有相应的域名权。即使本案争议

的域名与使用于通信领域的"RealMe"商标相同,但是域名权利人仍享受该域名所有权。最后,若有争议的域名是经过合法转让且有正当理由,则受让人有权获得该域名的所有权并使用域名。二被告未提供相关证据证明浙江某公司的受让是恶意的,化妆品"RealMe"商标的利害关系人浙江某公司受让该域名具有正当理由,不违反强制性规定。

案例三:四川某公司诉黄某、成都某公司网络域名权属、侵权纠纷案

基本案情

黄某是四川某公司的员工。成都某公司的法定代表人毛某和黄某系夫妻关系。四川某公司与成都某公司在同一行业中具有竞争关系。2007年,四川某公司与成都某公司合作并签署《企业网站建设开发合同》,约定由成都某公司为其公司建设网站与申请scmighty.com域名scmighty.com。网站建立之后,黄某负责管理四川某公司的网站并负责域名后续付费工作。2010年3月,scmighty.com域名过期后,黄某故意不进行续签流程,使续签宽限期到期,域名作废。随即,成都某公司对scmighty.com域名进行注册,并在该域名下相关网站上发布公告,称四川某公司主办的网站业务由其接管进行。在此期间,黄某向四川某公司申请办理了案涉域名的续费手续,伪造了域名延续成功的假象。四川某公司知晓后向人民法院提起诉讼,以黄某利用其职务便利,侵犯了公司的合法权益,伙同他人恶意侵占公司域名为由,请求法院判令将争议域名归还四川某公司。

案情分析:本案中,四川某公司享有案涉域名的相关权益,黄某对该域名有监督管理的职责。

但黄某与成都某公司串通,故意使案涉域名过期失效,随后成都某公司使用争议域名进行注册。可以看出,本案中成都某公司注册该域名

主观具有明显恶意。与此同时，成都某公司利用案涉域名指向的网站发布消息，虚假地声明四川某公司已更改为成都某公司，并间接说明四川某公司的权利和义务已经向其进行转移。成都某公司一系列行为违反了诚实信用原则，侵犯了四川某公司的合法权利。由于实施了侵权行为，成都某公司无法取得案涉域名的所有权。

（三）网络商标权

我国互联网经济正处于高速发展的时期，人们在互联网上可以获得各种商品和服务，但随之而来的是日益猖獗的侵犯网络商标权的行为。商标的主要作用在于区分商品和服务的来源，将有商标权的商品或者服务与竞争者的商品或者服务相区分，使得消费者在众多种类的商品和服务中能够辨认、识别并选择自身的商品或者服务。商标的品牌价值是商誉的体现。在现代经济生活中，商品或者服务的商誉都是极其重要的无形财富。

网络商标是实体商标在互联网经济大环境下的一种运用和衍生，应与传统商标受到同等程度的重视和保护。但是，由于虚拟网络空间具有复杂性、隐蔽性等特点，网络商标侵权的成本较低，而且侵权的形式与种类也是繁多复杂，监管与维权也变得更加困难，网络商标侵权问题亟待解决。

1. 网络商标侵权的概念

通常，侵犯商标权指的是在相同或者类似的商品和服务上使用与他人（主要是行业的竞争者）相同或者类似的商标，该侵权形式往往是有形的。网络商标侵权是线下的实体侵权行为向互联网技术领域的延伸，是在没有经过商标权人同意的情形下，利用相应的互联网或者计算机技术擅自将他人的或者与他人近似的商标做商业化的使用。

2. 网络商标侵权的特点

（1）侵权手段的多样性。

互联网经济迅猛发展使得很多新型的侵权形式层出不穷，在商标权领域的典型体现是：搜索引擎使用过程中的商标侵权、网络域名盛行下的商标侵权以及网络信息链接商标侵权。我国法律还未跟上互联网经济发展步伐的空白，无论是立法上或是司法上，法律都没有对这些新型的网络商标侵权行为进行规制。只有从制度上根除侵权行为，才能为互联网经济的发展保驾护航，才能保护商标权人的商标权益。

（2）侵权行为的不确定性。

实体商标权具有地域性这一关键特征，即只有在我国注册的商标才能受到我国法律的保护，未在我国注册的商标一旦被侵权就难以维护商标权人的合法利益。因此，扩大商标保护范围最简单的方法是在多个国家注册商标，使商标受到每一个注册国家法律的保护。但是，此种操作方法不仅极其烦琐，也增加了商标保护的成本。

互联网全球连通性与商标权保护的地域性之间存在天然的矛盾。互联网的产生使得享有商标权的商品或者服务的知名度和品牌效应能够传播得更快更广，使商标更好地打开国际市场，在全世界普及化的过程中省去很多步骤和成本，这对于商标权人是有利的。当代知识产权的国际保护问题已经成为各个国家在法律和制度层面重要考虑的因素，尽管各国之间签订了许多双边或者多边协定，但是如何在国际层面上保护好商标权人的合法权益，似乎还仍未达成一定的共识。更为重要的是，随着互联网经济的高速发展以及互联网技术在各国的不断普及，解决网络商标权的保护问题已经刻不容缓。

（3）侵权行为的隐蔽性。

网络商标权的侵权行为隐蔽性强而难以被发现，有时即便权利人发现侵权行为，侵权人也可能通过转移服务器等来躲避监管与追责。例如在司法实践当中，使用搜索引擎中的竞价排名系统漏洞侵犯商标权的案件频发，该类案件具有较高的专业性，行业相关人士对该类隐蔽性的侵权行为性质的判断也许较为容易，但是对于司法工作者来说，判断难度较高。

3. 网络商标侵权的分类

（1）电子商务中的商标侵权。

前文已对电子商务的含义及特征进行介绍。互联网经济时代，网络和电子商务在我国贸易中占据越来越重要的地位，甚至未来电子商务将大范围取代传统的贸易手段，在多个领域主导贸易的发展。但与此同时，新型商标法律问题不断涌现。

认定互联网平台这一居间服务提供者的作用是准确界定多方主体间的法律关系，从而解决电子商务商标侵权的关键。以网络购物平台为例，搭建起买卖双方交易关系桥梁的互联网平台不直接参与在互联网环境下所发生的一切交易，不属于交易关系的当事人。但是，互联网平台仍有义务知悉交易双方的当事人信息、交易标的物的重要特征、交易的数额、交易方式以及卖方是否具有相关的销售或者从业资格，上述内容是互联网平台的审查义务。互联网平台一方面和入驻的商家签订服务协议，双方互负一定的权利义务；另一方面又和消费者签订了服务条款，对消费者在平台上购买的产品和服务在特定情形下承担责任，例如主动审查下架相关侵犯商标权的产品，责令相关店铺整改等。

在互联网电子商务平台销售侵犯商标权的商品是较为频发、最直接、最常见的一种商标侵权形式，这一行为使得网络消费者在选择和鉴别商品的过程产生混淆，这种行为的表现形式虽有别于传统商标权行为，但本质仍然符合传统商标法律制度中所规定的商标侵权，其纠纷处理的机制与传统商标侵权纠纷是相似的。

（2）网络链接中的商标侵权。

网络链接是网络的导航工具与路标，它被称为"互联网最基本、最革命性的特征"和"互联网最伟大的革命"。越来越多的人开始利用网络链接来扩大其影响力。

与链接有关的商标侵权主要涉及纵深链接,即设链接者绕过他人链接主页而直接到分页,其目的是将网络用户引向自己的主页。而用户对此并不知情,从而对网页作者产生误判。可能对网络用户而言,纵深链接可以抵达目标网站,而不需要首先访问被链接网站的首页,一定程度上节约了时间和精力。但是,网络经济是流量经济,网页的点击率越高,吸引的流量越多,如果设链接者和被链接者之间存在竞争关系,设链接者可能通过纵深链接截留本来可能访问被链接网站的网络用户,并使得被链接网站访问量的减少而利益受损。若未经权利人同意,即将其商标或者字号等作为商业化使用于网站链接当中的情形,也可能构成商标权侵权。

(3)搜索引擎中的商标侵权。

搜索引擎中的商标侵权是利用搜索引擎的数据处理和向用户推荐的功能,在用户检索相关关键词时,使得侵权商标被用户检索到,侵权商标甚至会优先于合法商标向用户推荐,此种情况下,发现和追踪侵害商标权的源头有一定难度。

搜索引擎对某一检索事项的自然排名一般不会产生侵犯商标权的问题,但是,在竞价排名的场合容易产生搜索引擎侵害商标权纠纷。竞价排名是指各类市场交易主体特别是企业和其他商业机构,以竞价的方式通过搜索引擎服务商将自身品牌置于搜索栏中靠前的位置或者获得单独排名,从而达到使自身品牌能够更加突出和明显地被消费者关注。在竞价排名领域中的核心问题主要有两个,一是搜索引擎公司是否具有审查义务,二竞价排名是否属于广告行为。

搜索引擎的工作原理包括抓取网页、处理网页、提供检索服务这三个环节。当用户使用搜索引擎时,搜索引擎会根据用户所检索的关键词条,对数据库中的相关网页进行综合比对,从而按照与用户关键词的贴合度将网页进行排列,将最相关的网页优先进行排列。换而言之,搜索引擎推荐给用户的侵权商标权已经过在先一步筛选,因此网络服务提供商(即相关搜索引擎公司)对侵权行为具备明显过错,也应该承担一定的责任。

从当前立法现状看,各国对待竞价排名和关键词广告的态度不一致。美国立法是从保护消费者权益的角度出发的;而欧洲立法主要是从商标权人的角度出发的。在我国的司法界也出现过不同法院判决不一致的情况，例如 LDF 案和 DZBC 案。广州市中级人民法院认为 GG 作为搜索引擎服务商，并非商标侵权的直接实施者，但其作为广告经营者没有履行审查义务，依法应当承担民事责任。而上海市第二中级人民法院认定搜索引擎服务商与构成商标侵权的第三方网站构成共同侵权，引擎服务商有义务也有条件审查侵权行为。在实践当中，搜索引擎服务商最初对用户的关键字进行选择时，并不履行必要的审查义务。但是，GG、BD 等公司在各国涉及的搜索引擎关键词商标侵权案件中大多被判定构成直接侵权或间接侵权。在经历一系列诉讼之后，GG 等搜索引擎公司开始采取了一些相应的调整工作，对其广告客户进行有限度的调查，将可能涉嫌商标侵权的关键词在竞标广告版面中合理移除。这种积极主动响应司法判决走向的行动即可以避免侵权，又使得合法关键词广告得以继续，灵活应对了目前相关法律制度缺乏的情况。

对于此类问题的法律制度设计，一方面应当保护用户的合法权益，禁止侵权人"搭便车"的不正当行为，避免过分增加用户的搜索时间成本或对用户的检索结果造成误导、混淆；另一方面，要保护和鼓励正当的竞争行为。即使搜索引擎的关键词检索结果中出现权利人的商标，若没有不当的增加用户搜索难度或造成用户混淆、误解，反而提供了更丰富的产品或服务信息，此种行为可允许其适当存在。尤其是当前我国驰名商标相对匮乏，很多情况下还需借助他国的驰名商标来推广介绍我国的产品品牌，因此既不能鼓励"搭便车"的不正当行为，又不能矫枉过正，关键在于适度平衡。

判断搜索引擎服务商是否对此类行为承担责任，关键在于确定其是否具有必要的审查义务。权利和义务是相互依存的，搜索引擎服务商从关键词广告业务和竞价排名中直接获得了利益，就应当尽到事先审查义务和合理的注意义务，且其自身本就具备必要审查的能力。引擎服务商可以通过中华商标网等途径对商标进行审查；也可以要求权利人提供商标权利证书用以形式审查，此举将大幅度减少商标侵权风险。

第四章
互联网劳动诉讼

 (一)互联网平台劳动诉讼

在互联网信息技术和共享经济模式普及的双重因素推动下,互联网平台作为网络信息汇聚和传播枢纽已成为互联网经济中的关键一环。而互联网与社会经济的深度融合和发展,催生了一种更具开放性、产业融合性和市场适应性的新型经济模式,带来了信息时代互联网平台与个人相互独立又相互结合的新型用工模式,传统员工隶属于企业的雇佣模式在互联网经济中迎来了重大变革。在新兴的互联网平台用工模式下,传统用工企业人员固定、工作时间固定、组织管理程度高等特点都再难以用于描述互联网平台用工的特点,与传统的劳动关系也具有较大差异。

新生事物的诞生导致了实践与旧有理论、法律法规规定之间的割裂,认定网络服务提供者是否具有劳动者身份,在理论和实践上具有较大争议,尚未形成一致的意见。同时,随着互联网经济、共享经济新业态的迅速发展，涉互联网平台的劳动纠纷案件增长迅猛，因此对互联网平台用工模式进行详细梳理和规制十分重要。

1. 互联网平台用工的特点

（1）服务提供者的工作时间或工作场所较为灵活，自主性较强。服务提供者可以自主决定是否提供、提供多少以及在何时何地提供服务。以网络主播为例，其可以自由选择直播时间，自由选择在什么地点开启直播。而传统用工模式下，劳动者如同生产链上的一枚齿轮，其工作时间、方式、地点场所等内容一般会受到用人单位的严格控制，并需遵循用人单位考勤管理等制度的安排和程序设计。工作的碎片化和自由化是互联网信息技术介入传统劳动关系后产生的新型用工模式的最显著特征，这也是导致互联网劳动关系难以认定的重要因素之一。不能简单地以表面展现的工作模式来判断互联网平台用工劳动关系，而应以劳动关系的本质，也即劳动的从属性来认定劳动关系的存在与否。

（2）部分服务提供者在服务时会自备相应器械。这也是互联网平台用工与传统劳动关系区别的重点。传统劳动关系中，劳动者往往是基于企业提供的生产资料从事劳动生产。互联网时代随着劳务的自由化和碎片化，生产者自备生产资料并经由平台整合是平台用工模式下必然出现的结果。

（3）服务提供者与平台之间一般按照比例提成或者计件方式来分配报酬。传统劳动关系中，除股份、期权、分红等情况，劳动者薪酬一般不会受到其劳动带来的绩效影响，或者至少存在基础薪酬。而在互联网平台用工关系中，通常服务提供者提供的服务数量越多、时间越长，获取酬劳更多，这也导致同一平台的服务提供者之间的收入情况也有较大差异，部分服务提供者可能通过完成平台大量任务来获取维持生计的收入，而部分服务提供者只是将平台的任务作为副业。因此，如果平台与服务提供者之间是名义上的兼职关系，则需要根据具体情况判断二者之间是否存在经济上的从属性，而不能笼统地通过从属性来否定劳动关系的存在。

（4）服务提供者所提供的服务评价主要依赖于用户反馈进行监督。互联网平台用工通常通过用户评价来建立对于服务提供者服务质量的监督体系。在传统劳动关系下，劳动者工作成果一般受到雇佣单位的直接监督，企业可以直接评价其工作质量。二者之间对于服务、工作质量考评模式的不同，同样也导致在认定服务提供者是否隶属于平台时产生了困难，在认定服务提供者是否受平台的劳动管理时，需要结合该考评对于服务提供者工作模式、方法等实际效果进行判断。

（5）服务提供者进入或者退出某个平台的自主权较高。出于商业模式的限制和成本、效率的衡量，平台往往不会对从业者的准入设置过高的门槛，且通常不会对服务提供者的退出设置障碍。同时，双方关系的解除也较为便捷，对于服务提供者而言，只需要停止服务或者卸载与其相关的程序即可解除或终止与平台之间的关系；对于平台而言，只要注销服务提供者账户即可解除彼此关系。而传统劳动关系中，用人单位对于劳动者的管理较为严格且通过劳动协议来有效地约束劳动者，不论是用人单位还是劳动者，解除劳动关系都必须符合合同约定或者符合法律的相关规定并执行相关程序，解除合同的成本一般较高。

在互联网平台用工的背景下，部分互联网平台所经营的业务内容与服务提供者所提供的服务内容在性质上可能并不关联，平台本身可能并不负责实质性的服务内容，某个具体服务者提供服务与否也并不影响平台业务的开展。

2. 互联网平台用工的类型

要探讨当下互联网平台劳动关系，势必需要依照业务领域和运行模式对互联网平台进行梳理和划分，进而对不同的互联网平台用工模式进行类型化划分。

服务型互联网平台的用工模式主要可以划分为如下三类。

委派式用工是指平台与用户、平台与服务提供者之间各自形成双方关系，平台在收到用户的服务请求后将工作派发给个体劳动者或者组织，即互联网平台实际掌握并分配劳动资源和交易机会，服务提供者完成平台分配的工作属于其经营内容。例如网络订餐平台,平台在获取用户提交的订单后将订单派送至配送员,由配送员为用户提供配送服务。

居间式用工是指平台为用户与服务提供者之间搭建信息交流渠道,平台主要承担信息搜集、汇总、发布等工作,为双方提供双向的信息交流选择服务,由潜在的服务提供者自行争取相应的机会,从而为双方达成交易提供机会和便利,而平台自身并不参与用户与服务提供者之间的交易。居间式用工以网络直播为代表,网络直播平台对于主播一般不做严格限制,实际上是为主播在其平台上开放一个信息端口,主播自行选择直播类型,用户自行选择感兴趣的直播内容。在管控方面,网络直播平台会对直播内容的合法合规性进行审查,对违禁直播内容进行限制,此种审查属于事后审查而非预先的安排和限制。另外,主播对直播的时间和地点具有较大的选择自由度,通常只需要在合约下完成特定的直播时长即可,也可以自行选择直播地点。主播的收入主要来源于用户的"打赏",平台再抽取一定比例的提成。

除了上述两种模式外,还存在兼采两种用工方式的混合模式。在混合模式下,服务提供者既可以选择接受平台指派,也可以通过居间信息自主选择提供服务。

值得注意的是,当下互联网平台普遍存在签订的用工合同性质与用工服务内容不一致的情况,即使互联网用工平台与其平台内服务提供者签订了合同,合同文本也不能作为直接确认劳动关系存在与否的依据,还需要结合实际情况来判断。

3. 互联网平台用工劳动关系认定要点

就当下的互联网劳动诉讼来看,最核心的争议焦点在于劳动关系的确认,只有确认存在劳动关系,才能以此为基础进一步对经济补偿、工伤赔偿、侵权责任、保险理赔、股票期权等其他纠纷进行解决和探讨。因此,在对互联网劳动诉讼进行讨论前,首先需要对互联网平台的劳动关系进行分析,可以从以下几个角度出发。

(1) 合同主体。

实践中,互联网用工平台与服务提供者建立关系的模式主要为两类:平台与服务提供者直接签约、平台借助外包公司获取经营所需的人力资源。

以某外卖平台为例,其平台的外卖配送服务模式目前可分为四种,分别是自营的"专送(全职骑手)"、配送服务外包的"某鸟配送"、平台自身直接实施的"众包模式(兼职骑手)"和借助外包公司实现的众包模式。其中,该平台自营的"专送"和"某鸟配送"两种模式属于委派式的用工模式,平台与骑手直接签订劳动合同或者劳务合同,此种情况下,可以直接通过合同来确定劳动关系主体,明确各方应当享有的权利以及承担的义务,劳动关系的认定较为简单。

该外卖平台所实施的众包模式属于居间式的用工模式。此种模式下,平台向兼职骑手推送订单,骑手可以自行通过平台软件抢单为用户提供配送服务。在居间式的用工模式下,平台或外包公司一般不会与服务提供者签署明确的劳动合同,双方或约定为合作关系,或约定平台、外包公司仅为居间人。此时,虽然服务提供者都是通过平台获取交易机会,但并不意味着平台一定与服务提供者存在劳动合同关系,需要进一步明确各方主体的地位。

实践中,若服务提供者与平台是通过外包公司签约或存在反复转包等情形,都会影响劳动关系的认定。例如服务提供者未直接与平台签约,则可能被认为双方没有达成劳动关系的合意而被认定不存在劳动关系。

(2) 合同内容。

服务提供者与平台或者外包公司签订协议时,往往会对各方权利义务、工作模式、酬劳等做出规定,此时基于双方真实意思表示而达成的内容可以作为认劳动关系存在的依据。在我国的某司法判例中,法院认为骑手在注册成为某平台众包骑手时,作为完全民事行为能力人已阅读与平台签订的《劳务协议》,其对双方形成的系劳务关系的事实有充分的认识理解能力，双方的合意并非形成劳动关系而是劳务关系，① 该案就是按照合同内容认定双方存在劳务关系的典型例子。

因此，在判断劳动关系存在与否时，应当将双方签署的合同或协议列为参考内容，并在此基础上再对双方的法律关系进行考察。

（3）工作自主性。

在居间式的用工模式下，服务提供者在实际工作中是否具有自主性是认定劳动关系构成与否的最重要依据。实践中，通常以自主性来判断服务提供者与平台之间是否存在从属性这一劳动关系的本质属性，自主性可以从诸如服务的着装、时间、地点、方式、监督管理制度等角度加以判断。

需要注意的是，平台对于服务提供者的部分约束或限制性条件是否构成管理、是否构成《中华人民共和国劳动法》意义上的人身或经济依附，在司法实践中仍存在争议。以外卖平台为例，平台往往会对外卖配送员的服装、配送箱、配送时间、奖惩机制等做出约束，但对于其体现的人身依附性是否足以形成劳动关系，不同法院给出了不同意见：部分法院认为外卖配送员在工作中接受平台关于配送时间和区域的安排，故而双方具有从属性，构成劳动关系；② 部分法院则认为，双方虽然存在一定的经济依附，但人身依附性较弱，故不符合劳动关系的特点。③

4. 薪酬计算及支付

互联网技术发展所带来的新型用工模式，虽然解放了传统劳动模式所受到的时间、空间限制，也极大地削弱了服务提供者与平台之间的人身依附性，但是并未动摇经济从属性在劳动关系中的地位。劳动关系的本质仍是劳动者服从雇主要求向其出卖劳务以换取报酬，经济从属性是劳动关系存在的基础和前提。因此，虽然有观点认为在网络平台用工关

---

① 江苏省徐州市中级人民法院（2019）苏3民终8795号民事判决书。
② 江苏省南京市中级人民法院（2020）苏01民终4123号民事判决书；浙江省温州市中级人民法院（2019）浙03民终1644号民事判决书。
③ 北京市朝阳区人民法院（2019）京0105民初86060号。

系中，人格从属性已经取代经济从属性成为认定劳动关系存在与否的关键，但此种说法难免过于绝对，计酬方式、奖惩制度等涉及报酬的内容对于劳动关系的确认仍具有很强的参考意义，在实际判断中应当将二者置于同等位置对待。

不过，当前居间式的互联网平台往往否认服务提供者与其存在经济从属性，通常宣称平台所提供的只是信息中介服务，并以此否认双方劳动关系的存在。因此，在实践中更要结合服务提供者通过平台获取收入数额、占服务提供者总收入的比重、与服务提供者生活费用之间的比例等因素具体判断经济从属性的存在与否及其程度。

（5）保险缴纳状况

除了前述因素以外，平台是否为服务提供者缴纳劳动保险也是判定劳动关系存在与否的重要依据之一。目前，我国用工单位为员工缴纳的保险主要包括养老保险、失业保险、工伤保险等，如果平台为服务提供者投保了上述保险，则证明其是以雇主身份出现在二者之间的关系中。在东某格公司与龙某平案中，法院就以东某格公司以投保人身份为龙某平购买了雇主责任保险为由，认定东某格公司将龙某平纳入了公司的员工管理范围。[1] 因此，在判断服务提供者与平台之间人身从属性时，保险的缴纳情况同样是值得参考的因素。

5. 相关诉讼

现行劳动法体系的滞后性，使得互联网平台与平台内服务提供者一旦产生纠纷，其劳动法律关系难以明确。

（1）劳动关系解除纠纷。

劳动关系解除纠纷是涉互联网平台劳动纠纷中最主要的纠纷情形，其产生的原因多有不同。但多数争议系由平台单方面解雇平台内服务提供者引发，因不同平台与平台内服务提供者之间的用工模式不同，导致平台内服务提供者不一定能够基于劳动关系要求平台赔偿单方面解除合

---

[1] 四川省彭州市人民法院（2019）川0182民初1456号民事判决书。

同所造成的损失,平台也会基于自身居间者的定位而拒绝承认劳动合同的存在,拒绝承担相应的违法解除劳动合同的赔偿金,由此引发了大量的劳动关系解除纠纷。

(2) 工伤赔偿责任。

互联网平台用工方式的特殊性使用工关系确认存在着较大的分歧,而传统工伤认定标准的滞后与脱节也加大了外卖骑手等新兴职业获取工伤赔偿的难度,因而现行工伤保险制度无法保障新就业形态人员的权益。就目前来看,大部分互联网平台通过购买商业保险来实现其从业人员的人身安全保障,这虽然初步解决了工伤保障有无的问题,但这种自发性质的商业保险依互联网平台情况不同而存在较大差异,平台之间、行业之间的保障力度差异较大,保障水平也总体偏低。同时,部分互联网平台疏于用工风险防范,从业者缺乏保险兜底保障,在发生工伤事故时,常因劳动关系认定以及相应赔偿问题导致纠纷。

(3) 社会保险纠纷。

劳动者与用人单位建立劳动关系后,用人单位应当依法为劳动者参保并缴纳保费。在我国现行的体制下,劳动关系是社会保险的前提和基础,二者密不可分。如上所述,互联网发展所带来的非典型劳动模式、现行劳动法规体系与社会实际的脱节,诱发了大量与社会保险尤其是工伤保险相关的劳动争议纠纷,相关的劳动仲裁或者劳动诉讼由于法律调整的滞后而陷于僵局。实践中,互联网平台基于成本控制等各种因素的考量,往往会避免和平台服务提供者建立劳动关系,尤其是在居间式用工模式下,平台服务提供者很难被纳入社保的保障范围,无法享有相应的保障。有实践调研表明,我国当前的互联网用工平台很少主动为灵活就业劳动者提供或要求其购买社会保险或商业保险,调查样本中仅15%的劳动者参与了社会保险,互联网用工模式下社会保险的严重缺失已经成为普遍现象。

对于互联网平台是否应当承担平台内服务提供者社会保险的义务,主要存在三种观点:一,服务提供者实际为平台提供了劳务,平台应当无条件承担社会保险义务;二,应当坚持我国现行的社会保险制度,对于符合典型劳动关系特征的,平台应当承担保险责任,但无须对非典型的劳务关系或者雇佣关系承担参保义务;三,平台没有社会保险强制义务,新型劳动用工模式不应当受到法律的强制干预,而应当顺应市场规律的发展。其中,第二种观点显然较为合理,平台用工不同于传统用工,其法律关系相对而言更加复杂、多元化,对于平台与其平台内服务提供者的劳动关系不能一概而论,还是需要结合劳动关系来确定平台是否承担社会保险义务。社会保险的问题并不完全起因于社会保险制度本身,而同样源自现有劳动体系对劳动关系定义的滞后性。解决平台服务提供者的保险问题,可以考虑适当将社会保险与劳动关系解绑,同时明确新型用工关系与社会保险之间的关系。

值得一提的是,2020年2月,人力资源和社会保障部正式将"网约配送员"纳入国家职业分类,并将进一步修缮职业伤害保障模式,适当地将劳动关系和社会保险制度松绑,以维护各行各业劳动者的合法权益。

6. 实务分析

案例一:张某与上海某快公司劳动争议案

基本案情

2014年,上海某快有限公司(以下简称"某快公司")运营的互联网私厨平台"某厨师"APP上线,为用户提供厨师上门服务。次年4月,孙某、邓某等7人作为厨师入驻"某厨师"APP平台,并通过该平台为消费者提供私人厨师服务。孙某称,其入职某快公司后,双方约定了工资及工作时间,但未签订书面合同,且公司未替其缴纳社会保险,未支付加班费以及安排休年假。某快公司则认为,孙某等人与平台之间是平等的商务合作关系,而非劳动关系。2015年11月,某快公司将孙某、邓某等7人辞退,孙某等人由此起诉,要求确认双方存在劳动关系。

> 法院认为：双方存在劳动关系，并判决某快公司向孙某等人支付解除劳动关系的经济补偿金2500元。①

案情分析：本案中，虽然某快公司提供《合作协议》以证明双方合同性质系商务合作而非劳动关系，但是劳动法的立法目的在于保护在劳动关系中居于弱势地位的劳动者。

面对强势的雇佣方，劳动者在双方签署协议的内容上并无太强的议价权，假如允许以合意排除劳动关系，那么劳动关系将名存实亡。不同于一般的民商事法律关系，劳动法律关系中虽然也要尊重当事人的意思自治，但同时双方的意思自治也必须受限于相关法律、法规及规范性文件的约束。劳动关系的认定是强制性规定，当事人不能以其意思表示否定劳动关系的性质，劳动关系的存在与否应当考察当事人之间的实际情况是否满足劳动关系的成立要件。因此，本案双方虽然签订了否定劳动关系的合同，但此种约定属于违反强制性效力性规定的无效合意，劳动关系的存在与否仍需具体判断。从表面上看，孙某等人并无固定的工作时间、劳动地点，但这是由服务模式的特殊性决定的，劳动关系的存在与否应当从孙某等人相对于某快公司是否具有从属性这一角度来认定。孙某等人接受某快公司的指派、调度及奖惩等，并按月领取报酬，孙某等人受其劳动管理，经公司指派前往指定地点，代表某快公司从事劳动，双方存在事实上的管理关系。此外，孙某等人提供的厨师服务为某快公司实际经营的全部业务，孙某等人的服务与某快公司的经营具有实质性的关联，双方之间的从属关系较为明显。结合在案证据、事实，双方显然构成劳动关系。

---

① 北京市第三中级人民法院（2017）京03民终11768号民事判决书。

案例二：王某等人与北京某心公司机动车交通事故责任纠纷案

基本案情

北京某心汽车技术开发服务有限公司（以下简称"某心公司"）通过互联网建立"e代驾"服务平台，制定并在其公司网站上公布《e代驾信息服务平台用户使用规则》《代驾服务协议》《信息服务协议》等文件。郑某通过该公司网站报名代驾司机，经过某心公司的笔试、面试，考核通过后，郑某成为该公司的代驾司机。在领取"e代驾"工牌及工服以及由某心公司发放的专用手机后，郑某通过该手机上的司机端APP向公司预缴纳一定费用后，开始接取代驾业务。就具体业务而言，司机可自主决定何时接单，是否接单等，在开启软件系统后即进入接单状态，退出软件系统即处于不接单状态。代驾完成后，客户缴纳的代驾费用直接进入司机的账户，公司系统再自动划扣20%的费用给某心公司。2016年7月23日20时19分，王某通过拨打"e代驾"电话预约代驾服务，郑某通过APP司机端接单，于同日20时34分从武汉市汉阳区某小区开始服务。过程中，撞至路边交通护栏，致使车辆及护栏受损。同日，交警部门出具事故认定书，认定郑某负事故全部责任。随后，王某将某心公司和郑某诉至法院，要求二者承担连带赔偿责任。

法院认为：郑某案发时系在执行职务过程中，属于职务行为，并据此判决某心公司赔偿王某经济损失49000余元。①

案情分析：本案中，认定某心公司提供的是中介服务还是经营服务，是认定本案中某心公司与郑某之间是构成劳动关系还是经济关系的关键。

从证据来看，案涉《委托代驾服务协议》是在王某与某心公司之间签订，郑某并非协议当事人，其只是作为某心公司的代表，执行公司下

---

① 武汉市汉阳区人民法院（2016）鄂0105民初4245号民事判决书。

发的指令,实施代驾行为。显然,某心公司实质性地参与了代驾服务的提供过程,其在代驾服务的提供过程中不构成居间人;其次,劳动关系最本质的特征为从属性,判定劳动关系需要考察郑某与公司之间是否存在隶属关系。本案中,郑某系经过公司考核并认可的代驾司机,同时某心公司要求其在服务过程中按照公司规定进行着装、佩戴工牌并到达指定地点,具备职务行为外观,并且代驾所收取的费用由公司决定,郑某没有权利与代驾申请人协商修改,郑某提供代驾服务的过程实质上受到某心公司的管理、控制。同时,郑某以提供劳务为服务内容,其不参与对平台的管理、经营,不具有承担和转移风险的能力,以提供代驾服务获取的报酬作为其主要经济来源并以此为生,郑某与某心公司之间存在经济隶属关系。综上所述,郑某与某心公司之间符合雇佣关系的一般特征,郑某提供代驾服务的行为属于职务行为,某心公司应当对由此引发的损害承担赔偿责任。

值得一提的是,在某心公司与其平台代驾司机郑某的劳动争议案件中,法院认为代驾司机可以自行选择全职或者兼职,在工作时间上具有选择的自由,不满足劳动关系的构成要件。代驾司机的劳动关系认定缺乏明确的法律规定,法律监管的模糊和空白地带导致了司法裁判结果不一。

案例三:四川某格公司与龙某劳动争议纠纷案

基本案情

某格公司于 2017 年 12 月 6 日成立,业务中包括提供餐饮配送服务。2018 年 2 月,龙某经招聘入职某格公司,其工作内容为"网络接单快餐",经过某格公司同意后龙某下载餐饮配送软件并开通了"接单送餐网格系统",龙某根据完成送餐订单数获取报酬。在送餐过程中,龙某接受某格公司的安排和管理,必须佩戴由某格公司发放的统一工作牌、穿统一工作服、使用统一送

> 餐箱。同时某格公司设立了考核管理系统，通过记录客户满意度和配送准时率等内容对龙某的工作进行考核。2018年7月，某格公司以投保人身份为龙某投保了雇主责任保险。2019年2月27日，龙某因在送餐过程中受伤向某市劳动人事争议仲裁委员会申请仲裁，随后，某格公司因不服仲裁决定诉至法院。
>
> 法院认为：某格公司将龙某作为员工进行管理，确定双方具有合法的劳动关系主体资格。①

案情分析：劳动关系的本质特征在于从属性，劳动者相对于用人单位具有经济、人格两重从属性。

本案中，虽然根据完成送餐订单数获取报酬的龙某看似在经济上并不依附于某格公司，但在互联网信息技术介入的新型用工模式下，对于经济从属性的认定不能单纯地从收入方式进行判断，而要结合相应收入在服务提供者总收入中所占的比重以及是否构成其赖以维生的主要收入。本案中，龙某每日主要从事外卖配送服务，虽以兼职为名但有全职之实，送餐收入亦是其赖以维持生计的主要收入，因此认定龙某对于某格公司具有经济上的从属性并无不妥。此外，在人格从属性的认定上，虽然龙某在工作时间上可以自由抉择，其有接单或者不接单的自由，但其在工作中需要身着统一的制服，接受某格公司对其工作方式、着装规范、薪酬计算方式等方面的要求，对外展现的形象代表了某格公司。因此，特殊的工作模式并不能阻却龙某与某格公司之间的人格从属性，何况某格公司还设立了对龙某等配送员的综合考核系统，加之其为龙某投保了雇主责任险，其显然是将龙某作为雇员加以对待，可以确认双方之间人格从属性的存在。综上所述，二者之间成立劳动关系。不过，在实践中还是需要根据具体情况具体判断，对于外卖员与外卖平台之间的关系认定不能一概而论。

---

① 四川省成都市中级人民法院（2019）川01民终13646号民事判决书。

（二）互联网企业劳动诉讼

中国互联网产业近些年来规模快速扩大、发展潜力十足，相当数量的中国互联网巨头开始登上国际舞台，而伴随互联网业务由消费端向产业端转移，其与经济将加速深度融合。在行业迅速壮大的同时，互联网企业中的劳动关系亦不断受到产业发展、变革的冲击，互联网企业往往采取较传统企业更为灵活、便捷的管理模式，二者在用工模式上具有显著的差异。在相对滞后的法律体系下，相关劳动争议纠纷伴随着互联网行业的迅猛发展也在不断涌现。

根据海淀区法院2018年发布的报告，该区仲裁院于2014年至2017年受理的劳动仲裁数量分别为5600多件、7800件、11000件、11400余件。该区法院受理的涉互联网企业劳动纠纷数量分别为1100多件、1431件、1419件、1488件。与互联网行业规模的扩大相一致，相关纠纷数量在不断增加。

1. 互联网企业劳动纠纷特点

（1）企业劳动纠纷频发。

在互联网产业的快速上升期间，新设立的互联网企业在其事业初创阶段往往受制于资金、管理经验等要素限制而无法建立现代化的企业制度，同时也缺乏成熟企业所具备的完善规章制度和人力资源管理机制，企业管理人员大多欠缺基本的劳动法素养，在企业招用工中一般表现得较为随意，所使用的劳动合同往往也存在较多漏洞。同时初创型企业又多会仿效互联网头部公司的文化与制度，例如采取"996"工制等，但是却没有头部公司丰厚的薪资和福利资源作为支撑，也缺乏完善的内部协商化解机制，导致企业与员工之间的劳资矛盾严重激化，不断引发劳动争议，劳动纠纷发生率居高不下。

（2）群体性劳动纠纷多发。

伴随着产业快速发展，以及国家相关政策的扶持，大量小微型互联网企业在短时间内创立并涌入市场,这些企业在创立初期会有较大的资金和人员变动。但在市场激烈的竞争和行业迭代中,并非所有企业都能顺利地度过初创期并成长为更大的企业,而这部分未能成功壮大的企业往往会出现资金链断裂或者经营范围大规模缩减乃至于破产倒闭,由此导致大批劳动者在短时间内失去工作,引发群体性劳动纠纷。即便是活下来的企业,也往往会因企业快速发展带来的管理层变动、产品快速迭代以及企业经营战略调整等因素而使企业必须不断地对其经营范围、员工薪酬及岗位职能等进行调整,企业间的并购重组也时有发生,而在上述过程中往往伴随着劳动者所在职能部门的裁撤、合并或者转变,这就直接引发了劳动者失业的风险,若企业未能对劳动者提供足够的经济补偿,就极容易引发群体性劳动纠纷。

(3) 劳务纠纷的证据形式趋于电子化。

互联网企业既是技术发展的产物,也是技术发展的实际推进者,较之传统企业往往具有更加灵活的办公和管理模式,无纸化办公渐渐趋于普遍,工作中的考核、审批等劳动管理环节不断与新技术手段相结合,在人力资源管理层面,各类办公电子系统的集中运用,使得劳动者的工作证据大多是在电子系统中留痕,劳务纠纷的证据日趋电子化。以电子邮件、打卡记录、微信聊天截图为代表的电子证据,在劳动争议诉讼中占据着越来越重要的地位。

但电子证据具有容易被改动而导致真实性无法被保证的特性,加之相关系统往往处于企业的控制之下,劳动者承担着较为沉重的举证责任负担,往往难以证明电子证据的真实性。同时,由于网络空间虚拟的特性,即便企业或者劳动者本身也只能证明信息本身存在,但难以证明信息的来源是企业或者劳动者本人,导致劳动者举证成本过高,其主张的相关事实往往难以得到支持。

2. 互联网企业劳动纠纷主要成因

在互联网行业快速发展的现阶段,行业规模快速扩大,从业人员不断增多,新创设的小微型互联网企业自身发展的未确定性导致大量劳动纠纷,同时互联网产品快速迭代、行业激烈竞争导致企业频繁调整转型也极大地引发了劳资关系的不稳定性。此外,不可否认的是,劳动纠纷频发也源于互联网企业自身人力管理制度的不规范和劳动法法律意识的淡漠和不健全。具体来说,可以分为以下几种原因。

(1) 企业自身频繁变动引发劳资纠纷。

不同于传统企业,互联网企业对于核心技术的高度依赖性决定了同一领域企业间的竞争激烈程度要远高于传统领域,网络产品的显著规模经济性、外部正效应等又决定了互联网领域赢家通吃的特性,这就决定了某一领域的大部分企业注定会为市场所淘汰,而企业为了生存就不得不进行快速的产品迭代和业务调整转型,无法适应市场节奏的企业只能黯然离场。在上述情形中,互联网企业转型往往伴随着相关部门被撤销、合并或转变职能,进而引发关于劳动合同履行的劳资纠纷。而互联网企业倒下则带来无可避免的裁员问题,当被裁员工无法得到足额的经济补偿时,势必会引发劳资纠纷,但大部分小微型互联网企业在自身存续都已艰难的情况下,往往无法对被裁员工做出适当补偿,由此便出现了大量劳动纠纷。

(2) 企业劳动管理不规范。

初创阶段的中小微企业由于管理经验不足、资金限制等因素而未能建立起完善的企业管理制度,又或者忽视自身与成熟企业的差异而盲目仿效成熟企业的做法,导致企业缺乏健全的人力资源管理机制,具有明显的漏洞和问题。例如劳动合同内容的拟定、考勤制度的设定、劳动报酬的支付、员工工作的管理和考核等方面问题,同时在出现问题后又缺乏有效的纠纷化解机制,导致劳资矛盾激化,进而引发劳动争议。

(3) 不当签订、履行竞业限制、股票期权协议。

互联网企业对于核心技术的依赖和行业激烈的竞争性,使得人才成为互联网企业在市场竞争中取胜的重要武器之一,同时随着互联网企业在各个方面竞争的加剧,高级人才和高管在企业之间的流动变得愈发常见。为了提升对高级人才的吸引力和劳动者的忠诚度,并且维持企业自身的竞争力和限制竞争对手,互联网企业多会与劳动者签署竞业限制协议和股票期权协议，但在签订和履行过程中出现的问题同样会引发企业与劳动者之间的劳动纠纷。

第一，大部分企业虽然签订了竞业限制协议，但往往缺乏实际履行其义务的动力和资本，而竞业限制协议约定又语焉不详，或者存在企业凭借其优势地位不适当地扩大竞业限制适用范围等情况。此外，协议中提供的格式条款对劳动者一方显失公平，也是导致相关纠纷多发的一大成因。同样，互联网企业签署的股票期权协议往往在责任承担、纠纷解决方法等方面规定得较为模糊，导致双方在出现问题时存有争议，在员工离职后也存在企业拒绝履行股票期权协议的问题。

第二，部分劳动者在签署竞业限制协议后违反条约，未能切实遵守其竞业限制义务，入职与原企业有竞争关系的企业或者以其他方式为其提供帮助，从而引发原企业的追责。

第三，实践中互联网企业往往会不适当地扩张竞业限制协议的签署对象，除了高级技术人才和高级管理人才之外，对其他非必要的普通劳动者也要求签署相应的竞业限制协议，进而使得劳动者在离职后求职困难而引起纠纷。

3. 互联网企业常见劳动纠纷

在诉讼请求的类型方面，互联网企业劳动争议纠纷在类型上与传统企业并无本质区别，但二者的各类诉讼所占比重有所差异，这也体现了互联网行业作为新兴行业与传统行业的不同之处。相较于传统行业，在互联网企业劳动争议纠纷中，因新型用工结构引发的请求确认劳动关系类纠纷，以及基于互联网企业间人才竞争带来的涉竞业限制、股票期权类纠纷所占比例更高。

具体来说，互联网企业常见劳动纠纷包括确认劳动关系、解除劳动关系经济补偿或赔偿金给付、索要劳动报酬、请求未签订书面劳动合同双倍工资等一般劳动争议案件类型。

（1）劳动者追索劳动报酬。

互联网企业的竞争较传统行业激烈，不少企业加班之风盛行，常见的形式有采取"996"和弹性工作制,鼓励加班而不强制加班。而严重的加班,以及与工作时长不能相对称的薪酬,是引发劳动争议的一大原因。

就现有的工时制度来说,大概可以分为以下几类:标准工时制、缩短工时制、延长工时制、综合计算工时制、不定时工时制。其中标准工时制是运用最为广泛的工时制度,也是企业原则上应当适用的制度,而缩短工时制、延长工时制、综合计算工时制和不定时工时制则属于特殊情况下适用的工时制度。国内互联网企业内部的大部分岗位不符合综合计算工时制等特殊工时制度的适用条件,也往往没有取得相关劳动部门的批准,原则上仍应适用标准工时制度。而互联网企业采用灵活的考勤管理方式或者采取各类激励、考核制度引导员工自行加班等,使得加班存在与否等问题难以确认,由此在企业和劳动者之间引发了大量矛盾纠纷。

而这其中主要分歧在于:互联网企业多元化的用工模式对现有工时制度"加班"的审查与认定带来了极大冲击,现有"加班"概念以工作时长是否超出标准工时为加班与否的判断标准。而互联网企业劳动者多为脑力劳动者,其劳动成果多为智力成果,用人单位难以准确地把握劳动效率,因此互联网企业多主张不宜以"工作时长"为评价加班的单一标准。

同时,出现了以"包薪制"形式约定加班费的做法,即用人单位支付的工资中包含了所有的劳动报酬,无须额外支付加班工资。但就目前而言,此种约定虽然表面上可能经由劳资双方同意,但其是否出于当事人的真实意思表示,以及此类约定是否违反现有工时、工资法律法规等问题仍然存在争议。有观点认为,较之劳动者,用人单位在劳动关系居于强势地位。劳动者在劳动协议的约定过程中大多缺乏议价权,用人单位约定工资包含加班工资的做法无疑是对劳动者休息权的侵害。因此,用人单位应当支付加班工资。也有观点认为,应当尊重双方的意思自治,在双方明确约定薪资报酬及工作内容、时间的情况下,不应支持劳动者支付加班工资的诉求。还有观点认为,应当有限度地尊重当事人意思自治，以整体工资与法定标准之间的比较来判断是否应当支付加班工资。

此外，与劳动者业绩、企业经营效益等因素挂钩的绩效工资同样也是互联网企业劳动争议的主要议题之一。根据《中华人民共和国劳动法》第四十七条、第四十八条规定，用人单位有权根据本单位情况制定工资分配方式和水平，这也是企业制定绩效工资制度的合法性来源依据。在法律赋予企业以一定自主决定权的情况下，绝大多数互联网企业实践中为了在降低固定成本的同时有效吸引人才资源，往往基于各类因素设置较为复杂细致的薪酬体系，并依岗位、工作内容、实际工作成效等具体因素对绩优者和绩劣者的收入进行调节，给劳动者施加足够的压力，来最大限度激发劳动者的工作主动性、积极性。

但也正是因为相关制度由互联网企业基于自身特点和经营需要自行制定的，而非官方标准，所以对绩效工资的考核方式、考核程序、考核结果以及企业经营状况等，用人单位和劳动者往往存在各自的解读和见解，往往会依照对己方有利的情况进行理解和解释，由此导致了对绩效工资认定的分歧，也引发了较多关于绩效工资的争议和纠纷。例如相关岗位是否可以实行绩效工资、绩效考评不合格无须支付工资的约定是否有效、绩效工资在整体工资中能够占据多少比例为有效，以及用人单位的考评方式和考评结果是否合法合理等。

（2）劳动关系解除争议。

与传统行业的劳动争议相似，在互联网行业的纠纷中，解除劳动关系也是引发劳动纠纷的最主要成因之一。比如在激烈的竞争下，大部分互联网企业往往会出现竞争失利的情况，进而实施规模性裁员；也有部分互联网企业为了降低用工成本，集中解聘高龄高薪人员而陷入违法解除劳动合同的纠纷。总体来说，劳动关系的解除一般存在以下几种事由。

其一，以违反企业规章为由解除劳动合同。违反规章制度的理由多种多样，例如拒绝服从合理岗位调配、无故旷工等。但规章制度本身是企业自主决定的产物，在司法实务中往往需要综合审查，需要判断相关制度是否有效，以及劳动者是否达到严重违反规章制度的程度。但司法审查标准并不统一，分歧较大。当事人往往也因此对企业将其辞退的理由而有所不服，从而引起当事人与企业之间的劳动纠纷。

其二，以劳动者不能胜任工作为由而解除。此种类型的案件，企业需要提供证据证明员工的工作内容，提供绩效考核详情，并证明其履行调岗或培训义务及协商程序，同时还需要证明其考核内容、方式、指标和周期具有合理性。而当企业难以证明上述事项时，多会转而追究劳动者简历的真实性，以证明劳动者不具备被招录的相应资质。

其三，企业与劳动者之间协商一致解除劳动关系后，一方又反悔提起诉讼。例如双方达成口头协议，但在劳动者办完离职后，企业拒不支付经济补偿金或者单方面变更双方已经协商一致的内容，此时劳动者很难举证证明双方曾经达成的合意内容。又或者说，企业与劳动者签订了书面解除协议，但在协议中存在约定不明的情况，对于部分事项未能做出约定，尤其是互联网行业的特殊性要求部分劳动者在离职时需要对代码等重要工作成果进行交接，如果未对交接时双方的权利义务进行明确约定，则很容易导致双方后续再行起诉。

（3）竞业限制、股票期权协议纠纷。

竞业限制协议是用人单位与劳动者签订，用于避免因员工跳槽而提升竞争对手实力的协议。《中华人民共和国劳动合同法》第二十四条规定，"竞业限制的范围、地域、期限由用人单位与劳动者约定，竞业限制的约定不得违反法律、法规的规定。"同时，该条第二款将竞业定义为"劳动者到与本单位生产或者经营同类产品、从事同类业务的有竞争关系的其他用人单位，或者自己开业生产或者经营同类产品、从事同类业务"。故而，虽然企业可以就竞业限制协议的内容与劳动者进行协商，但双方的意思自治不能违反相关的强制性、效力性规定。

互联网企业因技术而生，在行业激烈的竞争态势下，人才已经成为互联网企业最重要的资产——尤其是某些具有专业知识或者特殊资源的人才，更是具有不可替代的价值。因此互联网企业为了保护企业的商业秘密，维护其市场竞争力，势必需要竭力吸引、留住高端人才，至少不能使其成为竞争对手的助力。故而用于限制同业恶性竞争的竞业限制协议，就成为互联网企业赖以约束高端技术人才和高级管理人员的重要手段。不过，竞业限制协议虽然是基于双方合意设立，但与一般合同不同的是，竞业限制协议一般由企业提供，劳动者鲜能与企业就协议内容进行协商。这也导致很多互联网企业在实践中会利用其优势地位不适当地扩大竞业限制规定的适用范围。企业的不当扩大行为，往往会在劳动者入职新单位时引发双方之间的激烈矛盾，进而演变为对竞业禁止协议效力的确认。除此以外，很多企业为了避免涉入劳动者与前雇主之间的法律纠纷，即使知晓竞业协议存在有效性问题，也会放弃对劳动者的聘用，这也进一步加剧了劳动者与前雇主之间的矛盾。就我国目前司法实践来看，企业为保护其商业秘密过度限制员工权利的现状应当有所改善。

同时，与一般劳动争议不同，此类纠纷有很大一部分是企业申请劳动仲裁，要求劳动者承担违反竞业限制协议的责任。但企业想要赢得此类诉讼并不轻松，因为劳动者违反保密义务的行为往往具有隐蔽性和专业性，企业难以有效举证证明劳动者违约事实。此外，还有竞业协议中对双方责任约定不明确的问题存在。

股票期权协议纠纷则主要源自于近年来互联网企业逐步实施和完善的员工股票期权激励制度。近几年，以股票期权为代表的股权激励制度几乎成为互联网与高科技创业企业吸引优秀人才的标配。很多高级管理人员和技术人才考虑入职时，相比基本薪资、奖金和其他福利待遇，股票期权等授予和行使情况会被更加关注。股票期权是企业赖以吸引人才的重要手段之一。

所谓股票期权是指公司为激励员工，授权其在一定时间内以确定的价格和条件预购一定数额的本公司股票。股票期权的作用在于有效留存劳动者和激励劳动者更加积极地为公司创造收益。为了确保股票期权协议能够达到留住人才的效果，公司往往会在授予期权的同时，对劳动者的就职时间加以限制。因此，离职常常会与股票期权存废相挂钩。

《中华人民共和国劳动争议调解仲裁法》第二条规定了劳动仲裁的受案范围，其中包括因劳动报酬或福利引起的争议，但并没有明确规定股票期权是否能够适用该法。从属性上来说，股票期权作为一种经济性利益，并不在劳动报酬或者福利的概念范围之内，亦无法律、法规及相关司法解释对此做出明确规定，因此对于股票期权协议纠纷究竟属于劳动争议还是普通民商事争议，目前并无一致定论。

不过，虽然在现有法律体系下，直接将该种情况下的股票期权纠纷认定为劳动争议没有明确的法律依据，但不能否认此种观点有一定合理性。股票期权多为企业为保障与劳动者之间劳动关系稳定而授予劳动者的激励，往往伴随着劳动关系的建立而产生，随着劳动关系的终止或解除而被收回。从这一点来看，股票期权协议只是作为劳动协议的从合同而存在，其请求权合法的基础产生于劳动合同。因此，股票期权纠纷难以和劳动争议割裂。且就对劳动者的保护来说，若在股票期权纠纷中不能适用劳动法，可能会导致劳动纠纷与股票期权纠纷的结果产生冲突。因此部分法院认为股票期权纠纷应当作为劳动争议进行处理，股票期权纠纷产生于劳动关系，是从属于劳动纠纷的重要一环。

股票期权争议主要集中在两个方面：一是劳动者与公司就期权协议的具体内容发生争议；二是劳动者离职后企业拒不依约授予劳动者股票期权，劳动者起诉要求公司兑现股票期权收益或赔偿损失，向其履行相关股票期权协议。

4. 相关案例

案例一：某讯科技（上海）有限公司诉徐某竞业限制纠纷案

基本案情

徐某于2009年入职某讯科技（上海）有限公司（以下简称"某讯上海"），工作内容是从事网络游戏的开发运营工作。在签订劳动合同的同时，双方签订了《保密与不竞争承诺协议书》

（以下简称《协议书》），协议约定的竞业限制范围包括9类业务领域和50家公司。双方约定由某讯上海向徐某支付股票期权作为承诺保密与不竞争的对价，相应的，徐某需要承担违约时的股票期权及相应收益返还义务，同时还需要赔偿某讯上海因其违约行为而受到的损失。在某讯上海工作的5年间，徐某参与开发了多款游戏。2014年1月，尚在某讯上海任职的徐某设立了上海某瞳科技有限公司（以下简称"某瞳公司"），并于5月离职某讯上海后入职某瞳公司，之后又成立了3家某瞳公司的子公司。徐某以名下4家公司开展业务，开发了多款游戏。徐某投资的某泽公司曾与深圳市某讯计算机系统有限公司（以下简称某讯深圳）签订游戏合作协议。2017年5月27日，某讯上海申请仲裁，要求徐某依约承担相应违约责任。仲裁委员会以仲裁请求不属于劳动争议受理范围为由，对其申请不予受理。某讯上海因对仲裁裁决不服，向法院提起诉讼。

法院认为：《协议书》系基于双方当事人的真实意思表示而订立，作为合同当事人的双方均应严格履行合同义务。

徐某在竞业限制期内设立四家与某讯上海具有竞争关系的公司，明显违反竞业限制义务。虽然徐某主张其名下的相关公司曾与某讯深圳签订合作协议，但本案中的《协议书》系徐某与某讯上海签订，案外第三人某讯深圳并非该协议当事人。根据合同相对性，上述与某讯深圳的签约行为不足以证明某讯上海放弃要求徐某履行竞业限制义务。同时，双方签订《协议书》的行为构成对劳动合同中违约责任约定的变更，某讯上海已经依约履行了限制性股票的给付义务，徐某违约时理应根据《协议书》的约定承担相应违约责任，因此某讯上海有权向徐某追索已履行的股票及其所产生之收益。[1]

---

[1] 上海市第一中级人民法院（2018）沪01民终1422号民事判决书。

案情分析：本案中，徐某在某讯上海从事游戏研发。其作为核心员工，接触到的是游戏开发的关键内容，事实上掌握着某讯上海在某些游戏项目上的核心商业秘密。

徐某虽然以《协议书》约定的竞业限制范围过宽为由主张抗辩，但未能举证证明其任职的其他公司所开展的业务与在某讯上海存在业务之间的区别，也未能证明二者之间不存在竞争关系。因此虽然《协议书》约定的竞业限制范围几乎涵盖了整个互联网行业所有的经营领域，在一定程度上来说限制过宽，但在协议有明确约定的情况下，应被认定属于当事人意思自治范畴。在未能证明侵犯徐某自主择业权的情况下，该约定有效。

此外，徐某认为其所得股票系其在某讯上海任职期间发放，应当认定为工资薪酬，而非竞业限制补偿金，在未支付竞业限制补偿金的情况下，某讯上海无权主张违约金。

但本案中，双方在劳动合同中约定了不竞争义务的补偿费，某讯上海已支付了经济补偿，且徐某并未申请解除竞业限制协议，根据劳动法相关规定，只有劳动者以用人单位未支付经济补偿为由解除竞业限制协议后，劳动者才不需要承担违约责任。而本案中的《协议书》并未解除，因此徐某仍需要承担违约责任。同时，法律并未禁止用人单位于劳动者在职期间预先支付竞业限制经济补偿，徐某于在职期间接受了双方约定为竞业限制经济补偿的股票，且未提出异议，构成对于该支付方式的默示许可。因此，某讯上海已经履行了其义务，有权要求徐某承担违约责任。

至于徐某创立公司发行游戏的行为是否违反竞业限制义务，应当从公司经营业务范围和徐某在某讯上海任职期间业务来综合考察。徐某离职后设立的四家公司营业执照范围与某讯上海的营业范围高度重合，且双方实际从事业务均为游戏开发等，应当认定为具有竞争关系。而徐某离职前从事游戏开发业务，与其设立公司的经营业务相符，徐某的行为已经违反了《协议书》的约定。

最后，徐某提出其投资的公司与某讯上海的关联公司达成了游戏合作协议，应当视为某讯上海放弃要求其履行竞业限制义务。但竞业限制义务之免除要有明确具体的意思表示，上述游戏合作协议中并未涉及免除竞业限制之义务的内容，且协议双方当事人与《协议书》当事人并不一致，不能据此认为某讯上海免除徐某竞业限制义务。

案例二：北京某东信息技术有限公司与李某劳动争议

基本案情

李某于 2018 年 3 月 26 日入职某东公司，担任产业合作一职，双方签署了为期三年的劳动合同，并约定了 6 个月的试用期。2019 年 4 月 9 日，某东公司以公司产业结构调整为由，主张解除与李某的劳动合同，并向李某送达了《解除劳动关系通知书》，表示同意支付经济补偿金 70276 元。而李某主张公司解除劳动关系的行为系违约行为，公司内部结构调整不属于客观情况的重大变化，且公司事实上并未进行实质性调整，所谓被调整部门的许多员工并未离职，故而向北京市某区劳动人事争议仲裁委员会提出申诉，要求撤销解除劳动关系通知书，继续履行劳动合同并支付工资。仲裁委作出裁定后，某东公司不服仲裁处理结果，向法院提起诉讼。

法院认为：某东公司主张的该公司与李某解除劳动合同的理由主要为公司产业结构调整需要裁撤李某岗位，其应当对此承担举证责任。但某东公司仅仅提交邮件证明其告知李某公司做出产业结构调整，而未举证证明公司经营状况发生重大变化的事实，亦未提交充分证据证明其曾与李某就解除劳动关系事宜进行充分协商，无法证明某东公司解除与李某之间的劳动合同系合法行为。关于李某与其他公司是否存在劳动关系，李某提交了××公司代扣代缴社保和公积金的证明及其自行支付社保费用的转账记录。在没有其他证据显示李某与××公司实际存在劳动关系的情况下，某东公司以此为由主张双方劳动合同无法继续履行的依据不足，法院不予支持。①

---

① 北京市第一中级人民法院（2020）京 01 民终 6228 号民事判决书。

案情分析：本案中，某东公司以结构调整为由辞退李某，却未能举证证明其结构调整系处于公司经营状况的重大变化，法院以此为主要依据判定其解除劳动行为违法。可见，公司若要以公司结构调整为由辞退员工，应当证明该变化并非针对员工恶意为之，而是出于客观情况变化而做出的调整。若公司经营状况较之双方最近一次签订劳动合同时发生重大变化，此时便符合法律所规定的劳动合同订立时所依据的客观情况发生重大变化，致使劳动合同无法继续履行的情形。但即便公司能够证明裁撤员工系出于客观变化，依然需要证明就岗位变更与员工进行协商，并且就解除劳动合同的相关事宜达成一致，否则依然可能被认定为违法解除劳动合同，且必须承担相应的赔偿责任。

第五章

互联网不正当竞争诉讼

🌐 （一）互联网不正当竞争行为的概念

随着社会经济的迅速发展，互联网已经深入市场经济的竞争之中。互联网的普遍发展带来了技术上的改革，而经营者为了抢占市场份额通常会大力发展、创新技术。在此背景之下，经营者在互联网中进行竞争的行为导致了一种新型不正当竞争类型的产生——互联网不正当竞争。在大数据时代，这种竞争逐渐发展成为一种普遍的竞争模式。

从互联网不正当竞争的产生过程中不难发现，互联网不正当竞争是在互联网发展背景之下的产物，因此对于这种特殊行为的研究不能脱离不正当竞争的大背景。不正当竞争行为是发生在经济领域的一种行为，其产生、发展都与经济发展有着密切的联系。我国通过立法确定不正当竞争行为，制定了较多法律法规规范市场竞争行为，对不正当竞争行为有一定的规避限制。了解不正当竞争行为可以从现行法律法规出发，通过最新修订的《反不正当竞争法》，可以得出现行法律下的不正当竞争行为其实是经营者们为了争夺市场份额、抢占市场地位，不顾法律法规和消费者利益所进行的具有一定危害性的经营行为。这种行为严重危害了市场秩序，导致市场经济的紊乱。而互联网不正当竞争是基于不正当竞争之上发生在互联网领域中不正当的竞争行为，具有一定的特殊性，并不是所有不正当竞争行为都适用于互联网不正当竞争。同理，不是所有发生在互联网领域中的竞争行为都是不正当竞争。例如在互联网领域中发生的虚假宣传、侵犯其他经营者商业秘密、部分商业混淆的行为就不属于互联网不正当竞争。即使这些行为是在互联网领域中发生的，其本质上也仍属于传统的不正当竞争，不能将这类行为归为互联网不正当竞争行为。如要深入研究互联网不正当竞争行为，就要区分好两者的关系。除却一些传统的不正当竞争行为，其他发生在互联网领域的不正当竞争行为因带有互联网的特殊性质，本质是互联网不正当竞争行为。本章将会针对该领域内的具体行为进行具体分析，以此来深入了解互联网不正当竞争。

（二）互联网不正当竞争的认定

在以互联网不正当竞争为研究对象时，很容易将发生在互联网领域内的不正当竞争行为与传统不正当竞争行为相混淆。因此，笔者将从五个方面出发，全面分析互联网不正当竞争行为。

第一，主体方面。从现行的法律法规中可知，不正当竞争行为的主体是经营者。我国最新实施的《民法典》认定所谓的经营者就是从事着生产、经营或者为大众提供服务等行为的三类主体，这三类主体分别是具备完全民事行为能力的自然人、能够实施民事行为的法人和具备《民法典》中规定条件的非法人组织。以此类推，可以推断互联网不正当竞争的主体是在互联网领域中从事着以上行为的三类主体，换言之，就是在互联网领域内的经营者。在现实生活中正确认识该主体能够避免行为主体在互联网领域实施了不正当竞争行为却以主体不适格对其不法行为进行规避。

第二，主观方面。在我国现行的法律规范中并没有明确规定构成不正当竞争行为一定要主观上具有过错。然而，在司法实践中大量构成不正当竞争的经营者都具有主观过错，主要从两个方面进行分析证明。一方面，经营者在互联网领域进行经营活动时具有完全民事行为能力，能够明辨是非。经营者在互联网领域中的不正当竞争行为往往是为了抢占市场份额、罔顾消费者权益、不受现行法律规范约束、滥用市场竞争导致的结果。这个过程中，经营者主观意图是为了抢占市场份额，在市场经济中占有一定的地位。另一方面，经营者的行为并不是偶然性行为，而是有意识、有计划地进行。例如为了达到目的，互联网领域内的多数经营者会发展新技术，主动投入市场。

第三，竞争关系方面。解决纠纷的前提条件是纠纷存在且成立，也就是经营者之间存在着竞争关系，两者之间竞争加剧演变为不正当竞争。因此，对竞争关系进行正确认定有利于解决互联网不正当竞争行为产生的纠纷。由于在互联网领域该行为结合了互联网的特殊性质，因此该行为打破了传统不正当竞争行为发生的界限，故而对其中经营者之间竞争关系的认定需要从不正当竞争出发，但不能局限于不正当竞争。

2017 年发生的 I 公司诉 V 公司软件盗链一案中，确定 V 公司涉嫌不正当竞争的前提是 I 公司运营的 I 视频软件与 V 公司运营的 V 智能电视播放软件具备竞争关系。由于 V 软件与 I 软件属于两个不同领域，因此对于这两者之间是否具备竞争关系也决定着竞争关系所涉及的领域范围。该案中 V 软件通过盗链的手段，侵犯了 I 软件对这些视频拥有的独家版权。由此可见，V 软件侵犯了 I 软件的合法权益。不仅如此 V 软件在盗链这些视频后，在该软件中屏蔽了与 I 公司及 I 软件相关的广告，V 软件的这种行为给 I 软件带来了经济损失。

本案中 V 公司与 I 公司不是在同一个领域内发展的竞争对象，如果按照传统观念，竞争关系需发生在同一个领域内的不同竞争对象之间，那么 V 公司与 I 公司之间不存在竞争关系，这将会导致 I 软件经营者利益无法得到保障。因此，该案在司法实践中被认定具有竞争关系。这是对研究互联网不正当竞争的一个发展，也是法律进步的体现。该案中，V公司采用了非法手段获取I公司的独家视频以及在该软件中屏蔽与I公司及I软件相关广告的行为，均达到了抢占I软件所应占据的市场份额之目的，使得I软件用户数量流失、访问率下降、经济利益受损。V公司的行为已经构成了不正当竞争，损害了I公司的利益。由此可见，两公司虽然不属于相同领域，行为也是在不同领域内发生的一种行为，仍然存在着竞争关系。

第四，行为方面。首先，构成不正当竞争要求经营者的行为违反法律法规，如我国现行的《反不正当竞争法》的规定。其次，这种不正当竞争行为应当具有不正当性，即违背了市场竞争规律，破坏了市场竞争中的道德准则。众所周知，竞争是市场的一种常态，发生在各种各样的领域，包括互联网领域。认定行为具有不正当性往往要从两个方面入手：一方面是诚实信用原则，诚实信用原则是市场竞争中的一个基本原则，良好的竞争秩序需要诚实信用原则的维护，只有每个经营者做到了诚实信用，才能共同构建一个良好的市场秩序；另一方面是公认的商业道德，这种公认的商业道德是在市场不断发展的过程中形成的，这种公认的商业道德不具备法律约束力，但如果没有公认的商业道德，市场也无法稳定发展。然而，当下在对经营者行为是否属于不正当竞争行为的认定过程中，往往忽略了经营者的主观意图。就前文阐述中可知，经营者在互联网领域进行不正当竞争行为时，通常具有主观上的恶意。故而在认定互联网领域中的不正当竞争行为时，不能忽略经营者的主观方面。

第五，后果方面。互联网不正当竞争行为所导致的损害后果有两方面，一方面是损害了其他经营者的合法权益，另一方面是损害了消费者的合法权益，这里的合法权益不仅仅包括经济利益层面的权益。要认定不正当竞争行为所导致的后果，也要从这两个方面入手，且不能局限于经济方面。当我们深入探究经营者因不正当竞争所遭受的合法权益的损害时，会发现其本质是市场份额的流失，而市场份额的流失又会导致一系列不良后果，这些后果在间接方面又反过来进一步加剧市场份额的流失,从而形成循环。不仅如此,前述的经营者市场份额流失间接导致了机会和优势的流失,而机会和优势的流失在互联网领域中又加剧了其市场份额的流失,由于市场份额、机会、优势的虚拟性,经营者无法在第一时间保护受损权益,往往在发生经济利益等损失后果后才能意识到,才会寻求法律的保护,这也是目前司法的局限性。

随着人们精神水平的不断提升,各类需求不断提高,对消费者权益的保护也日渐加强。在互联网领域中发生不正当竞争行为时,消费者是第一受损群体,他们的权益往往先于经营者受到损害,最明显的就是选择权和知情权受损。很多互联网公司的不正当竞争纠纷案件中,都能明显体现现行法律对于消费者权益保护的缺陷。比如在互联网领域中,网络用户就是实际的消费者,可以根据自己的意愿选择需要下载或者卸载某款软件。然而有些经营者会在用户不知情的情况下,采取篡改默认浏览器、在用户下载软件时将捆绑软件一并装入用户电脑等行为,损害消费者的知情权和选择权,同时挤占同类互联网产品的市场份额,损害其他经营者的合法权益。在该类不正当竞争行为的司法实践中,经营者权益却可以得到保护和解决,但先于经营者受到损害的消费者权益却不能得到合理保护。

（三）互联网不正当竞争行为所具有的特点

1. 互联网不正当竞争行为具有隐蔽性

互联网是一个虚拟世界,在这个领域中技术引导行为的产生、改变、消灭,客户端呈现的一系列行为均是通过后台进行的技术操控。这种技术操作是在虚拟领域中发生的,具有很强的隐蔽性,难以被检测出来,在互联网领域中发生的不正当竞争往往都存在着这种特性。这种特性使互联网不正当竞争的受害人不能及时察觉,即使察觉也很难找到证据或找不到充足的证据,乃至无处可寻加害者。这也导致了在司法实践中,这类受害人因为没有确定、适格的诉讼主体,无法运用法律手段维护受害者的合法权益，诉讼最终不了了之。这一定程度上暴露了我国法律存在着滞后性——对于互联网领域的纠纷有一定的缺陷。

2. 互联网不正当竞争行为具有多样性

互联网从诞生、发展到成熟，发生在互联网领域内的不正当竞争行为也在不断发展变化，从而呈现出多种多样的形态。大数据的迅猛发展加剧了互联网领域的竞争，并从中衍生出许多不正当竞争行为。

3. 互联网不正当竞争行为产生的危害后果较为严重

传统的不正当竞争行为从实施到发展再到产生后果影响，各个阶段都需要大量时间。而互联网不正当竞争行为因发生在互联网上，从实施到产生影响往往只需要几分钟。这种影响深、速度快的特点会给其他经营者带来巨大的经济损失，甚至导致其他无法挽回的后果，破坏相应的市场竞争秩序。

4. 实施该行为成本低

不同于传统领域经营者实施不正当竞争行为需要花费大量的人力、物力、财力，互联网经营者在付出极少的情况下也能实施不正当竞争行为，达到挤占市场份额的目的。这也是互联网领域中不正当竞争行为频繁发生的原因之一。不仅如此，经营者的合法权益虽然能在司法实践中获得一定保护，但这种保护与被不正当竞争行为造成的损失后果不成正比，这一点从加害者在其中所获得的高额利润便可见一斑。很多不正当竞争行为都会产生巨大的经济利益损害，甚至会造成上亿损失，但法院最后的判决赔付标准难以与经济损害相等同，受害人得到的赔偿往往只是侵权人获利的一小部分；并且在某些不正当竞争行为发生时，其他经营者的市场机会也会流失，包括产品流量和用户的减少，进而带来很多隐性的不良后果。法院在互联网不正当竞争中的判赔金额，难以弥补受害者所受到的损失。在某真假社交网站案中，假冒的网站通过伪造真网站的页面，令许多真网站的用户浏览了假网站页面，获得了较高的经济利益。低成本高收益的不正当竞争行为不仅侵害了真网站的合法权益，还导致真网站用户的流失，破坏了真网站的名誉，而该案在司法实践中的赔付金额仅仅是数十万元。赔付金额低于高额利润，导致这类案件频繁发生。而除却经济方面的补偿，隐形损害也无法通过法律手段获得救济。由此可知，要想改变互联网领域中不正当竞争行为频繁发生的情况，需要对其赔付金额进行更准确、更合理的规定。

（四）不正当竞争行为的类型及涉及的诉讼

1. 不当评价行为

评价是现如今生活中最常见的一种行为。众所周知，评价可能会对第三人关于相关人或事的分析、判断产生影响。因此，评价通常应当是在自己的知识背景体系下客观、公正地进行，否则对于被评价的人或事可能造成不利影响。经营者从事生产经营活动，往往需要来自第三方的正面评价来帮助其获取更多的交易机会，吸引消费者，进而获取更多的经济利益。这种评价包括来自官方的奖励、认证，来自媒体的宣传、报道，以及来自消费者使用相关产品或服务之后的感受和评述。由于互联网经济的虚拟性，用户只能通过互联网远程观察产品的外观，或者根据经营者的描述等形式来想象效果，无法如线下购物一般直接观察。经营者的展示与描述往往带有一定的夸大性质，尽管并非虚假宣传，但潜在消费者对经营者的展示和描述也会持怀疑态度。一般情况下购买过产品或者接受过服务的消费者的感受和评价最为真实、客观，这是其他消费者选择购买或者接受服务的重要参考依据。因此，在"用户为王"的互联网经济中，经营者对用户评价的重视程度远超过任何线下实体经济。为了争取更多的消费者，获取更多的竞争优势，部分经营者会利用各种技术手段，实施损害其他经营者利益的行为。最常见的就是给予竞争对象不当的评价，混淆网络用户的视野以及给予网络用户一种错误的认知。这种行为已经违背了我国现新修订的《反不正当竞争法》，也与我国经济市场竞争秩序中诚实信用原则以及公认的道德准则相违背。在当代互联网发展过程中，消费者对于产品的销量、好评率、软件评分以及是否存在技术漏洞的风险格外关注。结合司法及行政执法实践可见，不当评价行为包括如下几种。

（1）刷流量。

此处的流量是互联网领域中作为载体网站的流量，是通过网络用户访问体现的。此处的载体网站不仅包括架构完备的门户网站、视频网站，也包括在互联网上进行电子商务活动的电商的互联网店铺。流量对于网站来说至关重要，它代表着该网站有多少用户关注度，而用户关注度的多少又反映了该网站的价值大小。网站有了流量便于推广营利。以视频网站为例，有了流量，就意味着有了用户，能吸引更多的资源和资金，进而吸引更多的用户，形成良性循环。就电商互联网店铺而言，有流量意味着有足够的消费者曾经在该店铺中购买过商品或接受过服务，而交易数量的提升，不仅会提升店铺在电商平台的权重，便于店铺做进一步推广，也将吸引更多的消费者或用户。

鉴于流量的重要性，如何提升网站流量或店铺的访问量成为经营者最为重视的课题之一。只要相关数据能够真实反映网站或店铺的流量或访问量，通过正常推广渠道增加流量、点击率和访问量的行为无可厚非，需要被规制的是那些借助刷单软件、技术操作、虚假交易等手段，来修改流量数据导致流量数据激增的不当行为。这种行为对网站而言是刷流量，对店铺而言是刷单，也就是店铺销售数量的虚假宣传行为。

我国第一起刷流量案是I公司与F公司的不正当竞争之诉。该案中，F公司在I公司所运营的I视频网站上，通过增加I网站部分视频流量的方式导致互联网视频领域经济秩序的混乱，给该网站带来了负面影响。F公司通过分工合作的方式进行操作，可知该公司出于主观故意实施该行为。其给部分视频增加流量是一种虚构行为，损害了I视频网站、I公司的权益。法院通过对被告F公司其他方面进行审查，最后认定F公司刷流量的行为构成了不正当竞争。刷流量的行为首次在法律上被认可为不正当竞争行为，这也是我国司法的一大进步。

在最新修订的《反不正当竞争法》中，刷流量、刷单等行为已经被纳入经营者虚假宣传的范畴。这固然有一定道理，但是，刷流量行为并不仅仅属于虚假宣传，还包括破坏网站访问数据的真实性、完整性，造成网站的实体利益和精神利益的损害。其中，实体利益就是网站的经济利益，而精神利益就是网站对外的信誉，换言之，就是网站在市场竞争中所具备的商业名誉。一旦消费者将注意力集中在某一个网站，势必会减少对其他同类型网站或店铺的关注度，进而减少了其他网站或店铺的交易机会，并使互联网流量数据的真实性、完整性受到破坏，不利于整个产业的健康、有序发展。

（2）刷评论。

刷评论的行为包括刷好评和刷差评，刷好评的行为通常是通过刷单，也就是虚假交易或者删除差评的行为来实现的。与刷流量行为类似，刷评论行为也将导致消费者对互联网店铺的真实经营情况缺乏正确认知，对电商平台的评价体系、商业信誉造成冲击。

在浙江某宝互联网有限公司、浙江某猫互联网有限公司诉杭州某世互联网科技有限公司一案中便体现了所谓的刷单行为是如何损害经营者权益的。其中，被告杭州某世互联网科技有限公司组织人群进行刷单，给予原告运营的电商平台内的产品或者服务评论，打破了其固有的信用评价体系和内部信用系统，让固有消费群体对原告运营电商平台的信赖程度大打折扣，使得固有消费群体流失，破坏了其公司信誉与名声。被告杭州某世互联网科技有限公司不顾诚实信用原则与公认的道德准则，有目的、有计划地实施该行为，不仅损害了原告作为经营者的利益，还扰乱了互联网领域中已有的市场秩序，从中获取了大量利益。基于杭州某世互联网科技有限公司的行为符合互联网不正当竞争行为的构成要件，在该案诉诸法院后，法院判定杭州某世互联网科技有限公司构成不正当竞争，这是司法实践中第一次承认刷单行为属于法律所规制的不正当竞争行为。

新修改的《反不正当竞争法》同样将刷评论的行为视为虚假宣传的一种。经营者实施刷评论的行为误导消费者对于该产品或者服务的认知，而刷评论行为往往不是经营者实施的，是其他群体帮助经营者实施，比如"互联网水军""职业差评师"等。本着对广大消费者负责任的态度，这些群体都应当受到严厉的处罚。按照法院判决的思路，这一行为还会对互联网电商平台的评价体系造成冲击，进而损害电商平台经营者的合法权益。从这个层面看，似乎又不能将其完全纳入虚假宣传的范畴。

(3) 恶意风险提示。

互联网领域中风险提示是一种最为常见的预警标志，通常体现在杀毒、系统安全维护等方面，常以弹窗或者插标的形式出现。而恶意风险提示是经营者在互联网领域为了争夺市场份额捏造其他经营者网站或者软件不安全，以此损害其他经营者的信誉与合法权益。

司法实践中，恶意风险提示的案例也很多，例如曾发生过的在某搜索引擎网站页面进行风险提示是否构成互联网不正当竞争的案件。如果插入的风险提示属于恶意且误导了用户，那么司法实践中是可以认定为不正当竞争行为的。互联网不正当竞争纠纷中，此类插入风险提示的，还往往伴随着引导网络用户下载或使用其他产品的选项。这种明显的搭便车行为不仅侵害网络公司的合法权益，扰乱互联网市场秩序，还损害了网络用户的利益，破坏了互联网领域中固有的道德准则，属于我国法律所禁止的不正当竞争行为。

(4) 不当软件评分。

软件评分主要应用于软件测评中。通常情况下，有两种类型的软件评分。其一，评估软件对于计算机及计算机软件通过系统化的程序进行检测，给出一个合理分值。其二，计算机或手机端的软件商店中提供用户对软件进行评分的功能。毋庸置疑，两种软件评分都会对终端用户是否选择或继续选择下载使用该软件产生影响。鉴于软件评测的专业性、技术性较强，终端用户通常只关注软件评分的结果，即分数的高低，而不会关注软件的测评及打分过程、测评规则及评分标准。

一般情况下，由于软件之间的技术互斥性，终端用户只会在同类软件中选择一种，最终选择对软件量化评分结果有高度依赖性。而评估或安全软件的开发者本身既是运动员也是裁判员，同时扮演着竞争者和裁判者的双重角色,有天然的优势。如果这些软件在测评规则中缺乏客观性、公正性,无视互联网平等竞争的精神,漠视行业规范以及公认的商业道德规范,在言语措辞上没有尽到注意义务而具有较强的指引性、误导性,如给与其有竞争关系的软件打低分并使用误导性语言,而给其开发的或者与其有合作关系的软件打高分等,则终端用户很容易受其诱导,对被打低分的竞争对手软件产生不信任而最终卸载。这时候评估或安全软件的开发者抢占市场份额就非常容易。如果有证据证明这种行为属于恶意,应当被认定为恶意软件评分,与恶意风险提示一样,属于同一不正当竞争的范畴。当然,是否缺乏客观公平以及是否具有误导性,认为权益受损的经营者具有初步举证的义务,不能仅以低分就认为属于恶意软件评分行为。

事实上,由于评估或安全软件对其他软件的测评主要是基于系统安全和检测计算机或其他设备终端安全的考量,这种恶意软件评分以及误导性语言,本质上就是向终端用户发出的"风险提示"。此外,与风险提示类似,如果评估或安全软件的软件测评是使用误导性语言构成对竞争对手软件的贬损,则还可能构成诋毁商誉。由于用户对于软件商店或软件下载平台的评分,往往针对的是尚未被终端用户下载的软件,故而这类软件评分主要来自已下载软件的用户评价,更类似于互联网商店中消费者对于所购买的商品或所接受服务的好评或差评。分数的高低将直接影响终端用户是否选择下载相关软件,进而影响软件的下载量和市场占有率。

因此,如果软件开发者采取诸如恶意软件评分等不正当手段,提高自己所开发软件的评分,降低竞争软件的评分,可能会导致竞争软件下载量减少,进而给竞争软件开发者造成损害。这种行为与虚假行为极为相似。此外,尽管多数情况下软件下载可能并不涉及付费,但是基于免费产品开展增值服务是我国互联网市场的典型特征,收费与否并不是评判性质的关键指标。软件开发者提供免费软件下载是软件开发者与终端用户之间的一种交易。组织"水军"或"职业差评师"恶意给软件打低分的行为,似乎也应当被认定为组织虚假交易的方式。

2. 不当拦截行为

前文所述，流量是互联网经营者经营价值的体现，许多经营者都会用尽一切手段获取流量。如果用户的访问被拦截，就意味着流量的减少、用户的流失、经营者交易机会的减少和经济利益的损失。就目前的实践来看，拦截行为的内容多种多样，诸如广告、流量、访问等，而从所使用的技术手段来看，往往是软件之间的冲突、Robots 协议导致的不当拦截。由于互联网技术更新速度较快，未来可能还会不断产生新的技术手段，对更多不同类型的内容进行拦截。

对于不当拦截行为的认定要从互联网不正当竞争行为的构成要件入手，其中拦截主体是否存在主观故意，拦截行为是否给经营者造成损害后果尤为重要。有的拦截行为虽然存在主体主观故意但并没有造成损害后果，也不构成这里所述的不当拦截。在现行法中主要规定了以下三种拦截行为。

（1）广告屏蔽。

广告屏蔽，也称广告过滤或广告拦截，旨在使用户免受广告的影响而更流畅地享受视频观看、网站浏览等免费服务。广告屏蔽主要有两种方式，一种是浏览器屏蔽，另一种为安全软件屏蔽。其中通过浏览器进行广告屏蔽的方式主要有通过对广告地址进行屏蔽、阻止网页的加载、浏览器内置广告屏蔽功能等。而通过安全软件进行的广告屏蔽则可分为网页屏蔽和桌面屏蔽。网页屏蔽效果与浏览器屏蔽相似，包括了拦截网站自动弹出的恶意和垃圾弹窗广告、过滤网页上骚扰广告等功能。桌面屏蔽即针对桌面软件所发布的广告进行屏蔽，主要是通过直接阻止软件广告插件的运行来实现广告屏蔽的效果。广告存在善意和恶意之分。我国法律规定了恶意广告的种类。因此，如果是针对恶意广告进行拦截或屏蔽，因为广告主丧失了合法性基础，此时的屏蔽或拦截行为应当被认定为具有正当性。而对于非恶意广告进行拦截，则有可能破坏竞争者的商业模式。在这种情况下，如果互联网经营者企图通过强调该行为是为了保护用户（消费者）的利益，肆意屏蔽非恶意广告，将会剥夺广告主招揽客户和获取交易机会的权利,从而损害互联网领域中其他经营者的合法权益。这种广告屏蔽模式导致其他经营者利益受损,破坏了固有的市场竞争秩序,被认定为是互联网不正当竞争行为。

对于广告屏蔽行为的认定,在很多案件中,法院都给否定性的评判——实施这种不正当竞争行为会使得发布广告的公司利益受损,属于不正当竞争行为,违反了《反不正当竞争法》的规定。该类行为的实施不仅使发布广告的公司合法利益受损,还使得互联网领域中固有的软件竞争秩序受到破坏,广告屏蔽是互联网领域中的一种不正当竞争行为。

(2) 流量劫持。

流量是互联网经营者必争之地,流量劫持是指经营者运用一定的手段让本属于其他经营者的部分流量流入自身网站。通常表现为劫持者通过技术手段诱导用户访问特定对象或使用特定对象的产品或服务,增加特定对象的访问量或流量,进而为其带来收益。流量劫持具有如下特征:第一,被劫持的是"将得的流量",即是原本即将流向而尚未抵达竞争对手的流量;第二,流量进入了其他特定对象,该特定对象可以是属于实施流量劫持的经营者对象,也可以是与其有合作或关联关系,能通过劫持流量为其带来利益的其他特定对象;第三,需要技术连接。劫持者与被劫持者之间的桥梁是通过技术进行连接的,该技术也是引导流量转向的手段;第四,流量劫持违反了法律规定,是一种不法行为。

我国现行的互联网领域中流量劫持主要包括黑色流量劫持和灰色流量劫持两种类型。就实现的技术手段而言,可以把黑色流量劫持分为两类:其一,域名劫持,一般是黑客用于侵入他人计算机,获取他人信息的劫持方式;其二,利用插件和软件更改计算机系统。在现实生活中,这两种黑色流量劫持行为都是侵权行为,均侵犯了用户的知情权和选择权。而从后果来看,流量劫持不仅会导致经营者经济利益的损失,还会给经营者操作的设备留下安全隐患,间接破坏互联网市场秩序。最严重的是,劫持流量者可能已经触犯了我国法律的规定,走上了违法犯罪道路。而灰色流量劫持则是指其引导流量的技术和方式具有一定的正当性，对消费者具有一定的正向价值，但会对产业产生一定的负向价值，而且最终结果仍是对本属于他人的将得流量进行劫持。

实践中，流量劫持的一种典型表现形式是强制跳转，即未经得其他经营者的同意，就进行强制跳转，更换页面。在涉及某搜索引擎的案件中，法院认为：未经其他经营者和用户的同意，强制跳转的行为剥夺了用户正常的选择权，导致其他经营者流量和网站页面价值的损失，破坏了互联网市场竞争的有序性，不属于正常的互联网市场竞争。最后法院判定该类行为已经构成不正当竞争，应当承担我国法律所规定的法律责任。

除了强制跳转之外，流量劫持行为在移动终端市场和应用软件平台市场的突出表现是，通过风险提示诱导本欲下载竞争对手软件或使用竞争对手平台的用户，下载自己的软件或使用自己的平台。例如很多类似的"流量劫持"不正当竞争纠纷案，经营者通过"流量劫持"行为误导用户下载了自己的软件，损害了消费者的利益，"流量劫持"行为构成不正当竞争。

(3) 访问拦截。

无论是广告屏蔽还是流量劫持，从客观效果上看，都是对用户访问互联网竞争对手所提供的产品和服务的拦截，从而减少竞争对手网站或软件的流量。除了上文两类典型的访问拦截行为外，实践中访问拦截行为还有另外两种表现形式：一种是通过技术手段，分散用户的注意力，进而降低用户访问互联网经营者的特定对象的机会和可能性。

访问拦截在现实生活中也引发了许多纠纷，在 B 公司与 Z 公司关于不正当竞争所引发的纠纷一案中，被告 Z 公司没有得到 B 公司许可，利用软件，私自进行访问拦截。被告 Z 公司通过私自在 B 公司的 B 搜索引擎网站的搜索页面上增加有关 Z 公司的众多信息，甚至改变了 B 公司的指令，使 B 公司无法在发现 Z 公司私自增加信息后对其进行操作。被告 Z 公司为了给自身增加流量，获取利益的行为导致 B 公司流量减少，损害了 B 公司的权益，带来了恶劣的影响，该行为违反了《反不正当竞争法》的相关规定。从案例中可知，互联网领域中的经营者进行访问拦截时都是出于主观故意性,其目的是为了获取不当利益。因此,司法实践中已经明确了该行为是属于不当竞争行为。如果互联网领域中的经营者实施了该行为,将要承担不利的法律后果。这种访问拦截行为往往伴随着对竞争对手页面或产品的破坏,还可能构成对竞争对手著作权的侵害。

另一种是通过盗链或深度链接,使得用户无须访问竞争对手的页面(通常是视频网站或文学网站)就能够直接获取相关内容的行为,这种方式便捷、灵活,导致身为竞争对手的经营者极容易对其进行访问拦截。如果说流量劫持是诱导正在访问竞争对手网站或接受服务的用户转向访问自己的页面或接受自己提供的服务,进而增加自己的交易机会和流量的话,那么盗链或深度链接则属于通过技术手段将用户留在自己的网站或令用户继续接受自己的服务。这种行为使得用户无须进行页面跳转或访问竞争对手的页面,而在自己页面上就能访问原本载于竞争对手网站上的内容。

通过 Z 电视台诉 D 公司不正当竞争一案,我们可以更加清晰地了解访问拦截。在这个案例中,法院认为 D 公司在未取得授权的情况下,擅自在互联网环境下使用 Z 电视台电视信号,并进行编辑整理,从根本上替代来源网站进行播放,这种行为使想要观看 2014 年巴西世界杯相关电视节目和赛事的用户不需登录 Z 电视台官网就可以在网上实时收看,为 D 公司带来了巨大利润。该行为导致 Z 电视台官网的访问量减少,随之流量也减少了,Z 电视台的网站价值受到了损害。损失一部分的用户导致该网站的价值在同一时间段减少了。D 公司的行为违背诚实信用原则,无视公认的商业道德,破坏正常的市场竞争秩序,同时还损害 Z 电视台的经济利益,造成多重的不利影响。因此,法院在审理了该案件后判定被告 D 公司承担赔付原告 Z 电视台经济损失的责任。

从本质上而言,无论何种访问拦截行为,其目的都旨在减少竞争对手互联网产品或服务的流量,增加自己的流量,增加交易机会,从而获取在互联网领域中的竞争优势,从中获得更大的经济利益。在经营者进行拦截的同时,除了对其他经营者的利益造成了损害,同时还会损害消费者的利益，间接破坏市场的竞争秩序。因此，在重新修订的《反不正当竞争法》中，访问拦截行为被纳入了《反不正当竞争法》的规制范围中。

（4）恶意软件冲突。

除了上述行为之外，对于软件的拦截也是不当拦截中的一个重要内容。软件拦截最典型的表现形式是恶意提示软件冲突，进而从用户的计算机系统中强制卸载软件。软件冲突是在两个或多个软件同时运行时程序上出现的冲突，这样的冲突导致其中一个软件或多个软件都不能正常工作。有的软件冲突从在用户电脑软件安装时开始，有的则是在运行中，不同机器不同技术表现手段，不同的状态都会导致其中差异的产生。而在这过程中，除了软件之间所产生的冲突，还不能忽视作为软件载体的电脑所出现的问题。同理，不同的电脑配置、计算机的运行状态等，对软件的承载能力也是不同的。

软件冲突是互联网上的常见现象。产生软件冲突的原因很多，不同软件的开发商之间缺乏沟通会在无意之间导致软件冲突的形成；也有存在竞争关系的开发商之间刻意造成软件冲突，迫使终端用户不得不在具有竞争关系的软件之间做出选择。前者是由于技术原因导致软件冲突的产生，随着互联网的不断发展，计算机行业的不断进步，在这种情况下计算机软件的程序将会变得越来越复杂，加上软件更新速度越来越快，就会导致不同经营者在同一时间推行软件，这些软件之间容易出现运行冲突的问题。

后者则需要结合实际情况进行分析，包括具有竞争关系的软件所处的状态、软件冲突的表现形式、软件冲突提示的内容以及软件冲突引发的结果，这些都会影响对软件冲突行为的认定，而认定的准确性又决定了在现实生活中发生软件冲突的不正当竞争纠纷时该如何处理。生活中软件冲突的发生往往都与安全软件密切相关。不同的安全软件是由不同的软件开发师设计的，有着不同的理论原理，在运行过程中极容易发生软件冲突问题。

综上所述，在后安装的软件与在先安装的软件之间可能产生冲突，这种软件冲突产生是多样性的，具有多种结果。根据软件运行的原理，发现正常软件冲突的运转应当是客观的、真实的，能够合理地告知用户的，并且给予用户充分的选择权，用户可以根据自己的实际情况选择安装或卸载发生冲突的一款或者多款软件。这种行为是完全合理、正当的。而后安装的软件如果在某种程度上改变了计算机系统，通过对在先安装软件的可兼容性进行改变，从而导致用户必须选择后安装的软件而必须卸载先安装的软件，那么便侵犯了用户的选择权。不仅如此，这种冲突方式还使先安装的软件丧失了平等选择的交易机会，是违背我国现行法律规范的。而如果用户的这种卸载行为是在后安装软件的提示下一步步完成的，这种相当于强制卸载行为完全剥夺了用户的选择权，情节手段更加恶劣。对先安装的软件权益方造成的损害也更为严重。

软件冲突已经成为一种不正当竞争的手段。由于各方均属于安全软件开发者和计算机安全服务的提供者，属于同一范围、同一领域，具有直接的竞争关系。该类案件需要充分考虑安全软件的特性，也就是因为不同的经营者推出的安全软件不同，在运行过程中难免出现冲突的情况。在这个过程中我国法律明令禁止的是经营者恶意造成他人软件因软件冲突无法运行的行为。如果经营者主观上并不具有主观恶意，可以通过经营者在发现软件冲突后立即采取措施证明这一点，这种行为不违背我国法律精神。各方发行的安全软件虽然在运行过程中存在冲突，但是如果主观上不具备恶意，在发现冲突后主动及时地采取了补救措施，挽救了安全软件发生的冲突，就不能认定为是互联网领域内的软件冲突不当行为。法院的认定在司法实践中给予互联网领域中善意经营者的有效保护，弥补了我国司法实践中存在的法律漏洞。

前述类似案例中，法院最终均适用了一般条款予以认定。在新《反不正当竞争法》中恶意软件冲突与强制跳转一样，均已成为法律明确规制的不正当竞争行为。

（5）竞价排名。

竞价排名是一种"关键词竞价"排名，是由搜索引擎服务商提供的一种互联网推广方式，通过用户对结果的满意程度进行获利。在这种方式中用户可以选择购买一定的关键词，使互联网其他领域内的用户在使用搜索引擎搜索关键词时，优先匹配用户查询条件，在以该关键词搜索结果页面中排名靠前。用户购买关键词的竞价高低决定其在关键词搜索页面的排名位置。竞价排名是通过点击量计算费用的，购买了关键词的用户能够获得互联网的推广，其信息一般出现在搜索结果页面中靠前的位置。但是这种方式也决定了无点击无收费，换言之就是如果其关键词没有被用户点击，就不收取费用。这样，用户就可以使用少量的成本获取大大的收益，这里的收益不仅仅是经济利益层面的收益，还包括了虚拟的商业信誉与知名度等。我国对于竞价排名的性质认定，认为竞价排名是一种广告行为。竞价排名是一种涉及多主体、涵盖多种行为要素、产生多种后果的复合型行为。其所涉及的法律问题很多，涉及广告监管、商标侵权、互联网服务提供商的法律责任、不正当竞争等。

众所周知，互联网经济是一种注意力经济，用户的注意力决定了流量的投入，是经营者产品或者服务价值的体现。这种竞价排名的方式，很大程度上决定了经营者的潜在客户与潜在流量。搜索引擎的页面限制和访问者的心理影响竞价排名，同时也决定了经营者未来发展的潜力。在用户搜索结果页面排名越靠前，该经营者经营的网站得到用户访问机会越多。而这种机会的增加，是客户通过竞价实现的。如果不对竞价排名行为加以规范，任由客户对任何关键词进行竞价推广，就会出现搜索结果不匹配的情况。这会造成用户对享有商标权、企业名称权利混淆。竞价排名使未进行竞价推广的经营者的信息被拦截，这种行为是不具有正当性的。因为对具有竞争关系的经营者而言，这种拦截会导致竞争对手交易机会减少。

事实上，法院在认定竞价排名参与者的行为是否构成不正当竞争时，往往更关注该行为是否侵犯商标权。当然，法院也会考虑是否有仿冒行为，以及是否构成虚假宣传、诋毁商誉等。在权利人起诉的竞价排名不正当竞争纠纷案中，如果涉及使用了商标，可能会构成对商标权的侵权；如果使用他人具有一定影响的名称，可能属于侵犯他人特有名称权。一般而言，搜索引擎提供的排名属于自然搜索的结果，一旦人为干预，就会出现竞价排名和推广链接。根据《中华人民共和国广告法》的规定，竞价排名和推广链接属于广告，因此，竞价排名的平台作为广告平台，也可能因为未及时审核或未及时下线而承担责任。

(6) Robots 协议。

Robots 协议，是一种国际互联网界中固有的通行道德规范，是基于① 搜索技术应服务于人类，同时尊重信息提供者的意愿，并维护其隐私权，及② 网站有义务保护其使用者的个人信息和隐私不被侵犯的原则建立的。Robots 协议表现为文本文件 robots.txt。通过对国内外实践的研究，可以得出 Robots 协议是一种互联网在其行业发展过程中逐渐形成的一种行为模式，这种行为模式的形成目的是给行业中经营者提供行为指导，使之成为一种行业惯例。然而，这种惯例在最初并不具备法律上的约束力，行业经营者也没有预料到未来其他的互联网经营者可能会为了抢占竞争对手的市场而设置不正当的 Robots 协议。事实上，国外涉及 Robots 协议纠纷的争议焦点多集中于通过协议抓取他人享有著作权的作品是否构成侵权，而非 Robots 协议的设置是否合理问题。前者不属于本次研究的范畴，后者则被视为互联网领域内的不正当竞争，还被纳入了法律规制的范畴。

国内涉及 Robots 协议最为典型的案例就是 B 公司与 QH 公司之间的关于 Robots 协议是否具有正当性的纠纷诉讼。在该案中，QH 公司因 B 公司设置 Robots 协议无法获取 B 搜索引擎网站搜索页面中的内容，就涉及 Robots 协议的争议提起诉讼。法院认为，基于互联网行业中搜索引擎行业发展的现状，通过对互联网的专门条约进行解读，可知因 Robots 协议产生纠纷时，应当遵循一定的程序解决纠纷，先进行协商，提出认为 Robots 协议设置不合理的地方并要求其经营者进行修改，在其经营者拒绝为其进行 Robots 协议修改的，则该经营者要提出明确的拒绝该请求的合理理由，若拒绝理由不合理、不正当则可以申请法律援助。在该案中，法院并不是通过《反不正当竞争法》对其 Robots 协议进行审查认定的，但是，如果搜索引擎通过 Robots 协议限制其他经营者搜索引擎的内容，将会导致搜索引擎在市场中的秩序变得混乱。同时，由于 Robots 协议的不合理设置，导致某些搜索的抓取受到限制，用户对这些搜索结果的访问量将降低，在极端情况下，用户的访问量甚至可能为零。这显然将减少这些被限制的搜索结果的交易机会，进而对其经济利益造成损害。

3. 商业抄袭行为

无论是修订之前还是修订之后，《反不正当竞争法》都将商业混淆行为作为法律规制的第一类行为。这是因为商业混淆行为在任何竞争领域都是一种最典型、最频发的不正当竞争行为。最初的商业混淆是指在商业中商品的名称、包装、装潢，企业名称或姓名，质量标志、产地或产品质量与其他商品进行混淆，让消费者难以区分，给其他商品经营者带来利益上的损失。最新修订的《反不正当竞争法》结合实际情况，将部分与互联网相关的因素也纳入商业混淆的范围内，这样商业混淆就不仅仅是商品名称、包装、装潢，企业名称及姓名，还包括了域名主体、网站名称、网页等；为了更加准确地诠释商业混淆，最新修订的《反不正当竞争法》还规定只要是能够引起他人误会，认为是他人商品或者与他人存在特定联系的因素也属于商业混淆。应当说，修订后的法律所规定的商业混淆对象更为科学，也更符合当前的实践和法律的逻辑。但是，商业混淆是以结果为导向对不正当竞争行为进行界定，如果就行为本身而言，称之为商业抄袭行为似乎更为妥当。事实上，无论是旧法还是新法，对于商业混淆行为所使用的措辞都是"擅自使用他人……"，这种不问自取，将他人知名商业元素作为自己商业元素使用的行为，本质上就是一种抄袭行为。在反不正当竞争法的制度框架下，将他人的商业元素，特别是知名的商业元素作为自己的商业元素使用，本质上也是一种抄袭行为。但在市场法规定中，法律还要求这种抄袭行为的结果是导致经营者与被抄袭者商业上的混淆，让消费者产生认知上的认识错误。实际上，经营者抄袭他人的商业元素，从主观上就有攀附他人商誉、搭便车的意图，抄袭的行为特点决定了只要实施该行为，就必然会导致混淆的后果。因此，为了区分传统的商业混淆行为,将此种商业混淆行为统称为商业抄袭行为。下面列举四种行为对其进行分析。

(1) 域名抢注。

域名是互联网路径的重要组成部分,它是由数字、字母、符号组成的名称,是互联网中计算机能够得以识别的标志,域名由主体部分以及通用部分组成。主体部分是域名之间相互区分的核心要素。在研究商业抄袭行为时不难发现,商业抄袭行为其实是传统不正当竞争行为在互联网背景之下衍生出来的一种行为,这种行为最终导致的结果就是商业混淆。互联网领域中的商业抄袭行为多种多样,其中最典型的是将他人的商标率先抢注为域名。基于以往法律规范的限制,许多经营者之间发生该纠纷时无法得到适当的解决。直到《反不正当竞争法》修订,才明确规定了该行为发生纠纷的解决方式。在我国法律还不完善时,美国D公司与北京某信息有限责任公司的计算机互联网域名案就是突破了当时的法律限制与法律认知,首次确定了域名抢注是一种不正当竞争行为,该案件的判决也深刻影响了《反不正当竞争法》的修订。

在这个案例中,被告北京某信息有限责任公司在中国互联网信息中心注册了域名"dupont.com.cn",美国D公司认为其抢占了自身的名称,因此提起诉讼。因为域名相当于经营者在互联网领域中的标志,是区别其他经营者的标识,可以让互联网用户辨别所想要搜索浏览的网站。经营者在互联网中进行域名注册能够吸引本应属于该领域的用户——也就是流量,能够给商标注册人带来商业利益。然而如果其他经营者抢占注册本不属于自己的域名,又因其所抢占注册的域名为驰名商标的域名,就会导致其他经营者利益受损,在我国是违法行为。

本案就属于这种情况,"dupont"注册商标是一种驰名商标,D公司才是该驰名商标的所有人,享有完全的处分权,包括获得该商标带来的所有商业利益,我国对驰名商标实行的是跨域保护,因此即使是在互联网领域该商标理应得到保护。被告未经美国D公司的同意擅自进行该商标域名的注册,使得该域名成为自己的域名,该行为导致了众多网络用户对该域名有了错误的认知,这种损害他人权益的行为被我国法律禁止。

该案被列入商业混淆的案例中,这种纳入有一定的依据。《反不正当竞争法》明确将有一定影响的域名主体部分纳入经营者不得擅自使用的元素范畴,这事实上与商标保护有相似之处。司法实践对于商标侵权的判定,往往不局限于一种,而是扩充到近似商标,并在该商标的比对过程中,作为区分该商标的显著部分。域名的组成包含了主体部分和通用部分,通用部分即域名的通用部分,并不具有可区别性,主体性质相同的经营者所通用的,不应为单个经营者所独占。我国现行法律根据社会实际情况,将抄袭域名的行为认定为不正当竞争行为。

(2) 界面或页面抄袭。

《反不正当竞争法》明确规定,有一定影响的网页和网站的名称禁止其他经营者擅自使用。从行为角度看,可以理解为禁止经营者抄袭其他竞争者的网页和网站名称。由此可知,我国法律对此实行双重保护原则。对于网站名称的反不正当竞争法保护与传统的商品名称和企业名称、字号的保护在本质上并无不同。

在互联网环境下,更加值得关注、更加复杂的商业抄袭行为是界面的抄袭,其中最典型的是网页抄袭。网页的承载平台是网站。根据相关界定可知,网站除了可以作为他人了解企业信息的窗口,更是互联网经营者,特别是广大互联网平台运营商的经营场所。网站经营者为了提高网站访问量获取更多的交易机会,往往会采用独特的网页设计吸引网络用户的眼球。这不仅需要设计者进行独特的设计,还需要网站经营者投入大量精力。前几年发生的真假××网之案,就是 Q 公司在 K 公司发展××网的基础之上,明知××网的所有权属于 K 公司,却为了抢占市场份额获取不正当利益,在相同的领域设计出相同的网页,造成了网络用户的混淆。Q 公司的上述行为扰乱了互联网市场秩序,是在主观故意的思想指导下产生的,构成了不正当竞争。

除页面外,现实生活中还有许多互联网领域经营者通过界面抄袭进行不正当竞争。发生纠纷的主要领域是游戏界面,其与前文所述的网页页面有一定的区别。用户界面是系统和用户之间进行交流，是双方的反馈，而页面仅仅是经营者为了吸引流量的单向吸引。简而言之，界面是程序里的显示在屏幕上的窗口，页面是网页文件。界面抄袭所涉及的问题更为复杂，除了与页面相关的版式设计、图形、文字元素之外，可能还涉及游戏规则等明显属于著作权保护客体的元素。此前某娱乐有限公司、上海某互联网科技发展有限公司与上海某互联网科技有限公司不正当竞争纠纷案就是关于界面抄袭的不正当竞争。该案中双方均为同一领域的经营者，彼此之间存在着竞争关系。被告为了赚取更多的利益私自抄袭原告的界面，盗取了原告的设计成果，侵犯了原告的合法权益。这种行为背离了平等、公平的市场竞争秩序，构成了不正当竞争。

虽然《反不正当竞争法》并没有明确将界面列为商业抄袭的内容，但是在实践中，借助于其他条款可以清楚了解到我国禁止界面抄袭的态势，且界面抄袭已被纳入现行法律的调整范围。目前我国界面抄袭行为多发生在互联网游戏领域。为了游戏产业的健康、有序发展，有必要对界面抄袭行为的性质予以明确。

（3）商业模式抄袭。

商业模式是经营者在互联网经营过程所形成的一种吸引流量、获利的模式。为了维护市场秩序以及经营者的合法权益，我国法律明确禁止和排斥通过商业模式进行不正当竞争行为。这种法律规范中的禁止性规定往往可以直接参照《反不正当竞争法》的具体规定。但在运用一般条款来对其正当性进行判断时，需要结合行业的公认标准和现实生活中行业的通行做法来进行认定，才更加严谨。

在Y公司诉J浏览器屏蔽广告一案中可看出法院对这种商业模式是给予保护的。正当的商业模式是经营者合法地获取利益，这与《反不正当竞争法》的规定并不矛盾，不属于我国法律规避的不正当竞争行为。竞争行为正当与否较为复杂，不仅要根据一般条款，更是要结合具体的行业公认标准和通行做法来认定。若存在行业公约，则可以在认可公约所确定的行业行为或商业道德标准的合理性基础上进行判断。司法实践认为，互联网领域有一套自成体系的行为规范，这些行为规范是互联网领域中经营者进行经营的指导和依据。随着互联网的不断发展，发生在互联网领域中的不正当竞争行为不断增多，越来越多的互联网领域的道德行为准则也成为判决时的重要参考因素。在最新修订的《反不正当竞争法》中也体现了道德准则的内容。在研究互联网不正当竞争时，我们不可忽视的一个因素是，随着互联网发展进程的不断加快，不正当竞争的方式不断增多，经营者必然要不断地对其商业模式进行改造，以便提高其服务质量，吸引流量，实现自我价值。但无论互联网市场发展到何种程度，都不能使用不正当竞争手段进行竞争。

（4）不当数据抓取。

随着互联网的不断发展，信息技术逐渐占据重要地位，尤其是在大数据时代背景之下，互联网经营者要想具有竞争优势就必须抢占数据。如前文所述，无论是用户的流量还是数据，都是互联网经营者价值的体现。因此，越来越多经营者为了实现自身的利益进行数据挖掘、搜集与整理，以实现自身利益的最大化。更重要的是，为了获取竞争优势，占据主动地位，经营者往往希望独占数据，常常采取各种技术措施，对已经获得甚至已经经过处理的数据进行保护。在这个过程中，如果其他经营者通过不正当手段破坏他人的技术措施，窃取数据为己所用，一方面可能因为破坏技术措施而导致侵犯竞争对手的软件著作权，另一方面，如果市场主体（经营者）任意使用或者利用他人获取巨大的数据信息不加以限制，容易导致市场竞争秩序的紊乱。不仅如此，该行为还会使得其他经营者的利益受损。因此，互联网经营者想要赢得市场、获取数据也要通过正当的手段。

与数据抓取相关的不正当竞争纠纷最初主要是数据库运营商之间的纠纷。发生在B公司与上海某信息咨询有限公司之间不正当竞争的纠纷案件中，法院认为原告上海某信息咨询有限公司获取数据的手段是正当的、合法的，而被告B公司则是通过不正当的手段截取了原告的既有数据，擅自使用他人搜集的数据，窃取了他人的劳动成果。这种行为本质上是未经他人许可使用他人劳动成果，无论是从道德上还是法律上都要有所摒弃。从道德上来说，被告B公司不顾互联网领域中固有的道德规范，占据他人已得的劳动成果，破坏了市场既有的竞争秩序，破坏了利益平衡。从法律角度来说，被告 B 公司实施的行为还导致本应属于原告的流量减少，使得原告经营者的价值遭受了损失，破坏了原告的正常经营状态。因此，在这个案件中，法院认定被告 B 公司涉嫌不正当竞争。

之所以把数据抓取行为作为商业抄袭行为的一种行为方式，是因为数据抓取的最终结果也是把他人的数据作为自己的数据进行发布、使用。但是，这种行为的目的并不是要攀附竞争对手的商誉，而是让用户直接使用自己非法抓取的数据，而无须再使用竞争对手的数据。这种行为的结果与访问拦截有相似之处。

4. 破坏行为

作为与技术密切相关的产业，互联网经营者之间的争夺除了用户的争夺，还有技术的争夺。当然，随着平台整合和各种技术标准的出现，具有相同或类似功能的技术之间的差异越来越小，相互之间的可替代性越来越高，不同之处多集中于诸如界面、操作方式等与用户体验相关的领域。在这种情况下，对竞争对手软件、页面、服务内容，甚至系统安全的破坏，使用户无法正常使用，或者对系统安全、个人隐私的保护产生疑虑，就很容易将用户从竞争对手处吸引到自己的产品或服务中。互联网环境下的破坏行为，根据破坏对象的不同，可以分为对页面的破坏（插标）、对应用或服务内容的破坏，以及对系统安全的破坏。其中，对系统安全的破坏，云安全行为是典型的破坏行为，甚至在某些情况下构成黑客行为，可能需要承担刑事责任。实践中，适用反不正当竞争法解决系统安全或云安全遭受破坏的案件并不多见，在本文中亦不进行深入探讨。

（1）破坏软件。

计算机软件是指在计算机内部的程序和文件。其中计算机程序是设计者为了得到某种结果而设计的一种操作手段，使得计算机能够通过该种程序来进行操作，实现目的。这里的文件主要是指服务计算机内部的程序，其中包括描述程序的组成、内容、设计等一系列详细情况的说明。随着计算机在互联网领域所占地位越来越重要，许多经营者为达到抢占市场份额的目的采取破坏软件等不正当竞争行为，主要有两种：一种是直接破坏软件的技术措施，进而改编软件的部分程序，常见如游戏外挂等；另一种则与前文所述的软件冲突密切相关。这种破坏软件的行为发生在软件冲突中，该手段通常表现为篡改或者破坏先安装的程序指令，使先安装的软件无法正常运行。

（2）插标。

插标一词在前文中已有描述。在类似案件中，如果未经许可，就在搜索引擎网站的页面进行插标，可能构成不正当竞争。如果存在一些显著的语言或者标志给用户造成不正确的指向引导，还将损害消费者利益。插标多发生在安全软件之间，通过修改其他搜索页面的内容，以虚假警示等标志侵害其他经营者的合法权益。

由于安全软件很难有充分的证据证明风险的存在，而插标行为本身又涉及对被插标网页源代码的修改，故而这种未经许可的修改行为将对被插标的网页经营者的产品完整性产生一定的破坏。在司法实践中，如果主张插标行为具备合法性，就应当证明插标的必要性、合理性、正当性，如果没有充足的证据证明实施该行为的合理性、必要性、正当性，则很难获得支持。

（3）擅自修改应用内容。

因应用内容包含多个方面，擅自修改就会造成应用失常。实际上，竞争者对其他经营者的软件功能或流程进行修改，会对软件功能造成破坏。对他方软件、页面、APP等应用软件或程序中的内容进行篡改、修改或替换，本质上都是一种破坏行为。类似的"强制跳转""外挂""覆盖"等，从广义上均可以归入擅自修改应用内容的范畴。修改内容可以涵盖比较广泛，包括修改页面内容、源代码、程序、数字签名等与软件相关的元素，包括对功能、进程的修改等。实践中，对修改应用的行为属于侵犯著作权还是其他权利存在不同的争议，从著作权的角度，应用软件仍然属于计算机软件范畴，虽多与互联网相结合，但本质没有任何变化，未经全部著作权人同意进行的修改行为，属于侵犯著作权的行为。同样，从计算机软件技术的角度，擅自修改软件内部元素，属于侵犯他人技术权利的行为，严重者可能构成破坏计算机系统类的犯罪。而从竞争法范畴的角度看，由于著作权法与反不正当竞争法有竞合或相互有牵连衔接的空间，如果擅自修改应用内容导致市场竞争的混乱，减少其他经营者的交易机会，损害同行的利益，亦构成不正当竞争行为。如果为了获取他人的利益，抢占既有的市场成果，通过修改内容来获取流量，为自己获取了市场竞争优势的行为，也是不正当竞争行为。

第六章

互联网垄断诉讼

垄断在本质上是一种经济发展现象,有可能出现在各经济领域内,互联网垄断可以说是互联网经济领域内的垄断现象。但是,互联网经济与其他经济领域相比存在明显差异,故而互联网垄断也呈现出其独特之处。另外,互联网经济的发展空间仍然广阔,非常有可能出现一些新的经营样态。在互联网经济发展的同时,互联网垄断也应当受到更多的关注和研究,以维护互联网经济领域良好的竞争环境,对公共利益以及消费者的合法权益形成充分的保障。另外,我国互联网经济领域内已经出现一些大型公司。这些公司拥有雄厚的资本、掌握海量数据、占据行业大的市场,一旦实施垄断行为,产生的影响是巨大的。由此,我国对规制互联网垄断越来越重视,执法机构积极介入,反垄断相关法律法规的修订也正在进行。

就互联网垄断诉讼而言,我国司法机关通过审理相关案件积累实务经验,将抽象的法律条文落实到具体案情中。互联网垄断的纠纷最先体现在诉讼案件中,互联网垄断诉讼案件中的裁判观点和结果将对互联网经济领域内的经营者和反垄断执法机构产生指示作用，互联网垄断诉讼是互联网诉讼研究中的重要方面。

（一）互联网垄断的内涵

界定互联网垄断内涵的前提是明确垄断的概念，垄断不仅出现在法学中，也出现在经济学中。在不同的学科话语体系中，垄断本身的含义并不相同。在经济学中，市场结构被分为四种类型，第一种是完全竞争，即数量众多的小企业提供完全相同的产品；第二种是垄断竞争，指的是数量众多的小企业提供相似但有某种程度差别的产品；第三种是寡头，指在某一产业中由少数几个企业提供相似或者有部分差别的产品；第四种是垄断，指单个企业生产了某一产业的全部产品。① 当然，对于大多数行业来说，垄断和完全竞争都是一种极为特殊的情况，多数行业都处于二者之间的不完全竞争状态。在法学中，垄断指的是行为而不是市场结构，反垄断法上的市场支配地位则表示一种市场结构。而反垄断法中市场支配地位的外延要比经济学中的垄断广得多，比如《中华人民共和国反垄断法》（以下简称《反垄断法》）第十七条第二款就专门规定了市场支配地位的含义，具体来说，我国反垄断法中的市场支配地位需要考虑对价格、数量等交易条件以及相关市场进入壁垒等的影响和控制能力，如果经营者对上述交易条件具有控制能力，或者对其他经营者进入相关市场具有阻碍、影响能力，那么该经营者就具备市场支配能力，拥有市场支配地位。可见，垄断只是经营者具有市场支配地位的一种体现，只要经营者具备一定条件，不论其是否使相关市场处于垄断的状态，其都具有市场支配地位。

在经济学中，市场结构不一定与效率的高低对应，不完全竞争状态在某些行业也可能产生较高的效率。因此，单纯的垄断性市场结构不为

---

① ［美］保罗·萨缪尔森、威廉·诺德豪斯：《微观经济学》，萧琛等译，华夏出版社，1999年版，第137页。

《反垄断法》所禁止。为《反垄断法》所禁止的垄断行为有四种，其中包括三种经济垄断行为和一种行政垄断行为，这些垄断行为的共同点在于对相关市场的竞争产生排除、限制的效果。

自互联网技术商用以来，越来越多的经营者利用互联网技术或者创造出纯粹在互联网范围内的经营模式，或者将互联网与一些传统行业相结合以带动其新的发展。互联网技术的实用性和可塑性不断增强，与人们的生活联系越来越紧密，互联网经济有了更加广阔的增长空间，吸引越来越多的经营者进入，促进互联网经济的发展。互联网经济是一个非常宽泛的范畴，其本质特征在于将互联网技术和功能用于经营者的生产、交换等经济活动。互联网经济领域不断产生一些新的经营模式，比如"免费"的经营模式，经营者免费为广大消费者提供基础服务和产品，再通过广告、附带产品、增值服务等手段获取收益。另外，互联网经济领域的竞争也不仅仅是单一产品的竞争，集中了多种产品的平台竞争也是互联网经济领域不同于传统经济领域的重要方面。此外，互联网经济领域技术更新速度快、开放性强、进入门槛较低，竞争状态变化快。经营模式、竞争内容、竞争状态变化等方面的不同使互联网经济领域相关市场、垄断行为等的认定具有不同于传统经济领域的特点。因此，互联网垄断有必要与传统垄断行为相区分。互联网垄断行为，就是指在互联网经济领域内，经营者所实施的排除、限制竞争的行为。

（二）互联网垄断的特点

1. 垄断行为的隐蔽性

互联网经济主要分为两种模式：一种是纯线上经营，比如经营者创建社交软件为用户提供在线通信服务；另一种是将互联网与线下经营场景相结合，比如经营者构建将实体商家和消费者联系起来的平台，降低二者之间的寻找难度以及沟通成本。无论何种经营模式，互联网技术都在其中发挥了必不可少的作用。而互联网技术本身具有隐蔽性，用户或消费者所能看到的界面只是互联网技术最终呈现的结果。由于互联网技术已经可以实现对不同用户的识别，不同用户所看到的界面很有可能并不相同，经营者基于此可以为不同用户提供差异化的产品和服务。经营者差异化提供产品和服务的方式在一些应用场景中具有合理性和正当性，但是这也为经营者实行差别交易条件提供了机会。另外，在大多数情况下，用户只能知晓自己的交易条件和消费情况，不能看到其他用户的情况。这一方面能够保护用户的隐私，另外一方面也一定程度上构成了用户之间交易条件比较的障碍。用户很有可能在不知情的情况下成为经营者垄断行为的受害者。由此可知，互联网经济领域垄断行为具有隐蔽性。

从经营者之间的竞争来看，由于互联网技术的快捷性，垄断行为的实施者很容易采取即时措施停止垄断行为。所以，当经营者发现自己受到垄断行为的损害时，很有可能来不及对垄断行为进行证据的搜集和保存。即使垄断行为实施的时间较短，由于互联网的无边界性，容易形成较大的用户规模，导致经营者在短时间内受到很大损失。这反映了互联网垄断行为的隐蔽性。

2. 竞争的动态性

互联网经济领域所需的固定资本投入少，进入门槛低，技术依赖性强且技术更新迭代快，使得互联网企业在保持自己的市场份额上拥有比在传统经济领域更大的难度。由此，互联网经济领域的竞争状态会随着时间的推移而不断变化。例如，在某大型互联网公司起诉的垄断诉讼纠纷案时，中国大陆地区的用户还拥有数十款即时通信工具可供选择。但是经过10年左右的发展，有的即时通信工具早已消失，有的用户量大幅减少，而有的则拥有较大的用户规模，另外也出现了一些新的即时通信工具。可见，在互联网经济领域，市场稳定性程度较低，市场份额变化的速度相较于传统经济领域更快。而且，上述情况还在互联网经济领域内的不同行业反复发生，比如共享单车、团购等具体行业在开始时出现了很多经营者,但是往往只有少数经营者能够在激烈的竞争后存活,存活的经营者有可能面临新进入者的挑战。不同时期,相同行业的竞争状况存在差别,所以,在互联网垄断行为的认定当中,时间因素是不可忽略的。由于竞争的动态性,经营者的市场支配状况也处于变化当中。这将会直接影响对经营者行为是否属于滥用市场支配地位行为的判断。

3. 与知识产权和商业秘密的交叉性

互联网经济领域的发展依赖于互联网技术,互联网技术的保护对经营者来说至关重要。对于技术,经营者主要利用知识产权或者商业秘密对其实施保护,进而带来互联网经济领域的技术性垄断。在互联网经济领域,早期进入某一行业的经营者倾向于将自己的技术发展为该领域的标准技术,并采用知识产权或者商业秘密的手段对其进行保护,以此来增加该领域的进入壁垒,形成或保持其市场优势地位。具体来讲,知识产权的一个重要特征是专有性,权利人可以通过利用其知识产权来获取收益,其他人不得妨害权利人对知识产权的利用。他人若想利用权利人的知识产权,则需要获得权利人的许可。知识产权的专有性或排他性使其他不享有知识产权的经营者要么需要获得权利人的许可,要么需要增加技术研发投入以改进技术。因此,如果经营者先获取了其所在行业的关键知识产权,将会在一定程度上给其他经营者带来经营上的阻碍,更容易在市场上形成优势地位。

商业秘密本质上是指技术信息、经营信息等商业信息,这些信息能够为经营者带来商业利益,但只有不为公众所知悉且经营者采取一定保密措施的商业信息才属于商业秘密。秘密性和保密性是商业秘密的重要特征。经营者一旦采用商业秘密的方式保护技术,其他经营者便很难从该经营者处获取相关技术信息,只能自己进行技术研发,这无疑增加了成本,削弱了自身的竞争力。而利用商业秘密保护技术的经营者则可以获取和维持竞争优势,提升市场支配力。

4. 相关市场界定的困难性

在滥用市场支配地位行为中，首先要判断经营者是否具有市场支配地位，而划定相关市场的范围是判断市场支配地位的重要步骤。互联网经济具有一些区别于传统经济领域的显著特点，如产品和服务提供的平台化和集中化、用户地域广泛化和扩大化、"免费"经营模式的普遍存在等。所以，某种相关市场的界定方法即使适合传统经济领域，也不一定适合互联网经济领域。并且由于互联网经济领域新型经营模式的不断出现，相关市场范围的划分也需要考虑新型经营模式的特点。由此可见，互联网经济领域相关市场的界定需要考虑更多因素，其难度较传统经济领域市场界定大大增加。具体来说，相关市场可划分为商品和地域两个维度，即相关地域市场和相关商品市场。在界定相关商品市场时，一方面平台化的经营模式将多种产品和服务联结在一起，用户可以同时接触到多种多样的产品和服务，不同产品和服务功能上的边界更加模糊；另一方面，不同平台之间的边界也出现模糊化的趋势，例如现在不仅专门化的社交平台可以提供即时通信服务，许多其他类型的平台同样也能提供即时通信服务，实现社交功能。将所有具有此类功能的平台全部纳入相关商品市场是否合理、具有此类功能的平台需要满足何种条件才能被纳入相关商品市场等问题也显示了互联网经济领域界定相关商品市场的困难性。在界定相关地域市场方面，互联网经济领域的产品和服务具有无形性的特点，可以借助互联网的互通性实现更大范围的传播，理论上甚至可以遍及全球。但是，考虑到政府管制、语言障碍、生活方式区别、文化差异等因素，互联网企业的海外拓展难度较大。所以，在大多数情况下，将互联网经济领域的相关地域市场扩展到全球范围是不合适的。那么，应当在多大地域范围内界定相关市场、相关地域市场的纳入需要考虑何种因素，都是界定地域市场所面临的难题。

（三）互联网垄断的分类

1. 数据垄断

消费者在享受互联网企业提供的产品和服务时，几乎都会在互联网环境中留下一些个人相关的数据。这些数据可以分为属性数据和行为数据。属性数据代表消费者自身的基本信息和状态，一般较为固定，如年龄、性别、家庭、设备类型、职业等。行为数据是消费者在互联网中的行为轨迹，能表现出消费者与产品、服务间的接触和互动模式。上述数据是互联网企业数字化资产中的重要部分，能够支持企业运营决策，比如用来进行有针对性的促销、发布广告，以增加消费者与产品、服务间的黏性和依赖性，进而获取更高的收益。可见，互联网企业有动力获取更多、更全面的消费者数据，并且倾向于阻碍其他与其有竞争关系的企业获取这些数据，实现数据垄断。具体来说，互联网企业往往从以下三个方面实现对数据的垄断。第一，互联网企业利用其市场上的有利地位，缩小消费者的选择范围，不仅使消费者在数据提供上话语权较弱，还可能使消费者提供超出其享受产品和服务所需范围的数据，以进一步挖掘消费者的消费特征。第二，互联网企业为了增加市场竞争优势，不仅利用其产品和服务搜集同一消费者的多维度数据，对其进行相互验证，在此基础上为消费者提供更加精准的服务，还能通过搜集同类型消费者的数据，分析消费者群体特征，以搜寻更多同类消费者，扩大市场规模。第三，部分互联网企业利用数据损害竞争环境。互联网企业拥有在某一市场领域搜集的数据，能够较为容易地将这一数据优势复制到新的市场领域，使其获得该领域内的竞争优势，在该领域内排除、限制竞争。

2. 流量垄断

互联网企业提供的产品和服务具有平台化和集合化的特点，消费者在同一平台内就可享受到多种类型的产品和服务。如此一来，消费者的聚集程度就会更高，而不是分散到各平台当中。即同一平台可以借助其汇集的多种产品和服务来汇聚更多的消费者，形成更大的消费者规模。进一步讲，消费者的时间和注意力不是无限的，消费者在其有限的注意力和时间中进行消费和互动产生的数据交换量就是流量。互联网企业获取的流量越大，意味着其所获得的注意力资源也就越多。而互联网企业通过将注意力资源变现而获取收益，故其产品和服务所能吸引的消费者注意力和时间越多，可能获得的收益就越高。互联网经济领域新型经营模式使消费者流量变得至关重要。一旦互联网产品和服务不能吸引消费者、不能汇聚流量，就会被其他更能吸引消费者的产品和服务替代。所以，互联网企业有足够的动力去获取更多流量，也倾向于与竞争对手争夺有限的流量，将流量集中在自己的产品和服务上，形成流量优势。待流量优势形成后，互联网企业就会利用这一优势进行横向或者纵向的业务拓展，在其他业务领域形成比较强的竞争力，进一步增强其流量优势。在此基础上，一些互联网企业会利用其流量优势打压竞争对手，阻碍其竞争对手获取消费者流量以进行流量垄断，例如阻碍其他企业的产品和服务在自己平台上的分享等。

3. 算法垄断

算法是解决某个问题的计算方法和步骤，具体到互联网经济领域来说，算法就是利用互联网技术解决互联网经济领域经营问题的计算方法和步骤。我们经常使用的互联网服务都是基于算法进行的，比如搜索服务、产品推荐服务、音乐和视频推荐等。消费者直接看到的服务界面，比如网页界面、APP界面，是多方主体共同参与形成的界面，包括服务直接提供者提供的信息、消费者进行的搜索点击行为信息、经营者的广告信息等，而将这些信息串联在一起呈现出最终的服务界面的就是互联网企业所提供的算法。但是，互联网企业往往倾向于不公开自己的算法。因为对它们来说，算法属于其核心竞争力的重要构成部分。互联网企业通过算法给用户带来更好的产品和服务，进而使用户对产品和服务产生较高的依赖程度，以便获取更多收益。所以，互联网企业有动力投入更多的成本实现更优的算法，并保护自己的算法不为其他竞争者获取。另外，由于算法的不透明性，且用户最终看到的界面受多种因素影响，算法在其中所起到的作用难以证明。故而部分互联网企业可能在算法上进行操作，借助算法实现对竞争者的业务进行歧视和打压，或者对不同消费者实施歧视性定价，以及其他涉嫌垄断的行为。可见，算法垄断更容易实现，却更难以证明，反垄断执法机构对其进行监管的难度更大，其对竞争环境造成的危害也更严重。

（四）互联网垄断所涉及的纠纷

1. 垄断协议纠纷

垄断协议中的协议、决定或者其他协同行为需要能反映出经营者之间存在共谋以及联合行动的一致意思表示。而那些不存在共谋或联合行动合意的一致行为则不属于垄断协议的范畴。垄断协议主要表现为通过联合，控制产品的价格、数量、市场划分，抵制交易以及阻碍新技术的引入等行为。互联网经济领域中的经营者作为市场经营主体，与其他经济领域的市场经营主体一样，也会面对竞争者和交易相对方，同样有可能与竞争者或交易相对方达成垄断协议。就互联网经济领域的垄断协议而言，从形式上可以划分为协议、决定、其他协同行为，其中协议、决定可采取书面、口头等形式。至于其他协同行为，是指除了书面或口头的协议、决定外，经营者之间实质上进行了步调一致的行为。互联网经济领域与其他传统经济领域的差别在于经营者通常借助算法、程序，利用大数据等实现这种协同。

协同行为可以通过直接证据或者逻辑一致的间接证据认定，经营者亦可进行反证，使得协同行为的认定依据更加全面和牢靠。从内容上可以将垄断协议划分为横向垄断协议、纵向垄断协议、轴辐协议。横向垄断协议由两个以上具有竞争关系的互联网经济领域的经营者达成；纵向垄断协议由互联网经济领域两个以上具有交易关系的经营者之间达成。轴辐协议中有两类经营者，一类经营者处于中心位置，且与其他经营者都有联系，另外一类经营者通常与其具有竞争关系或者交易关系。处于中心位置的经营者组织、协调或者其他经营者借助中心经营者的运营规则达成排除、限制竞争的垄断协议，以达到垄断目的。轴辐协议与其他传统经济领域中行业协会、其他形式的经营者联盟要求成员经营者共同实施排除、限制竞争行为的垄断协议比较类似。

就我国目前情况而言，关于垄断协议的互联网垄断纠纷在实践中出现得比较少，主要出现在司法案例中。对于互联网经济领域来说，以协议、决定形式呈现的垄断协议与传统经济领域中的垄断协议比较类似，因此仍然可以适用《反垄断法》中的有关条款。但是就以其他协同行为形式呈现的垄断协议来说，互联网经济领域的垄断协议行为具有明显不同于传统经济领域的特点：互联网企业的其他协同行为更加隐蔽，也更加便捷。一方面，消费者对于互联网企业所提供的产品和服务依赖程度比较高，特别是在消费者经过一段时间的使用后形成了消费使用习惯，此时便产生了转移成本，消费者更换产品或服务的可能性降低。同一消费者对于不同互联网企业采取协同行为的感知不如传统经济领域那样敏感，使垄断协议行为的隐蔽性大大增加。另一方面，程序是互联网企业产品和服务运行的关键，而程序具有不透明性和修改的便捷性，这也为不同互联网企业实施协同行为提供了方便，增加了协同行为的隐蔽性。与此相对应，在垄断协议纠纷中，证明经营者之间达成垄断协议难度较大。虽然国务院反垄断委员会结合互联网经济领域的特点出台了《国务院反垄断委员会关于平台经济领域的反垄断指南》，但是其在具体案例中如何适用还有待法院和反垄断执法机构进一步探索。

2. 滥用市场支配地位纠纷

滥用市场支配地位行为，即对市场支配地位的不合理利用行为。由于我国反垄断法采用行为主义立法模式，故我国反垄断法只规制不合理利用行为，而允许经营者采用合理方式利用其市场支配地位。由此，滥用行为的认定成为滥用市场支配地位纠纷需要解决的重要问题。对此，不同国家有不同的立法模式，美国《反垄断法》只对滥用行为进行原则性规定，德国《反对限制竞争法》对滥用行为进行了具体的列举，我国《反垄断法》亦采用列举的方式进行滥用行为的规定。对于已列举类型之外的新型滥用行为，反垄断执法机构和法院则需要结合案件事实进行个案认定。与传统经济领域相同，互联网经济领域内滥用市场支配地位纠纷也要遵循界定相关市场、认定市场支配地位、判断滥用行为的逻辑。逻辑步骤虽然是相同的，但是就各个步骤的具体实施而言，互联网经济领域与传统经济领域并不一样。我国《禁止滥用市场支配地位行为暂行规定》中就规定了认定互联网经济领域市场支配地位需要特别考虑的因素，这也体现了互联网经济领域经营者市场支配地位认定相较于传统经济领域的差异性。其中，与互联网行业特点有关的因素有网络效应、技术特性、锁定效应、掌握和处理相关数据的能力，以及行业竞争特点、经营模式、消费者数量、市场创新、经营者在关联市场的市场力量等。互联网经济领域中的重要经营模式为免费模式，认定滥用市场支配地位行为中掠夺性定价既需要考虑经营者免费提供的商品，又需要考虑经营者有偿提供的商品。《国务院反垄断委员会关于平台经济领域的反垄断指南》对相关商品市场、相关地域市场、市场支配地位的认定都做出了详细规定。另外，《国务院反垄断委员会关于平台经济领域的反垄断指南》还对具体滥用市场支配地位的行为，比如拒绝交易和限定交易行为、低于成本销售和不公平价格行为、差别待遇行为、搭售或者附加不合理交易条件行为，进行了单独的规定，也考虑了平台经济领域的特点，对其他互联网经济领域亦有参考意义。

除了反垄断执法部门发布的规范之外，互联网经济领域滥用市场支配地位的认定还体现在法院审理的案件中。滥用市场支配地位行为是互联网垄断行为中比较常见的一种，法院审理的互联网垄断纠纷中滥用市场支配地位纠纷占有相当比重。之前，我国还没有针对互联网垄断行为出台专门的规定，法院的判决在互联网经济领域滥用市场支配地位的认定中意义重大。在法院审理的互联网经营者滥用市场支配地位的案件当中,"3Q大战"中的滥用市场支配地位纠纷案件具有里程碑式的意义。本案之后,涉及互联网经营者滥用市场支配地位的纠纷逐渐增多,目前已经逐步形成一些审理滥用市场支配地位纠纷案件的步骤和规则。在判断是否构成滥用市场支配地位时,首先要对相关市场进行界定。相关市场可以根据商品和地域两个维度进行划分,分别被称为相关商品市场和相关地域市场,二者都应从需求和供给两个角度进行分析,以求能够更准确地界定相关市场的范围。相较于传统经济领域,在互联网经济领域,市场支配地位的认定中不应只看市场份额,相关行业的市场竞争状况、经济力量、对市场的控制能力、技术条件、其他经营者对某一经营者在交易上的依赖程度、其他经营者进入相关市场的难易程度等也是需要考虑的因素。是否构成对市场支配地位的滥用则放在最后进行判断。我国反垄断法列举了滥用市场支配地位行为的若干典型表现,而没有就滥用行为规定一般性条款,在司法案例中也难以见到对滥用行为的概括性表述。可见,是否构成滥用行为需要就个案的具体情形分别作出判定。本质上互联网领域垄断的判断标准为排除、限制竞争,对公平竞争环境造成不良影响。

3. 经营者集中纠纷

经营者集中是指经营者成为法律上或者事实上的同一主体。经营者集中可以分为两种类型,一种是两个以上的经营者成为法律上的同一主体,可以通过合并方式进行;一种是两个以上的经营者成为事实上的同一主体,可以通过收购股份或资产、签订合同等方式进行。在第二种情况中,经营者仍保留各自独立法律人格,但是在事实上某一经营者已经取得了对其他经营者的控制权或者能够对其他经营者施加决定性影响。在互联网经济领域,经营者集中同样也会发生,但是通过检索判决书发现,并没有通过判决形式呈现出来的经营者集中的互联网垄断纠纷。我国反垄断法对经营者集中利用事前申报的手段进行预防,经营者申报后,待反垄断执法机构对经营者集中可能造成的排除、限制竞争效果做出认定后,经营者才能根据认定结果决定是否实施经营者集中。经营者未经申报实施经营者集中或者违反国务院反垄断执法机构禁止集中决定实施经营者集中，以及违反《反垄断法》规定实施经营者集中的其他情况的，国务院反垄断执法机构会责令其恢复原状，并且可以进行罚款。《国务院反垄断委员会关于平台经济领域的反垄断指南》还指出，对于可以实施的经营者集中，反垄断执法机构仍然可以决定附加剥离有形或无形资产等相关权益、开放数据、修改平台经营规则或算法等限制性条件。可见，《反垄断法》对经营者集中采取事前预防与事后处罚的双重处理方式，使得绝大部分经营者集中进入行政执法程序中，而非司法程序中。

　　实践中，有很多经营者集中未进行申报而被行政处罚的事件。而互联网领域中，出现过很多互联网企业称自己是在国外合并，因此没有进行申报的先例。但根据《反垄断法》以及《国务院反垄断委员会关于平台经济领域的反垄断指南》要求，即使企业是在国外进行合并，也是需要事前申报的。另外，即使经营者实施集中未产生排除、限制竞争的效果，但如果违反了《反垄断法》相关规定，亦有可能受到行政处罚。例如，2021年，国家市场监督管理总局对BD控股有限公司收购XY集团股权案、TX控股有限公司收购YFD股权案、北京NKF网络科技有限公司收购河北BDT电子商务有限公司股权案等十起违法实施经营者集中案件做出行政处罚。国家市场监督管理总局认为上述十起案件尽管没有产生排除、限制竞争的效果，但因违反《反垄断法》，仍被认定为违法实施经营者集中的行为，对案涉12家企业均处以顶格罚款的处罚。

　　上述涉及12家企业的十起案件均发生在互联网经济领域。据统计，2020年12月至今，国家市场监督管理总局已对十多起互联网经济领域违法实施集中案件中的经营者进行了行政处罚，2021年以来，互联网领域已有多起违法实施集中案件中的经营者受到处罚。我们可以清楚地看到，无论是实体经济领域，还是互联网经济领域，反垄断监管力度越来越大。反垄断相关法律的逐步完善，执法力度的不断加强，都表明我国惩处垄断行为、保护公平竞争的经济发展环境的决心愈发坚定。

在此背景下，互联网企业实施经营者集中之前需要严格审查是否达到申报标准。而这其中的关键就在于是否取得控制权。需要说明的是，取得股权比例的大小并不一定代表控制权的大小。比如，在企业股权比较分散的情况下，即使企业取得股权的比例较小，远未超过50%，也有可能实现对企业的控制。除了股权比例之外，是否获得"控制权"还需要考虑多种因素，包括企业决策机制、任命高级管理人员的权力等。

4. 行政垄断纠纷

行政垄断是指除中央政府以外的地方政府以及经法律、法规授权的组织滥用其行政权力，做出的行政行为排除、限制了市场竞争。行政权力的滥用是指行政机关或者具有公共管理职能的组织行使行政权力所做出的行为，其目的或结果不在于维护经济秩序、实现对国民经济的宏观调控，而是为了维护特定经营者或者特定行业、特定地区的利益。行政垄断可以被划分为部门垄断、地区垄断、强制联合限制竞争、行政性强制交易行为等。部门垄断是指行政机关或者具有公共管理职能的组织为保护某特定行业内的经营者或该行业的经济利益，对其他行业实施的排除、限制竞争的行为。地区垄断是指某一地区的行政机关或者具有公共管理职能的组织为保护本地的经营者或本地的经济利益，实施的排除、限制或阻碍其他地区的经营者参与本地区市场竞争或者本地区经营者参与其他地区市场竞争的行为。强制联合限制竞争是指行政机关或者具有公共管理职能的组织强制本地区或某一部门的经营者采取一致行动以妨碍其他经营者参与竞争的行为。行政性强制交易行为是指行政机关或者具有公共管理职能的组织滥用行政权力限定消费者消费某特定经营者的产品和服务，从而对其他经营者参与竞争造成妨碍的行为。

就互联网经济领域而言，上述行政垄断行为也会发生，但是通过检索判决书，我们发现并没有通过判决形式呈现出来的行政垄断的互联网垄断纠纷。《国务院反垄断委员会关于平台经济领域的反垄断指南》规定由反垄断执法机构对平台经济领域实施行政垄断的行政机关和具有公共管理职能的组织提出处理建议;行政机关和具有公共管理职能的组织制定的与平台经济领域经营者经营活动有关的规范、政策,都应在实施之前进行公平竞争审查,从源头上防止行政垄断的发生。可见,对于行政垄断,一般由行政机关予以处理,且采取事前审查与事后规制的双重处理手段。以F市交通运输局行政垄断案件为例,F市交通运输局欲利用互联网平台对全市道路运输企业和从业人员进行安全生产教育培训工作,但是指定"ATB"公司作为该项工作的实施平台,并附加日常安全监管、定期检查和通报、组织平台应用培训、责令限期整改等带有强制性质的工作内容。也就是说,F市交通运输局将其在交通运输行业负有管理职责的安全工作与特定商品——"ATB"公司相结合,将其他经营者排除在外,排除了行业竞争。F省市场监督管理局认为F市交通运输局指定F市道路运输企业安装使用"ATB"公司运营的平台的行为构成行政垄断,具体表现为F市交通运输局滥用行政权力限制单位或者个人选择商品的自由,有损公平的竞争秩序。因此,F省市场监督管理局向F市交通运输局所属的行政机关即F市政府发出责令F市交通运输局改正相关行为的行政建议书。可见,我国主要通过行政手段来进行行政垄断的预防和规制。

(五)实务分析

案例一:W公司诉T公司等垄断纠纷

基本案情

W公司为本案原告,T公司和深圳市某计算机系统有限公司为本案两被告。原告为微信公众号注册者,两被告按照其收费标准向原告收取了微信公众号的服务费用。原告是××××等软件的开发者和销售者,拥有××××等26个微信公众号,用以对××××等软件进行宣传推广。在上述微信公众号上，有购买和使用软件的入口。两被告认为原告在上述26个微信公众号上发送的内容以及原告运营微信公众号的行为违反了原告与两被告达成的《服务协议》和《运营规范》，并涉嫌违法违规，于是对上述微信公众号进行了封号。原告认为两被告滥用市场支配地位，随意停止服务，使得原告丧失其客户信息，造成原告的高额损失，遂向法院提起诉讼，要求两被告解封案涉微信公众号、赔偿损失等。

案情分析：本案属于垄断纠纷中的滥用市场支配地位纠纷，在逻辑步骤中处于首要位置的就是相关市场的界定，法院在审理案件中通常也会首先对相关市场进行分析。相关市场可以从商品和地域两个维度进行划分，分别为相关商品市场和相关地域市场。《国务院反垄断委员会关于相关市场界定的指南》指出，界定相关市场主要从需求者角度进行需求替代分析。法院认为相关市场的界定一般先从目标商品开始，再考虑替代可能性最高的其他商品。另外，法院还考虑了互联网行业的特殊之处，认为互联网企业所提供的服务具有集合化的特点，相互之间的边界较为模糊，所以对于不同服务需要更加慎重地进行区分，厘清涉诉行为指向的特定服务，从而对相关市场进行准确界定。

本案中，涉诉行为直接指向的商品为微信公众号，微信公众号和微信在产品特征和功能上的区别比较显著。原告注册、运营微信公众号意在实施对其产品和服务的推广行为，故本案中的相关商品应为运营方通过互联网平台注册账号主动投放或通过普通用户关注或搜索方式获得产品服务推广方进行的宣传推广服务，互联网平台在线推广宣传服务市场应被认定为本案的相关商品市场。原告需要证明被告处于市场支配地位，而本案中，原告提交的是微信用户数量的相关数据，与本案划定的相关商品市场并不一致。法院认为，不同社交平台或网站之间可以互联互通，其用户都可能成为原告的潜在用户，而且并非所有的微信用户都会对微信公众号上的产品和服务感兴趣,所以微信平台的用户总量不能代表原告所能获取的用户数量。综上所述,本案两被告是否具有市场支配地位并没有被原告证明,所以两被告的行为不属于对市场支配地位的滥用。

案例二:毛某军与李某东、陈某垄断协议纠纷

基本案情

毛某军为本案原告,李某东、陈某为本案两被告,青岛某购五金工具有限公司(以下简称某购公司)为本案第三人。原告与两被告签署《三方合作协议》(以下简称《协议》)一份,约定两被告配合原告使原告所经营的网络店铺成为T网热熔胶枪销量排序第一的店铺。具体约定包括:原告对参与官方营销活动有优先权,两被告需要配合原告进行官方营销活动;原告主导平台冲量活动,在原告与两被告所经营的店铺月销量相差少于5万笔时,在原告同意的前提下两被告才能参加该活动……原告给予两被告每人各80万元人民币的补偿……在T网内两被告所经营店铺中胶枪单品月销量不得超过原告所经营店铺胶枪最高月销量。合同签订后,原告向两被告指定的收款人即本案第三人某购公司转款110万元。现原告认为其与两被告签订的《协议》应为无效的垄断协议,两被告应返还其已经支付的款项。

案情分析:本案中,原告与两被告均是在T网络交易平台上经营售卖热熔胶枪的店铺。原告与两被告达成关于店铺排名的《协议》后,向两被告共支付110万元。根据本案原告与两被告所签的《协议》,法院认定本协议中的相关条款对两被告参加平台促销活动进行了一定条件的限制,即在两被告经营T平台网店的月销量与原告所经营的网店差距小于5万笔时,需要经过原告同意两被告才能参加活动。但是,原被告关于限制参与某种促销活动的约定不属于《反垄断法》中规定的垄断

协议，两被告仍然可以举办或者参加其他促销活动，故前述约定不会直接使得交易价格或数量被固定，不应受到《反垄断法》规制。除上述条款外，本案中的《协议》还存在限制两被告所经营的店铺中热熔胶枪销售数量的条款，即在 T 网内两被告所经营店铺中热熔胶枪单品月销量不得超过原告所经营店铺热熔胶枪最高月销量。法院认为原告与两被告虽然没有将销售数量限定为某一固定值，但是对销售数量的动态限制也会造成对市场上可流通产品的人为限制，即商品的供给受到不正当干涉，损害正常的市场经济秩序。所以，原告与两被告关于销售数量的动态限制属于《反垄断法》第十三条第一款第二项规定的内容，该项约定属于横向垄断协议。

本案原被告达成的协议中有部分条文受到《反垄断法》规制，这部分应被认定为无效。原告向两被告支付的款项意在弥补两被告不参与平台活动的损失，而原被告关于是否参与促销活动的约定不属于《反垄断法》规制的范围，所以，该款项所依据的合同条款仍然是有效的，原告不能要求返还上述款项。

从本案可以看出，经营者之间所达成协议中的条款并不一定全部构成我国《反垄断法》规制的内容，即垄断协议也可能是协议中的部分条款。进一步讲，构成垄断协议的内容无效，但是不受《反垄断法》规制的部分应被视为合同签订方的合意，其效力仍为有效。

案例三：徐某青与深圳市某计算机系统有限公司等滥用市场支配地位纠纷

基本案情

徐某青为本案原告，深圳市某计算机系统有限公司（以下简称 T 公司）、X 公司为本案两被告。两被告经营的微信具有表情商城和表情开放平台的功能，微信用户可通过免费或者付费的方式从中下载表情，注册微信用户可通过表情开放平台进行表情投

> 稿。原告是名称为"××"的美术作品著作权人,向两被告经营的微信上传了从"××"美术作品演绎而来的24个表情包,上述表情包中有1个附有一行"记得付律师费哦"的简体中文文字,但微信未予以审核通过。原告向两被告运营的微信表情开放平台投稿的表情包为某网站推广形象,而两被告的审核标准表明不允许表情包中含有组织或个人、产品或服务等的推广信息。原告认为两被告不向其开放表情商店的行为以及不审核通过其上传表情包的行为,构成滥用市场支配地位,故向法院提起本案诉讼。

案情分析:在相关商品市场的界定上,法院认为需要分别就需求替代和供给替代进行分析。一方面,原告向微信表情开放平台投稿"××"表情包,需求就是在互联网上实现对该表情包的推广。对需求者而言,目前互联网不存在能够替代表情包这种情感表达方式、实现相同功能的其他服务形式,而不同经营者提供的互联网表情包服务之间存在较强的竞争关系,因此,从需求替代角度分析,表情包服务就是一个商品市场。另一方面,从供给替代角度考虑,互联网社交平台中的表情包服务提供平台具有推广表情包的功能,构成供给渠道。所有能够供原告实现推广"××"表情包目的的渠道相互之间都具有紧密的替代关系,原告能够通过所有渠道进行其表情包的推广,微信表情开放平台只是上述供给渠道中的一种。所以,本案相关商品市场应为互联网表情包服务。在相关地域市场的界定上,就需求替代而言,境外经营者虽然也能提供表情包服务,但是与境内经营者相比,原告获取其服务将更加烦琐,加上原告在其表情包中采用简体中文表述,更加表明原告需求是境内经营者所提供的表情包服务。就供给替代而言,虽然境外经营者能够提供表情包服务,但是其不一定能够及时进入中国大陆市场并与境内竞争者形成有力的竞争关系。中国大陆应被划定为本案中的相关地域市场范围。

在滥用市场支配地位纠纷中,原告应承担被告具有市场支配地位的举证责任。本案原告提供的证据不足以证明这一点,故法院认定两被告不具有市场支配地位，进而其行为不属于对市场支配地位的滥用。但是，法院仍然对两被告的行为是否排除、限制竞争进行了分析。两被告经营的微信表情开放平台接受表情包投稿，系其向公众提供的互联网服务之一，两被告有自主权制定公众享受该免费服务的准入条件。而该准入条件在原告投稿之前已经公开实施多时，两被告依据该准入条件审核原告投稿是否符合其标准，属于行使企业经营自主权的行为。原被告在表情包问题上各有商业目的，且地位平等，原告与被告在投稿和审稿过程中无法达成合意，是自由竞争市场中的正常表现。此外，原告投稿的"××"表情包已与原告提供的法律服务建立起密切关联，两被告基于这一事实拒绝原告投稿不存在不正当性。综上所述，两被告的行为对公平竞争没有造成危害，不属于《反垄断法》应当规制的行为。

第七章

在线纠纷解决机制

（一）在线纠纷解决机制的内涵

在线纠纷解决机制的内涵在我国学界尚未有明确统一的意见。一般认为，在线纠纷解决机制指的是使用计算机信息技术和互联网数字平台等多种在线技术解决当事人之间产生的民事纠纷的方式。

在线纠纷解决机制与传统诉讼、非诉的纠纷解决方式的区别主要在于其争议解决过程中运用网络、计算机等技术手段。也就是说，将传统的纠纷解决搬入互联网大背景之下进行。纠纷当事人可以利用互联网数字平台进行纠纷解决，免除了当事人之间的直接碰面。我国部分学者认为，在线纠纷解决机制是传统纠纷解决机制混合计算机信息技术的替代性网络强化版，用于适应电子商务领域飞速发展背景下纠纷激增的现状。还有一些学者主张，在线纠纷解决机制不应局限于电子商务纠纷之中。2016年6月最高人民法院发布的《关于人民法院进一步深化多元化纠纷解决机制改革的若干意见》（以下简称《若干意见》)第十五条明确表示,要创新在线纠纷解决方式,依据我国"互联网+"战略要求,多元化纠纷解决机制应当积极融合互联网、计算机信息技术,推进拥有在线审理、在线调解等多种形式的综合性在线纠纷解决平台的创建。《若干意见》中并未将在线纠纷解决机制的适用范围限制于电子商务领域,且我国趋向于发展以互联网为依托的多元化纠纷解决机制共同发展,即我国在线纠纷解决机制并不局限于在线审理,还包括在线调解、在线仲裁等多种纠纷解决方式。

(二)在线纠纷解决机制现实价值

随着社会的不断进化,普通公民的法律素养也在不断提高,日新月异的社会环境与现实需求不断冲击着传统纠纷解决机制,时代要求传统司法体制机制做出改变,而计算机信息技术和互联网平台的迅速发展,为纠纷解决由多元化向多维化发展提供了可能。

1. 现实必要性

第一,在线纠纷解决机制是现实司法困境的唯一出口。美国学者奥尔森提出了诉讼爆炸的概念,指的是民事诉讼数量巨大,超过民事审判系统的运行负荷,给司法系统以及整个国家带来了深刻的影响。现代社会已经成为一个诉讼爆炸的社会。公民的法律意识有了较大进步,畏讼、惧讼的心理有很大程度的消减。并且在万物互联的今天,公民的活动范围以数字化的形式无限扩大。基于互联网的商品交易、商务服务可以将跨区域甚至是跨国家的当事人联系在一起。

公民活动范围越来越大,跨区域的纠纷激增。不仅如此,网络涉及的领域越来越多,多种多样的活动可以通过互联网开展,也导致许多基于互联网的新型纠纷类型产生,例如网络服务纠纷、网络购物纠纷、网络著作权纠纷等。在我国当前司法系统规模不变的情况下,纠纷频发,审判任务繁重、审判难度增大,必然导致我国法院系统超负荷运行,诉讼成本增加,诉讼效率低下。在这种情况下,在线纠纷解决机制可以很大程度上解决上述问题。互联网信息传输的互联性、及时性和真实性不仅方便诉讼当事人在线全程参与纠纷解决，降低诉讼成本，还很大程度上提高诉讼效率，还原事实真相，降低审判难度。在线纠纷解决机制本质上是以公正与效率为价值导向，是对传统纠纷解决机制的高效化突破。

第二，在线纠纷解决机制是司法为民的必然要求。基于互联网的纠纷往往具有跨区域性的特点，当事人参加诉讼维护权益不得不付出大量的时间、金钱和精力。许多当事人在面对维权成本时，被迫放弃了自己的合法权益。不仅仅是当事人，也有其他诉讼参与人因为参与诉讼过于消耗时间、精力而放弃作证，仅以证词形式进行作证。这种情况不仅影响了审判质量，也增加了审判难度。法律程序设立的最终目标在于解决争议、消除损害、维护权益。通过在线纠纷解决机制，达到高效审判的同时，也在很大程度上增加当事人对纠纷解决的参与度，降低当事人的诉讼成本，减轻当事人的诉累，可以在司法资源有限的情况下，很好地保证当事人的诉权。

第三，在线纠纷解决机制是信息化社会的必然发展趋势。在互联网普及率越来越高的大背景下，信息传输水平越来越高，已经成为社会发展的必然趋势。互联网的影响在各个领域都日渐深刻，司法领域就在其中。我国互联网起步较晚，世界上已经有许多国家探索在线纠纷解决机制，积极应对社会环境变化。以新加坡为例，新加坡利用互联网平台作为依托，其法院已经实现了无纸化办公。诸多实践证明，在线纠纷解决机制是提高法院工作效率的有效途径，也确实给各国司法改革带来了全新的动力和活力。在信息化道路上，我国虽然起步较晚，但是发展速度快，也应当顺应这种历史趋势，抓住司法改革新机遇，推动在线纠纷解决机制的建立和完善，提高我国司法效能和司法服务质量。

2. 现实可能性

计算机信息技术、互联网平台使在线纠纷解决机制成为可能。科学技术是第一生产力，纠纷解决机制向信息化方向发展必须以现实的技术手段为基础，互联网信息技术的不断发展催生在线纠纷解决机制，也正是互联网信息技术的不断完善，才为在线纠纷解决机制提供了技术支撑。可以这样说，如果没有互联网信息技术就不会有人类社会的飞跃进步，更不会有在线纠纷解决机制的产生。我们必须承认互联网信息技术为纠纷解决程序的信息化带来了巨大的推动作用，也为我国确立在线纠纷解决机制提供了可能性。

信息技术与司法改革二者相互支撑、相互促进，给司法改革带来了无限可能。在线纠纷解决机制就是二者结合的重要成果，利用高科技的技术手段解决纠纷已经成为世界各国司法改革的方向。现阶段，我国已经设立了三家互联网法院，并且以"审务云"平台为依托，整合周边法院案件数据资源，并结合其他相关产业数据，形成"智慧法院"的大数据生态圈。2019年，我国全面推进智慧法院建设，在创新应用方面取得了重大突破，也在探索新型互联网司法模式上取得了重大进展。

（三）在线纠纷解决机制的特点

1. 经济性

在市场经济的大环境下，公民做一件事情通常会综合考虑其成本和价值，维护权益、解决纠纷的时候也不例外。在纠纷越来越突显出跨区域性的今天，相比传统面对面的解决纠纷机制，在线纠纷解决机制更符合人们对维权成本的要求。

第一，传统纠纷解决机制不仅要求当事人现场递送相关材料、现场参与纠纷解决，还可能需要当事人跨区域前往解决争议的地点。而在线纠纷解决机制中案件相关证据材料、诉讼文书等全部都可以通过法院官方互联网数字平台进行提交，当事人只需上网就可以全程参与争议解决，不仅可以节省时间，还可以节约打印、复印的文本费用、住宿和交通费用。

第二，互联网具有及时性、信息传输的真实性。在线纠纷解决机制在保持庭审真实性的同时，便利了当事人，大大提升了诉讼效率。与此同时，大量计算机技术在争议解决之中运用，如案件管理系统、案例检索系统等应用技术，使法院很大程度上摆脱了重复性、整理性的工作，减轻了工作负担。

第三，在线纠纷解决机制的费用相对较低。由于在线纠纷解决机制相对传统线下纠纷解决机制而言成本较低，收费也较低。国内目前已有许多免费向公众提供在线调解的在线纠纷解决平台，如成都中院"和合智解"e调解平台。在国外也有一些类似的网络平台为用户提供免费的在线调解服务。

2. 灵活性

在线纠纷解决机制以互联网为依托，没有时间和空间的限制。相对传统纠纷解决机制而言，各个方面更加灵活、机动。从时间上看，双方当事人可以通过合意确定纠纷解决的时间，不受规定时间的限制。许多在线纠纷解决平台随案随立，24小时为当事人提供服务。而传统纠纷解决机制中，争议解决的时间灵活性较小，通常只能在机构提供的少量时间选择中进行选择。从地点上看，在线纠纷解决机制只要求当事人可以上网，而在传统纠纷解决机制中，对地点通常要求较高，一般在机构内部进行争议解决。从程序上看，在传统纠纷解决机制中，同一时间段内采取的解决方式基本单一，在在线纠纷解决机制中，当事人可以单独使用一种纠纷解决方式，也可以采取多种方式综合使用。在采用仲裁、调解相结合的在线平台中，当事人双方调解不成时，调解员可以充当仲裁员对争议做出仲裁裁决。无论是在时间、地点还是程序选择上，在线纠纷解决机制都具有灵活性，减轻了当事人的维权成本。

3. 科技性

计算机信息技术和互联网平台的发展催生了在线纠纷解决机制。在线纠纷解决机制本身以互联网平台为依托，以计算机信息应用技术为技术支撑保持机制的顺利运行。从案件材料数据保管、收发管理、案例数据库管理到即时通信技术，保证即时实现争议解决。从在线甄别电子签名、确认当事人信息到支持在线支付相关费用，先进的信息技术始终贯穿于在线纠纷解决机制始终。在线纠纷解决机制采用的技术设备也具有科技性，多媒体信息技术设备保证当事人各方以及纠纷解决平台可以对纠纷中的证据等相关材料进行充分了解。通信传输设备保证各方能够即时参与纠纷解决全过程。音视频处理技术设备保证各方充分行使诉权。无论是在线纠纷解决机制的系统设置还是其技术设备都充分体现了其科技性的特征。

4. 弱对抗性

传统纠纷解决机制中，有专门作为纠纷解决的场所。而这些场所为了增强庄严肃穆的气氛和营造权威的效果，往往有比较特殊的装饰和摆设。通常当事人双方对立而坐，由法官等解决纠纷的人员坐在二者中间，形成一种等腰三角形的构造，以体现裁判公正、对当事人双方不偏不倚。特殊的时间、地点以及席位摆设无形中增强了当事人双方的对抗性，增加了诉讼活动的庄严感。原本当事人双方的关系因为纠纷可能就变得紧张，在这种情况下更是可能直接产生冲突。而在线纠纷解决机制中，双方当事人身处自己比较熟悉的环境，不直接接触对方，紧张的气氛得以缓和，争议可以在一个比较放松平和的气氛下解决，纠纷解决的效率得以提高，解决结果也更容易让双方当事人接受。另外，诉讼活动日常化还可以让使厌讼的心理进一步消减。

 （四）在线纠纷解决机制的类型

1. 在线审判

在线审判是指利用计算机信息技术和即时通信技术实现立案、开庭审理、质证、辩论、宣判、送达等诉讼程序全程在线进行的纠纷解决方式。21世纪初,美国率先对互联网法院进行了探索,建立了试点互联网法院。2013年,德国先后颁布了《电子司法法》《加强法院程序和检察署程序中使用视频技术的法律》对网络法院在线审理做出了具体规范,如法院与当事人之间的文书数据交换、在线审判的具体程序等系统规定。2014年,英国也成立专门针对在线纠纷解决机制的专家团队,在指定法院进行互联网诉讼试点。我国在司法改革之中,也采取了一系列鼓励措施,推进在线审判机制的确立。从一开始利用QQ视频等通信软件进行开庭到现在互联网法院建设和智慧法院系统建设,我国正稳步推进、快速发展在线审判机制。

互联网法院与传统线下法院的区别在于以下几个方面。第一,在立案方面,互联网法院采用线上立案的形式,可以通过互联网法院网站、微信公众号、律师在线平台等多个服务端口进行在线立案。第二,在证据提交、举证、证据交换方面,互联网法院提交证据无须提交证据清单,只需于诉讼系统中设置文档、音频、视频等多种证据格式,就可以满足诉讼需要。互联网法院与各大互联网平台展开合作,制定统一的电子证据管理标准,电子证据举证能够按照需要自动调取。证据交换根据个人需要可以直接在诉讼平台上完成或是通过线下邮寄进行。第三,开庭方式以在线视频的方式进行开庭审判,开庭采用人脸识别验证。除出现特殊情况外,其他审判环节也在线上进行。互联网法院在线审判模式为诉讼当事人与参与人节省了诉讼成本,也使当事人不再受到时间和地域的限制。

2. 在线调解

在线调解作为在线纠纷解决机制的子部分,是在线纠纷解决机制中应用范围最广、应用次数最多的解决方式。在线调解同样是利用计算机信息技术和即时通信技术,促成当事人达成调解协议的一种非诉纠纷解决方式。在线调解与传统调解方式只是手段不同,并无本质区别。流程与传统线下调解类似,由当事人双方向在线调解平台递交调解申请,由平台对当事人意愿进行审查。审查表明,当事人确实自愿通过在线调解方式解决纠纷的,由双方选定的调解员或者是在线调解机构指定的调解员对双方的争议进行调解。在线调解可以通过电子邮件形式,也可以通过视频会议等形式。但是在线调解缺乏强制执行机构,达成调解协议之后,当事人不履行义务时,调解协议无法得到强制执行,这样就可能出现既浪费资源,又无法履行在线调解协议的情况。

3. 在线仲裁

与其他纠纷解决机制相同,在线仲裁也是运用计算机信息技术和互联网平台,达到当事人在线发表意见、辩论、仲裁员在线仲裁的效果。当事人双方在争议发生之后,协商采用在线仲裁的方式解决纠纷,向仲裁机构提出仲裁申请。仲裁机构对申请进行审查,符合该仲裁机构受理范围的,则及时向当事人发送受理通知;反之,在线仲裁机构不受理仲裁申请,也应当及时通知当事人并告知不予受理的理由。针对数额小且案情简单的仲裁案件,仲裁员可以独任仲裁,进行书面审理;而针对复杂、重大的仲裁案件时,应当由双方当事人选任仲裁员组成合议,通过视频会议等即时通信工具进行审理。仲裁裁决之后,由仲裁员电子签名后及时送达双方当事人。在线仲裁较传统仲裁正式、复杂。在司法实践中,在线仲裁可解决的纠纷范围不断扩大,其裁决的效力也逐渐被肯定,如世界知识产权组织就承认在线仲裁的效力。

4. 在线和解

在线和解与上述三种在线纠纷解决机制不同,只需纠纷解决平台提供平台支持,不需要平台实际参与到争议解决中。在线和解与传统线下和解区别不大,只是将纠纷解决平台挪到了线上平台,通过线上相对缓和、对抗性较弱的环境中达成和解。而纠纷解决平台只需要提前设计好和解系统,供当事人使用。美国一家公司开发的自助式在线和解系统,可以将当事人双方的解决纠纷期望报价进行对比,若双方报价差额在15%之内,系统可以自动达成和解协议。

🌐 （五）在线纠纷解决机制在我国的实践问题与应对

1. 实践困境

在线纠纷解决机制以互联网作为平台，包含多种纠纷解决方式。我国虽然在现阶段初步探索建立了三家互联网法院，大体对在线审理机制有初步的宏观规范性规划，但是随着互联网的快速发展，其他纠纷解决机制不断涌现。纠纷解决平台水平参差不齐，不同的平台调解员、仲裁员的职业水平也呈现出良莠不齐的状况。更有一些纠纷解决平台因为市场恶意竞争而面临关闭。纵观在线纠纷解决机制，由于我国对其宏观规划的不完善，没有制定统一的标准对在线纠纷解决机制进行管控，导致了混乱，无法正确运用在线纠纷解决机制，无法实现效益最大化。

目前我国在线纠纷解决机制存在的最大困境是缺少统一的案件审理程序。随着在线纠纷解决机制的不断发展，越来越多的人运用在线纠纷解决机制解决纠纷。这样的大背景下，我国并没有针对在线纠纷解决机制的审理程序进行统一立法规定，只是针对我国设立的互联网法院由最高人民法院发布了《最高人民法院关于互联网法院审理案件若干问题的规定》。该《规定》只是对于互联网法院审理案件的基本流程做出了比较宽泛的规范，并没有对具体程序、规则做出针对性详尽的规定。北京、杭州、广州三家互联网法院虽然分别出台了规范性文件，但是尚未形成统一的审判程序准则。

互联网纠纷类型日益多样，当事人之间纠纷解决需求多元化明显，而在线纠纷解决平台大多方式单一，无法满足当事人的多元化需求。一旦当事人有多种解决需求，单一的纠纷解决机制无法满足就会导致二次解决、多次解决的情况，增加纠纷解决的次数，降低纠纷解决的效率。而且单一的纠纷解决机制很容易导致互联网平台资源的浪费。例如，双方当事人针对纠纷已经在线协商达成了调解协议，但在线达成的调解协议对双方当事人并不具备约束力，双方当事人随时可以反悔，不利于纠纷的解决。若双方当事人需要赋予调解协议强制执行力，还需要去人民法院进行申请，确认在线达成的调解协议的效力。可是在双方当事人提交申请，法院进行效力认定之前，只要有一方改变主意就会导致调解协议无法执行。双方要解决纠纷，就必须诉诸其他纠纷解决途径，这势必让纠纷解决的质效大打折扣，给双方当事人造成不必要的损耗。无论是财力还是物力方面，单一的纠纷解决机制都容易造成纠纷解决平台资源的浪费。

目前在线纠纷解决机制在审理过程中面临的一大难题就是在线证据的确认。我国司法审判过程中要求证据具备真实性、客观性、关联性。证据分类中原始证据的证明力高于派生证据，在解决纠纷过程中亦是如此，因此在大多数情况下，庭审需要当事人提供原件，以此来作为证据进行质证。而在线纠纷解决机制中，在线证据存在被篡改的可能性，其真实性不一定能保证，若是依照传统纠纷解决机制中严格提交证据材料，又丧失了在线解决纠纷的灵活性和经济性。联合国国际贸易法委员会对在线证据的认定做出解释，认为电子数据在纠纷解决中应当发挥与纸质证据相同的效用，可以作为具有真实性、客观性的证据使用，这样就能满足纠纷解决中对于原始证据的要求。

虽然互联网的发展打破了原有的空间限制，但是对于在线纠纷解决机制来说，它在开展工作中依然受到了地域的限制。现在我国法院推出的在线纠纷解决机制大多数是以互联网信息技术和大数据等新兴技术为载体进行纠纷解决，这种机制虽然在一定程度上能够便捷当事人，解决当事人之间产生的纠纷，但一旦缺乏互联网技术支撑就显得心有余而力不足。目前，我国经济虽然取得了较大的发展，但仍存在经济发展水平不平衡的现象，各地互联网发展水平参差不齐。这种情况导致在线纠纷解决机制的普及必然受到地域的限制。一方面，部分欠发达地区的案件较少，涉及互联网的案件屈指可数，使得在线纠纷解决机制不是此类地区法院的工作重点，因而不受重视。另一方面，偏远地区在进行互联网设备硬件建设、软件技术操作、维护等方面缺乏专业人员，当地经济、生活环境不足以吸引高素质人才，使相关工作的开展受到限制。

在线纠纷解决机制虽然已经逐步开展，但是绝大多数人对此还比较陌生，对其所具备的经济性、灵活性、弱对抗性、科技性等特征更是一头雾水。司法活动本身具有极强的专业化特点，因此当事人在向法院寻求救济的时候，从理性人的角度看，必然会委托专业人士解决棘手的问题，以避免因不熟悉司法活动的具体流程和诉讼技巧而产生不利于自身利益的风险。虽然普通民众对纠纷解决不再恐惧，积极面对纠纷，但面对法院推出的电子平台和线上诉讼程序，许多当事人也并不能很好地接受和运用。就算是经验丰富的律师在这种新型事物面前，表现也不尽如人意。而且在线纠纷解决机制的普及宣传力度不同于传统纠纷解决机制，也造成了目前在线纠纷解决机制使用率低、普及率低的"双低现象"。

2. 完善对策

第一，明确适合我国国情的在线纠纷解决机制的发展模式。我国的在线纠纷解决机制起步较晚，而西方发达国家早已建立了在线纠纷解决机制，且进行了许多探索和实践。目前西方发达国家在线纠纷解决机制形成了两个主要的发展模式：一是以美国为代表的市场主导型模式，以私人在线纠纷解决机制为主，这种模式以营利为目的，以市场导向为运作模式；二是以欧盟为代表的官方主导的在线纠纷解决机制模式，欧盟通常强制要求网络服务的提供商标注其在线纠纷解决平台的网站，大众点击即可直接跳转。我国应当借鉴这两种在线纠纷解决机制发展模式的先进经验，结合我国国情，建立以官方引导为主、市场引导为辅的在线纠纷解决机制发展模式，对我国的司法资源进行整合以及合理分配，以实现我国司法资源的最大化利用。与此同时，我们也应适应市场发展，使在线纠纷解决机制能够跟随市场动向，不断发展完善。

第二，完善我国在线纠纷解决机制立法的不足。一方面，要规范在线纠纷解决平台的组织问题，包括互联网法院，各种类型的在线纠纷解决平台都应该按照规定统一规范进行管理；另一方面，要规范在线纠纷解决机制的审判程序问题，明确在线纠纷解决机制的受案范围。目前我国最高法虽然发布了《最高人民法院关于互联网法院审理案件若干问题的规定》，但该《规定》中关于在线纠纷解决机制审理程序的条文较少，内容多为概括性语言，没有具体的规范，无法满足在线纠纷解决机制持续发展的要求。完善在线纠纷解决机制需要尽快出台相关立法。立法有两种方式，一种是对现行民事诉讼法进行针对性扩充、修改，另一种是出台关于在线纠纷解决机制的专门性法律。这两种立法方式在国际上都有借鉴的先例，但与我国现有司法立法又都存在着一定的冲突：一方面，在民事诉讼法中在线纠纷解决机制并不是一种特殊的程序，它所依靠的平台不是传统纠纷解决机制的平台；另一方面，为在线纠纷解决机制进行专门立法，不符合我国立法的目的，也违背了在线纠纷解决机制的本质。

第三，建立与在线纠纷解决机制相配套的技术。在线纠纷解决机制所依靠的平台是互联网，而互联网的虚拟性会导致部分当事人产生怀疑，成为在线纠纷解决机制发展的阻碍之一。在互联网这个虚拟空间内，当事人对互联网以及纠纷解决平台的信任构成了当事人对在线纠纷解决机制的信任。当下的网络安全形势非常严峻，在线纠纷解决机制必须完善其配套的信息安全保障技术，以保障当事人的隐私安全、信息安全、信息传输与交换安全，增强在线纠纷解决平台的安全性。例如在实践中可以采用授权邮箱、专门系统的形式保障纠纷解决过程中信息传输的保密与安全。与此同时，在线纠纷解决机制也要完善证据保全技术。在线纠纷以网络背景下的纠纷为主，相关证据也主要存在于网络中，若不能及时将证据进行固定、保全，将影响整个纠纷的解决。为了解决证据认定、证据保全难题，在线纠纷解决平台可以和相关网络服务提供平台进行合作，将涉及当事人纠纷的证据及时进行保全、调用。

第四，完善在线纠纷解决机制的司法适用。在线纠纷解决机制的产生是由于法院的运作方式在互联网技术背景下发生的变革。随着我国互联网技术的发展，我国司法系统越来越重视智慧法院的建设。不同于传统的法院运作模式，智慧法院更讲求信息的公开与透明。其建设过程中运用的是互联网技术，可以让法院信息暴露于阳光之下接受制约与监督。智慧法院追求的是信息化、公开化，旨在弥补我国互联网空间内法治化水平的不足，使我国司法信息能够覆盖到方方面面。目前，我国有两种在线纠纷解决机制的模式，主要是围绕不同领域中的在线纠纷解决机制进行纠纷解决。一方面是运用社会自主的调节能力，在社会空间内运用私立在线纠纷解决机制进行在线纠纷解决，《中华人民共和国电子商务法》中就有条文明确规定，鼓励电子商务平台内进行经营销售的经营者建立针对该平台的在线纠纷解决机制。但法条仅仅在精神层面给予了鼓励，并没有明确具体的措施，而我国关于这一方面的内容也没有专门的立法。在另一方面，我国司法领域运用公立在线纠纷解决机制进行纠纷解决的少之又少。为了弥补私立在线纠纷解决机制的不足，我国应当结合美国、欧盟等国家和地区对于公立在线纠纷解决机制的运用经验，组织专业人员进行综合立法调研，为我国公立在线纠纷解决机制实体法律的出台做好铺垫。

第五，推进互联网法院的建设。我国目前的在线纠纷解决机制有以下四个显著的特点。一是经济性。相比于传统纠纷解决机制，在线纠纷解决机制能够节约成本，大大减少人力、物力、财力的支出。二是灵活性。在线纠纷解决机制得益于互联网时代的优点，不受时间、空间的限制，能随时随地地解决纠纷。三是科技性。在线纠纷解决机制运用互联网的科学技术手段，可以跨越时空，解决纠纷。四是弱对抗性。在线纠纷解决机制的沟通审理是在网络虚拟平台中进行的，双方当事人无须见面就可以在调解员的主持下进行调解，矛盾不容易激化。由于在线纠纷解决机制有以上的特点，能够很好地服务于司法，适应当前我国互联网快速发展的实际情况，我国先后成立了杭州互联网法院、北京互联网法院和广州互联网法院。这三家互联网法院贯彻实施案件审理与信息技术相结合，打破了传统纠纷解决机制，更加契合我国国情。现阶段，我国应加强各方面配套设施的建设，为未来互联网法院的普及建设做好更加充分的准备。

（六）互联网法院

1. 我国互联网法院的概念及其发展现状

（1）我国互联网法院的概念及相关规定。

互联网法院是指在基于传统法院审判形式上，将案件的受理、送达、调解、庭前准备等一系列庭审程序由线下转为线上，以全程在线为基本原则的法院。互联网法院不是简单地将互联网与庭审程序相加，而是将传统的法院庭审程序结构打破，与互联网相融合。在互联网法院中，案件当事人不必奔赴法院，仅需在审判系统注册并上传个人信息，通过系统审核后进行起诉等操作，并在指定时间登录参加网络庭审。

对于互联网法院审理案件的范围，《最高人民法院关于互联网法院审理案件若干问题的规定》中作出了明确具体的规定。目前我国的互联网法院受理案件范围主要以互联网纠纷为主，包括在互联网中的消费、借贷以及侵权等问题。法院庭审笔录以电子笔录的形式生成，经当事人审核后同传统笔录有相同效力。虽然目前互联网法院受案范围仍限于互联网方面，但诉讼过程已创造性地便利了相关法院和当事人双方。

（2）互联网法院的特点。

互联网法院和传统法院在案件审理的基本程序上并无本质差别，二者均需要严格按照诉讼法的规定进行相关的诉讼程序，只是在操作方式上，互联网法院相较于传统线下诉讼更加灵活、现代，具有以下几个优点。

第一，庭审方式灵活。

由互联网法院将案件审理的全过程分布在互联网平台上，简化了当事人参与诉讼的手续，突破了传统的时空限制，双方当事人只需要在规定期限内自主选择时间登录平台，以非同步方式完成诉讼的各个环节即可，这种审理方式也被称为异步审理。异步审理打破了传统模式下原告、被告及其他诉讼参与人必须在同一时间内到庭参与庭审的限制，庭审方式更加灵活。

第二，降低司法成本，提高司法效率。

网络时代的到来为人们生活带来便利的同时，也催生了许多新型的社会问题与矛盾，类型层出不穷的涉网案件在数量上与日俱增。纠纷产生后，当事人通常会选择诉讼途径解决争议，标的额小但数量多的纠纷无形中降低传统法院的司法效率。互联网法院在解决涉网纠纷时主要依靠网络平台，通过视频、语音等形式进行庭审，案件材料以及证据以电子形式存储、提交，大大节约了司法成本。涉网的小额纠纷通常具有明确的权利义务关系，互联网法院可以对其集中审理，减少此类案件的耗时，提高案件处理的司法效率。

第三，便捷当事人。

通过互联网法院解决纠纷，能够将传统法庭的物理空间转移到互联网的虚拟空间中来，使案件的各个环节均可以在线进行。在传统庭审过程中，最耗费当事人精力的是在途环节，而互联网法院能够很好地节约该环节的时间，避免了双方当事人在人力、财力、物力等方面的多余支出。从案件的受理到最终结案，原被告及其他诉讼参与人无须到法院参与庭审就能得到一份公正的判决，避免了因激烈对抗而引发更深的矛盾。可见，互联网法院的出现，在时间、空间、诉讼成本等方面均体现了便利当事人的原则，也体现了我国始终践行司法为民的法治理念。

第四，满足人民对司法服务的需求。

互联网的发展，产生了大数据、人工智能等新兴技术。技术的融合与运用，使互联网法院能更好地进行司法服务工作，并逐步形成合理的案件审理模式。这种模式既能够更好地了解民众的需求，又能够更好地解答当事人的疑惑。互联网法院能够很好解决司法实践中当事人因信息不对称而面临的风险，而大数据技术也能在一定程度上化解危机，弥补传统法院的不足。互联网技术的应用，全面提高了司法信息公开化水平和司法服务质量，更好地满足信息爆炸时代下人民对司法服务日益增加的需求。

2. 我国互联网法院的发展与司法实践

我国互联网法院的形成发展不是一蹴而就的,而是随着互联网发展完善而逐渐形成的。互联网的发展引发越来越多的涉网争议,而面对众多的涉网争议,传统的争议解决方式很难满足爆炸式的涉网纠纷解决的需求。于是,针对网络纠纷案件的互联网法院就诞生了。在我国,随着 2015 年电子商务网上法庭审理模式的推出,互联网法院这一概念也由理论层面逐渐进入了实践领域。以下将对互联网法院的发展历程进行梳理。

(1) 我国网上法庭的探索。

第一,QQ 法庭。

2005 年底我国成立了 QQ 法庭,该法庭的成立初衷是便利外出打工的人群参加到诉讼程序中。而运用 QQ 等网络科技进行第一次开庭审理是在 2005 年贵州省榕江县法院审理的一起民事离婚案中,由于双方当事人中的一方在审理过程中身处外地,而根据《中华人民共和国民事诉讼法》关于离婚案件的审理规定,离婚案件一般不能缺席审判,且民事案件又有规定的审判期限,因此承办该案件的法官开创性地利用 QQ 这一互联网通信软件解决了案件审理面临的距离问题。这起离婚案也顺理成章地成为我国探索将互联网技术应用于司法服务平台的第一案。

QQ 法庭的设立,无疑为我国互联网法院的设立探索迈出了坚实的一步。虽然当时我国尚未有互联网法院这一明确的概念,但在此之后,我国地方法院也纷纷效仿,积极探索借助互联网技术审理案件的新模式,解决案件在审理过程中的时间、空间难题。

第二,远程视频庭审。

远程审判是指借助网络技术使人民法院审判活动中的参与人员能够在不同的法院完成同步的审理活动。我国最早使用远程审判技术主要针对的是民商事纠纷。通过远程视频庭审,当事人只需要前往其就近的基层法院,就能实现与中级人民法院的交流。这种方式下,案件的审理流程与一般普通的流程完全相同。

远程视频庭审试点解决了偏远地区当事人无法及时前往中级人民法院参与庭审的问题。可以看出，远程视频庭审的原理是通过系统内部相关单位给予配合，通过专门的远程视频庭审系统，克服程序障碍进而完成庭审工作。虽然远程视频庭审的模式尚未形成完整的网上法庭体系，部分案件的程序仍然需要通过线下完成，但是也体现了我国法院在借助互联网技术完成案件审理的新尝试。

第三，微信庭审。

我国最早开始将微信运用于庭审是在2015年河南省郑州市中级人民法院审理案件的过程中。庭审法官利用"微信办案群"的方式进行询问，总耗时未超过一个小时。在此之后，阜宁法院借助微信平台，采取与身在新加坡的被告进行语音、视频聊天等方式，最终确认了婚姻事实、送达地址等信息，并成功调解了一起跨国离婚案件。

以上几种庭审模式在一定程度上都是将互联网技术与司法服务平台相结合的实践与探索，都实现了将互联网技术与庭审相结合，运用互联网科学技术更好地解决纠纷。但深入研究可以发现，以上几种模式在案件的某些环节仍需通过线下的方式完成。因此，上述几种模式被称为建立互联网法院的早期探索。

第四，上海自贸区数字法庭。

上海自贸区数字法庭是一个综合性法律服务的平台，于2016年设立。数字法院致力于协助推进司法公开、司法便民等法律服务，并为法院与当事人提供最便捷的诉讼服务，建立快捷有效的沟通方式。通过两年的探索，上海自贸区数字法庭系统进入大众的视野，实现了以案件为中心的统一办理平台。平台具体分为四个板块，受理案件的范围囊括了《中华人民共和国民事诉讼法》（以下简称《民事诉讼法》）中规定的数十项一审民商事常见诉讼事项。全数字化的审理方式改变了传统的审理程序，双方当事人所提交的诉讼材料不一定要是书面方式，便于双方当事人参与诉讼审理。

在上海自贸区所开展的数字法庭中,对于权利人并无过多的限制,案件的原告、被告、第三人或者是委托的诉讼代理人等都可以在数字法庭中登录、使用、查询。原告在立案时不再需要取号、排队,只需要在网上提交立案即可,立案审查通过后,当事人也不用再提交诉状、证据材料等。案件审理的各个环节都在网上进行,法院审理过后将采取邮寄送达的方式将判决书或者裁定书送到当事人手上。庭审过程中一系列证据取用、保全都将记录在案,法官根据各个环节发表的意见整理成数字卷宗,提高了法院的效率。案件审理的各个环节公开透明,双方当事人均可登录数字法院的平台进行查询。这样透明公开的信息也便于法院进行诉讼安排。

上海自贸区数字法庭的设立对我国数字法庭的建立起到了良好的推动作用,在一定程度上缓解了我国司法资源紧张的压力。虽然自贸区数字法庭实现了通过电子信息技术存档以及借助互联网技术审理案件,但将受案范围仅限定在几种特定的纠纷之中。在制度设计上,数字法庭还有很大的改进空间。

第五,浙江省网上法庭。

随着电子商务的逐步发展,有关电子商务中的纠纷频发。针对电子商务领域内的交易纠纷、支付纠纷等,浙江省高级人民法院在2015年决定在西湖、滨江、余杭三个基层法院以及杭州中院设立网上法庭。西湖、滨江、余杭网上法庭主要为电子商务纠纷的一审法庭,杭州中院则负责审理西湖、滨江、余杭网上法庭的上诉案件。这是浙江省为了更好地解决电子商务纠纷的试点,为我国电子商务纠纷解决机制提供了司法借鉴。这种互联网技术与司法相结合的思维适应当下互联网迅猛发展的实情,有利于我国在线纠纷解决机制的建设,也给诉讼当事人带来了便利。

浙江省针对电子商务建设网上法庭,有效解决了电子商务纠纷。网上法庭不仅提高了法院的审判效率,还降低了当事人的诉讼成本,大大节约了司法资源。浙江省电子商务网上法庭试点的运行,标志着我国互联网法院建设的正式开始,这也是司法系统主动适应"互联网+"时代的变革,是转变司法服务方式的重要表现。

随着互联网信息技术的蓬勃发展，我国司法系统也不断探索互联网法院的运行模式，从网络法庭逐步发展到互联网法院。网络法庭是互联网法院的萌芽，网络法庭的试点为我国互联网法院的建立奠定了良好的基础。

(2) 我国互联网法院的司法实践。

杭州互联网法院运行一年多后，在解决涉网纠纷上取得了很好的效果，为在全国范围内推广设立互联网法院积累了宝贵经验。在浙江省进行三年的网络法庭试点后，中央全面深化改革委员会通过会议决定在北京和广州增加互联网法院的数量，完善我国互联网法院的建设，健全审判格局。为了规范互联网法院审理案件的过程，保障双方当事人的权利义务，最高人民法院出台了《最高人民法院关于互联网法院审理案件若干问题的规定》，进一步规范了互联网法院审理案件的过程，明确了互联网法院的受案范围、管辖范围、审理机制以及纠纷解决平台的运行，对于互联网法院的诉讼规则有了具体明确的规定。该《规定》的出台保障了在互联网法院下当事人的权利义务，促进了我国在线纠纷解决机制的发展。

第一，受案范围。

互联网法院所受理的案件主要是互联网领域内的纠纷，包括网上交易、消费、借贷、侵权，以及涉及互联网领域内的著作权、商标权、专利权纠纷等。除却民事诉讼纠纷，互联网法院还可以受理由检察院提起的公益诉讼及其他行政纠纷，必要时可以管辖上级人民法院指定管辖的案件。最高人民法院颁布的《最高人民法院关于互联网法院审理案件若干问题的规定》对互联网法院的受案范围进行了限定，规定了专指特定类型的互联网纠纷应由互联网法院管辖，以便于法院对纠纷事项进行调查取证。因为互联网领域内的纠纷发生在互联网中，涉及纠纷的证据也保留在互联网中，这样的规定可以便利当事人、减少司法资源浪费。

结合三个互联网法院在诉讼平台官网中发布的案件管辖指引以及最高人民法院发布的《最高人民法院关于互联网法院审理案件若干问题的

规定》可知，不同于传统法院案件，互联网法院受理的案件有如下特点：第一，案件的类型，互联网法院审理的案件是在互联网领域内产生的纠纷；第二，案件的性质，案情比较简单，当事人之间的权利义务相对明确，涉及的标的额较小，尤其是数量庞大的网络购物纠纷；第三，案件的证据，案件的主要证据存储在网络空间，直接导入、上传即可；第四，案件的当事人，多数案件一方是交易平台，一方是交易相对人，对互联网相对熟悉，操作熟练。以上这些特点是由于互联网法院在最初成立时设定的目标所导致的，但是随着互联网技术的不断发展，智慧法院建设的不断推进，科学性、智能性、数字化、信息化办公方式的普及，网上立案前置程序在全国不少地区得以实现，传统法院也在不断地向智慧法院学习、靠近，提高自身的智能化水平。在未来，互联网法院的建设是司法发展的一大趋势。如果互联网法院的受案范围仅仅局限于上述十一类互联网纠纷案件，是远远不能满足人民群众需求的，也不能够真正缓解涉互联网案件过多、法院法官压力过大带来的司法困境，不能够完整地发挥互联网法院审判的优势和价值。

第二，互联网法院的管辖权基础。

互联网法院在管辖的适用问题上仍然遵循着《民事诉讼法》的基本规定，根据实际联系地的原则，互联网法院所管辖的案件必须在争议纠纷有实际的联系地点方可，《民事诉讼法》及其相关司法解释关于实际联系地点的规定包括原告住所地、被告住所地以及合同签订或者履行的地方。然而，从我国目前互联网法院的现状来看，我国互联网法院的管辖在一定程度上打破了《民事诉讼法》所规定的地域管辖，基于互联网法院审理案件是在互联网领域中，突破了时空的限制，导致互联网法院在管辖过程可以跨越地区。例如，对于网络购物合同引发的纠纷，在互联网地域管辖中规定由被告住所地、合同履行地法院管辖，这与《民事诉讼法》的规定相呼应。但是由于我国目前只在广州、北京、杭州等地开设了互联网法院，在线纠纷解决机制容易使一些原本属于其他区法院管辖的互联网纠纷案被集中交由北京、广州、杭州等地的互联网法院进行管辖，这与传统意义上的地域管辖是不同的。

互联网法院有时会与我国传统意义上的地域管辖相冲突，而地域管辖和级别管辖又在一定程度上限制了互联网法院的发展。从地域管辖来说，互联网的无边界性、虚拟性、独立性等特点决定管辖法院应当跨行政区划设立。诉讼空间的网络化可模糊法院设置的行政区划要求，集中管辖可以通过连接点有效解决当事人行政区划的限制问题。就目前来看，三个互联网法院试点均为隶属于具体行政区划下的地方基层法院，处理的案件大多数是小型简单的案件，无法汇聚很多其他类型的案件，也无法合理地满足全国其他区域人民群众的需求，无法更好体现互联网法院与传统法院的区别、展示互联网法院的优势。例如，在一个互联网侵权案件中，侵权人在 A 地实施侵权行为，而侵权结果在 B 地（B 地设立了互联网法院）发生，根据侵权行为地管辖原则，A 地的基层人民法院和 B 地的互联网法院都具备管辖权，这种情况就造成，如果案件由 A 地的法院行使管辖权，那 B 地的互联网法院就无法发挥其应有的作用；而若明确规定由 B 地的互联网法院管辖，那么将影响到 A 地法院地域管辖权的行使。从级别管辖来说，互联网法院作为基层法院集中管辖辖区内的涉网纠纷，其上诉法院有的是当地中院，有的是知识产权法院。而对于没有设置互联网法院的地区，通常一审可能就在中级人民法院审理，上诉即到高级人民法院。程序、审级存在差别，当事人的认可度也会存在一定的差别。

3. 互联网法院发展过程中存在的问题及建议

综合目前我国三家互联网法院在实践中的运行情况可以看出，互联网法院在审理涉网纠纷时虽然有极具特色的魅力与优势，但仍存在着不可忽视的问题，主要表现在以下几个方面。

（1）互联网诉讼平台数据安全风险问题。

当事人通过互联网诉讼平台进行各个环节的准备，存在一定的数据安全风险。司法数据安全在互联网法院司法活动中至关重要，而互联网诉讼平台中办案流程、诉讼材料等以数据的形式存档于网络社会空间，依靠网络空间输送和保存电子数据。因此，不管材料是储存在计算机的软件、硬盘上,还是云空间内,安全保障都尤为重要。

针对互联网诉讼平台中数据安全风险问题,法院需要从以下几个方面进行安全防范。第一,严防互联网信息技术漏洞,避免病毒侵入,危害电子数据安全。我国法院每年会审理众多案件,通过网络空间存储案件材料能够极大地节约纸质和物理空间,方便查阅和管理,也在很大程度上避免了司法资源的浪费。第二,避免黑客攻击、拦截或篡改信息。诉讼材料电子化固然为法官、当事人带来了便捷,但也面临着黑客攻击的隐患。一旦遭受攻击,国家机密、当事人的隐私权等都有可能受到侵害。通过网络空间存储案卷材料不仅仅是互联网法院的做法,全国很多法院都运用这种方式。因此法院数据安全面临着较大的挑战。

(2) 电子证据的效力问题。

互联网法院审理涉网纠纷的过程中,相关证据是通过电子方式提交至互联网诉讼平台的。自电子证据诞生以来,其真实性一直饱受学界争议。因为电子数据本身具有易失真性,即易被修改且不易被察觉的特性。我国三大诉讼法对电子证据在审判过程中的运用都做出了明确的规定。但是关于电子证据的效力以及适用问题却没有具体的认定规则,在司法实践中多由法官自由裁量。关于电子证据的真实性,虽然互联网的留痕特点能够使当事人或者法院通过留痕抓取的方式获得电子证据,但是互联网技术尚不能保证当事人在互联网中的每一个行为都构成一个闭环且不可更改。因此,在截取证据之前或者过程中,该证据就存在被篡改的风险,截取后的证据真伪难辨,真实性无法保证。而我国法律规定在案件审理过程中支撑当事人诉讼请求的证据要具备三性:真实性、合法性、关联性,若一份电子证据的真实性存在争议,那么该份电子证据的证明效力也存疑。

我们从司法实践中发现,可以通过以下几点增强电子证据的证明能力。第一,针对电子证据构建相适应的具有可操作性的判断标准。这个标准不仅要从技术层面审查电子证据的真实性,还需要引用推定原则,对电子证据进行初步认证。根据推定原则,如果推定内容对当事人不利,则需要当事人提交、保管不利于自身的电子证据。在这过程中司法人员可以初步认定电子证据的真实性。第二,运用科学技术对电子证据的真实性进行鉴定。电子证据的认定往往是根据司法鉴定的结果来确定的,而该份司法鉴定要基于电子证据所存在的具体事件中来判断其真实性,因此电子证据的真实性不是一个纯技术的问题,而是基于法律要求的技术判断,是基于案件事实的专业判断。互联网法院电子证据的认证、鉴定需要超越纯技术领域,走向法律和信息技术相结合的"基于法律要求的技术判断",要提高鉴定人要求,严格鉴定方法,确保电子证据认证技术与法律事实的真实性、可靠性。

(3) 建立和完善互联网法院相关法律。

互联网法院的建设是在传统法院运作模式下进行重构,审判组织、审判职能以及审判方式融合当代信息技术,制定互联网法院法或电子诉讼法,规范网上在线诉讼行为,使互联网法院审理案件于法有据。这是互联网法院诉讼模式稳定、快速发展的基础。互联网法院的诞生是审理互联网领域内发生的纠纷以及完善网络空间治理法治化、制度化、专业化的重要举措。同时互联网法院的发展贯彻网络强国战略,已经成为优化网络法治环境不可或缺的一环。然而,现阶段我国关于互联网法院却没有完整的一套立法,还需要在结合自身实际情况的基础上借鉴美国、德国等国家关于互联网法院的立法经验,推进互联网法院相关立法的发展,对互联网法院以及电子诉讼做出更加具体的规定,引导、促进互联网法院的发展,在网络治理和网络强国攻坚战中迈出坚实的一步。制定互联网法院专门法律,有利于完善我国的诉讼法,规范互联网法院诉讼程序,保持法律的前瞻性。

现阶段,我国不仅要健全互联网法院相关法律,也要对现有的法律进行合理修改,以兼容互联网法院的存在。互联网法院诉讼模式并不是横空出世,电子诉讼、远程诉讼等方式早已运用到司法实践中,但它们并非专门的、独立的法院,与互联网法院有所不同。可以从以下几个方面来实现互联网法院与已颁布的法律相兼容。第一,修改《中华人民共和国人民法院组织法》,增加互联网法院为专门法院,明确互联网法院的定位；增加互联网法院的审判模式、诉讼程序等内容，为互联网法院的发展奠定基础。第二，修改《中华人民共和国民事诉讼法》及《中华人民共和国行政诉讼法》等，互联网法院目前的受案范围是"涉互联网纠纷"的民事、行政案件，网络诉讼模式突破时空的界限、在线调解、视频审判、裁判，电子证据、电子送达等皆不同于传统的诉讼模式，互联网法院的诉讼规则要与两大诉讼法的内容相适应，诉讼法律也应当对在线诉讼的内容进行原则性的规定。

（七）互联网仲裁

1. 我国互联网仲裁的概念及其发展现状

（1）互联网仲裁的基本概念。

互联网仲裁又称为在线仲裁，是在线纠纷解决机制诸多方式中的一种。互联网仲裁将互联网技术与仲裁方式相融合，使得仲裁程序网络化，解决当事人在互联网领域内的纠纷。这种方式不仅体现了在线仲裁模式的独立性，也提升了在线仲裁的灵活性。互联网仲裁在现阶段的纠纷解决中起到了重要的协调作用。

目前针对在线仲裁模式中"在线"的标准学界没有统一的定义。主要有两种学说。一是"全部说"。按照字面意思理解就是从仲裁的申请、仲裁庭审理案件、直到仲裁裁决的作出，所有程序都必须全部在网络环境中进行。但这种概念的界定只是一种理想化的情况，不仅忽略了我国现阶段互联网技术没有达到这样先进的水平，同时也忽略了互联网时代背景下各种网络民事纠纷的多变性、复杂性，完全割裂线上与线下解决机制之间的联系，与客观现实不符。二是"部分说"。持有该观点的学者认为，在全部的仲裁程序中，只要有某一个环节在网络环境中进行或运用网络信息技术，都可以称为互联网仲裁，但这种观点无疑是扩大了互联网仲裁的范围。因此，互联网仲裁与传统仲裁既有相同的地方又有明显不同的地方，互联网仲裁是对传统仲裁的替代和选择，两者在法律适用上并无不同，互联网仲裁结合了互联网技术，适当调整了仲裁规则，使其在解决网络民事纠纷上更加便捷高效。

（2）互联网仲裁的特征。

互联网仲裁通过利用互联网技术，不仅能保留传统仲裁解决争议的功能，缓解法院诉讼压力，还可以满足互联网领域内用户对救济途径的需求。互联网仲裁解决在线纠纷问题能够丰富我国传统仲裁的类型，促进我国仲裁的新发展。

第一，互联网仲裁的便捷性。

贸易和人口流动的全球化，使得身处不同地理位置的人之间也会发生各种各样的纠纷。使用传统的仲裁模式解决纠纷，将会在很大程度上增加当事人的成本负担。当事人为了更好地解决纠纷，可能会选择来自世界各地的仲裁员。互联网仲裁的出现不仅可以为当事人选择全球任何管辖区的法律提供方便，也为优秀的仲裁员进行跨区仲裁提供了便利。不同于传统仲裁模式，互联网仲裁模式不受时空的限制，当事人只需要在仲裁机构于互联网上构建的平台中完成仲裁流程即可。

第二，有利于纠纷解决智能化。

互联网仲裁不仅可以快捷、合理地安排仲裁程序的各项工作，还可以通过智能化的档案管理提高仲裁机构的管理水平，仲裁参与人也可以更专注于核心工作而非文档管理任务。针对在互联网领域中发生的电子商务纠纷，在线仲裁可以通过网络平台进行纠纷解决。在线仲裁在平台上建立保证金的程序也大大利于纠纷的解决，使得在线仲裁的执行更加快捷，保障了仲裁裁决的执行力。

第三，互联网仲裁符合对外开放的现实需求。

随着社会经济进程的持续加快，国家不断推进"一带一路"和自由贸易区的建设，带动我国跨境贸易更加繁荣的同时，也导致了跨境贸易纠纷的频繁发生，其中必然也包括一些标的额较低的争议，这为在线仲裁的发展创造了良好条件。跨境贸易纠纷的解决通常缺乏统一、明确的法律规范，法院也往往缺乏有效解决此类冲突的经验，此时进行诉讼便会有较高的成本。传统的仲裁模式也有成本较高、缺乏灵活性的问题，这些问题往往会导致仲裁的失败。在线仲裁时，当事人可以及时寻求专家的帮助来解决纠纷，通过他们共同认可的仲裁机制以快速且有效的方式解决纠纷，使在线仲裁自身的优势得到最大发挥，同时也将为跨境电子商务的发展起到助推作用。

2. 我国互联网仲裁的发展与国外实践经验

（1）我国互联网仲裁的发展。

我国互联网仲裁起步较晚，发展较慢，目前仍处于不断探索的阶段。随着我国互联网技术的不断发展，越来越多的纠纷发生在互联网领域。结合我国国情，探索在线纠纷解决机制有其自身的必然性，将线下的审判模式搬到线上，建立、完善在线纠纷解决机制，是我国在新时代下势在必行的探索。当下，越来越多的学者开始倡导运用互联网法院进行审判，互联网仲裁亦是如此。根据相关资料显示，中国国际经济贸易仲裁委员会是我国第一个运用在线仲裁的机构。其实早在 2000 年，中国国际经济贸易仲裁委员会就开始对在线仲裁模式进行研究，并试图将其运用到实践中。2001 年 8 月，贸仲网上争议解决中心正式成立。贸仲网上争议解决中心基于专门的互联网服务平台，主要用于解决互联网领域中有关电子商务产生的纠纷。在贸仲网上争议解决中心运行后，我国开始对在线仲裁模式进行探索，贸仲网上争议解决中心的运行也为广州仲裁委于 2007 年推行的互联网仲裁奠定了基础。但由于这是我国第一次运行互联网仲裁，广州仲裁委推行的仲裁范围仅限于水电费的纠纷，所创设的互联网仲裁平台的技术含量较低。直到 2014 年我国才推行了完善的互联网仲裁平台，这也是我国互联网仲裁的一大进步。2016 年，青岛仲裁委员会在国内成立了第一家互联网仲裁院。2016 年，广州仲裁委员会运用互联网技术推行在线仲裁，建立针对案件数据的管理分析系统，实现案件信息共享化和案件处理网络化，当事人坐在家中便可轻松便捷地完成立案申请、在线缴费、提交证据、查阅案件进度以及裁决结果等相关流程。在线仲裁服务平台的运行不仅实现了智能化解决纠纷，还为仲裁员等人员提供了仲裁案件的数据统计和分析。

对于我国互联网仲裁模式的探索，我国国务院发布专门性文件对互联网仲裁做出具体规范要求，在《国务院关于积极推进"互联网＋"行动的指导意见》中明确我国需要建立互联网仲裁模式，互联网仲裁的建设能够推动我国法治建设的发展，积极发展在线仲裁法律制度是站在全局的高度和时代的高度为适应经济社会发展提出的新要求。

我国互联网仲裁的运行模式，主要是在互联网领域中发生电子商务纠纷时，消费者先与经营者进行在线协商，协商不成再进入互联网仲裁平台进行调解，以此来解决纠纷。在现实运用中，最开始即使是消费者与经营者在互联网平台上申请仲裁，因其在线仲裁模式的自身原因，其审理过程依然采用的是传统的仲裁模式。由此可见，我国互联网仲裁的发展还停留在探索阶段，仲裁体系不够成熟，难以得到广泛运用。因此，我国的互联网仲裁模式亟须与国际规则接轨。

（2）国外互联网仲裁的司法实践。

国外互联网仲裁的发展比我国早，对互联网仲裁模式不断探索至今已经发展出一套完整成熟的体系。我国互联网仲裁的发展可以借鉴国外互联网仲裁发展的经验，结合我国国情，将仲裁理论与仲裁实践相结合，运用在我国法治建设过程中。

第一，国际商会仲裁院的实践运用。

国际商会仲裁院是为了确保仲裁规则能够得以遵守和执行而在国际商会中设立的一个机构。在国际商会仲裁院中，基本原则是尊重当事人之间的合意，为当事人提供仲裁服务，解决当事人之间的纠纷。在国际商会仲裁院中，仲裁员保持着中立性，站在第三人的角度对仲裁纠纷进行调解。随着时代的不断发展，国际商会仲裁规则也随之发生了改变。新颁行的《国际商会仲裁规则》在原有的规则基础上进行了变动，更加适应新时代的发展。

《国际商会仲裁规则》中最显著的两个特点是公允性和协商性。新施行的《国际商会仲裁规则》有四点明显变化。第一，新《国际商会仲裁规则》明确了国际商会仲裁受理案件的范围，限定只有在商业领域中发生的纠纷才适用国际商会仲裁。第二，新修改的规则中扩大了互联网仲裁的适用范围，明确了能够适用互联网仲裁，承认了互联网仲裁的效力，符合新时代的发展。第三，便捷了当事人的权利义务。在当事人申请仲裁时对于案件的陈述不需要做具体详细的说明，只需要将争议事项及相关情况写清即可。第四，提高了对信息的保密程度。相比之下，我国的互联网仲裁发展速度过快，没有明确的法律条文对其进行规范，互联网仲裁的受理案件范围覆盖了大多数的案件受理范围，没有具体明确的指向性，与传统仲裁没有太大差异。我国目前还需要在借鉴国外互联网仲裁的经验基础上，结合我国国情对互联网仲裁机制进行调整，以便互联网仲裁机构能够适应新时代、新技术的发展，进而促进我国法治的发展。

第二，美国关于互联网仲裁的实践经验。

美国诸多法院将仲裁、诉讼与和解互相结合为一体，法官与当事人之间可以有密切的互动。这种模式最早出现在费城。法院会向公众宣传有关在线纠纷解决机制的内容，当事人可以通过协商选择解决纠纷的模式。这种模式很大程度上保障了当事人的选择权利。但相应的，法院在此过程中也有极大的权力。法院有权决定仲裁案件审理的范围，可以将仲裁作为某些特定案件的前置程序。当事人不服的，可以上诉。在仲裁过程中，当事人可以通过电子方式与法官进行交流，参与到审理案件的过程中。就目前看，这种模式有一定的发展前景。

而我国虽然有在线纠纷解决机制，但大部分民众对此并不了解。法院缺乏宣传导致众多民众并不具有互联网仲裁的意识，一定程度上是对民众选择权的限制与剥夺。以至于许多时候在线解决纠纷机制都无法运用在现实生活，无法满足当事人多样化的司法需求。另外，我国的在线纠纷解决机制往往单纯地将互联网与司法审判活动相结合，法院诉讼与仲裁事项仍是相分离的。然而在实践中，仲裁跟司法活动之间有着密切的联系。当事人无法仲裁或者对仲裁协议不服时，可以选择诉讼。因此在建立互联网仲裁平台时，我们还需要将互联网仲裁平台与互联网法院相结合，有效地进行衔接。

第三，加拿大关于互联网仲裁的实践经验。

20世纪90年代加拿大蒙特利尔大学公法研究中心曾经设立了一个实验项目，用于争议的解决，这就是萨博裁判庭。萨博裁判庭中除了刑事案件以外，其他各个领域的案件都可以解决。无论是互联网领域中的纠纷，还是现实中的民事纠纷、行政纠纷，都可以通过萨博裁判庭解决。萨博裁判庭的设立所追求的就是运用新兴技术为当事人解决法律纠纷。其中的仲裁员不仅仅局限于法律专业人士、技术人员、商业人员，不论是何种职业，只要有助于案件审理，萨博裁判庭都愿意聘请其协助解决争议。这个试验项目的大部分内容、程序都是通过互联网操作来进行的。在实验项目中，为了规范操作默认使用英语。公法研究中心设立萨博裁判庭时是以联合国国际贸易法委员会仲裁规则为蓝本，还参照了国际商会仲裁院的仲裁规则，制定了《通用仲裁程序》提供给当事人。该《通用仲裁程序》也十分符合互联网发展的实际情况。

结合我国实践，倘若要完善、健全互联网仲裁法律制度，一个完善的配套规则是关键。配套规则也可以弥补我国关于互联网仲裁法律规范不够系统化、规范化的不足。目前我国需要做的就是以现行的仲裁法为基础，借鉴国外仲裁机构的规章制度以及管理机制的经验，创设符合我国国情和互联网发展的仲裁，使我国互联网仲裁既与国际接轨又符合自身时代发展。

3. 互联网仲裁的完善

互联网仲裁作为在线纠纷解决机制的重要途径之一，是未来多元化纠纷解决机制的重要发展方向，势必在未来纠纷解决中发挥重要作用。因此，针对我国互联网仲裁的发展，结合域外经验，应从立法层面和实践层面对互联网仲裁制度进行完善，以此合理维护仲裁双方的利益。

（1）立法层面。

目前我国互联网仲裁发展模式没有统一、完善的法律框架。而制定基础性的规范化流程，保障互联网仲裁模式的发展，规范互联网仲裁程序的内容,将使得我国互联网仲裁模式的运行有章可循,从而推动我国互联网仲裁的发展。

第一,完善互联网仲裁法律规范体系。

要想促进互联网仲裁的发展,势必要运用法律的手段保障互联网仲裁,以明确的规范管理互联网仲裁。目前我国互联网仲裁普及率较低,许多民众不知道有互联网仲裁这种在线纠纷解决机制的手段。而许多对互联网仲裁有了解的当事人,也很少选择运用互联网仲裁解决纠纷,导致互联网仲裁资源浪费。针对现状,中国国际经济贸易仲裁委员会在2015年发布了《网上仲裁规则》(以下简称《规则》),明确了互联网仲裁中当事人的权利义务,规范了当事人在互联网仲裁平台中提交材料的具体方式,明确了互联网仲裁可以采用电子方式开庭。然而规范中又规定了,双方当事人仍然可以提交纸质材料。这就意味着,中国国际经济贸易仲裁委员会发布的这份《规则》还不是真正意义上的互联网仲裁规范。尽管如此,这份《规则》仍然是互联网仲裁模式探索的一个重大进步,标志着我国开始运用法律法规规范互联网仲裁,为我国互联网仲裁的立法积累了经验。

第二,规范互联网仲裁裁决的送达与执行。

互联网仲裁裁决是在我国传统仲裁裁决的基础上发展起来的,它们同样是由仲裁机构进行裁决。互联网仲裁对于双方当事人亦不具有强制执行力,若需要发生强制执行的效力,需要到人民法院进行申请。双方当事人到人民法院进行了申请,互联网仲裁所作出的仲裁裁决才具有法律效力。只有一方当事人不履行,才可申请强制执行。而对于互联网仲裁裁决文书的规范,《中华人民共和国电子签名法》中作出了具体规定:互联网仲裁模式中当事人如要向法院申请强制执行必须采用书面文本,并将书面文本提交至法院强制执行机关。然而这种方式又与互联网裁决的便利性发生了矛盾,耗费了大量的人力、物力、财力,不是真正意义上的互联网裁决,也使得互联网裁决的优势无法发挥作用。我国确立了互联网仲裁裁决解决在线纠纷问题,也在不断寻找一种积极有效的方式,能够使互联网仲裁裁决得到更好的发展,为当事人提供一种更高效率的途径,减少司法资源的浪费。笔者认为,可以通过相关立法规定允许仲裁双方当事人自由决定裁决书的形式,即当事人可以自由决定电子仲裁裁决或纸质版仲裁裁决,此时电子仲裁裁决的效力应当被承认。

(2) 实践层面。

良法是善治的前提,而执法则是良法生命的体现。互联网仲裁实践层面亦需要不断完善,以配合相关立法的推进和实施。针对提高互联网仲裁的实践,笔者认为可以从以下几个方面对相关实践问题进行改善:第一,加强对互联网仲裁平台的统一建立和管理,完善互联网仲裁平台的程序,避免互联网仲裁平台风险的产生;第二,完善线上庭审程序,保障仲裁过程顺利实施;第三,加强对互联网仲裁员的管理,完善管理制度;第四,建立民众对互联网仲裁的信任,加大对互联网仲裁的宣传,让民众了解到互联网仲裁的服务内容。

第一,建立统一管理使用的互联网仲裁平台。

随着经济全球化进程不断推进,国与国之间的地域界限变得越来越模糊,异地网上解决矛盾纠纷是未来发展的必然趋势。这种趋势在一定程度上促进了我国当前仲裁模式的转变,给互联网仲裁的发展提供了广阔的前景。现阶段,我国已经初步建立了互联网智能化平台,虽然与发达国家相比尚存在较大差距,但也已经取得了一定的成果。为了更好地把握互联网时代带来的机遇,促进矛盾纠纷的快速解决,加强国际交流和深入学习,顺应互联网仲裁以及现有国际形势的发展,我们需要建立一个统一化、多元化、智能化的在线仲裁服务平台。互联网仲裁平台的建设不仅要紧跟互联网时代科技发展的步伐,还要广泛吸收"法律+"复合型人才,利用先进技术保障平台的安全。基于此,笔者认为,以仲裁当事人和仲裁机构利益为导向,采用先进技术保障互联网仲裁数据传输安全。首先,应完善在线平台系统。当事人可以通过这个平台系统完成案件资料的上传,完成案件仲裁信息的浏览,因此要有技术保证信息的独立与保密。同时当事人在互联网仲裁平台中可以通过上传资料等方式完成仲裁流程,可以随时查找信息,了解案件的相关进展。其次,互联网仲裁信息平台应有效统一地收集数据进行管理，方便仲裁人员进行管理、查阅，减少对仲裁机构人力物力财力的浪费。最后，完善风险技术，保障互联网仲裁平台的安全。可以通过对电子文件的加密，对当事人传输的材料进行安全保护，实现互联网仲裁的有效运作。

第二，完善线上庭审程序，保障仲裁过程顺利进行。

结合实践，现阶段我国线上庭审程序大致包括以下几个流程。第一步，双方当事人达成在线仲裁合意。第二步，确定仲裁地。"虚拟性"的互联网仲裁模式使仲裁员可以利用网络远程通信技术随时进行仲裁交流。第三步，在线选任仲裁员。第四步，进入庭审程序。

针对上述实践中的一般流程，笔者提出以下建议：① 明确规定互联网仲裁庭审环境要求。限定当事人只能选择在安静的室内环境完成在线仲裁的庭审程序，以防止嘈杂的环境对庭审造成不良影响。② 明确规定互联网仲裁的网络要求。由于互联网仲裁是通过远程视频的方式进行庭审，当事人及仲裁员必须保证网络畅通，避免延迟、卡顿等影响庭审的进行。③ 明确规定互联网仲裁的设备要求。当事人应利用符合基本要求的设备，确保视频画面清晰，尽可能多设备进行视频庭审，全方位展现庭审环境。④ 制定故障延期审理方案。网络状况、设备问题、相关人员的身体情况都可理解为广义的故障，制定严格的延期审理程序有利于对相关故障的应对。⑤ 适当简化审理程序。在融合了互联网技术后，传统仲裁的灵活性应当予以释放，例如：面对简单的涉网纠纷可以不开庭为原则，以开庭为例外；适当缩短审理期限；以视频方式仲裁的，仲裁员应当庭裁决，无法当庭裁决应将电子裁决书于 72 小时内送达双方当事人。

第三，完善互联网仲裁员管理制度。

基于互联网的虚拟性，仲裁员与当事人之间很难达成信任，在裁决过程中需要全面、尽责、专业的人员进行仲裁裁决，化解纠纷。且在互联网仲裁中，对仲裁员的法律专业水平和计算机操作能力都有着相应的要求，互联网仲裁机构应当加强对仲裁员综合素质的培训，以保证仲裁的程序和结果公正。

建立完善的互联网仲裁员管理制度，可从以下角度进行。首先，完善对互联网仲裁人员资格的管理，进行互联网仲裁的仲裁人员除具备从业资格人员资质的外，还应需要具备一定的计算机操作能力。其次，构建仲裁员考核体制和评价体系。仲裁服务平台应当定期开展考核活动，加强仲裁员的法律专业知识与计算机操作技能。在实践应用中，还应当大力提倡采用打分数的方式，鼓励当事人对仲裁裁决结果、仲裁员的业务水平以及品行素质等方面进行综合评价，并将随案评价纳入仲裁员的考核机制中，以此来督促仲裁员认真处理矛盾纠纷。再次，明确在线仲裁员的责任。明确互联网仲裁员在仲裁工作中应当履行信息披露、尽职尽责等义务。最后，加强对仲裁员知识和技能层面的培训制度。互联网仲裁，归根结底是仲裁员利用自己的专业知识为当事人解决纠纷，法律知识水平、业务能力及其他综合能力的培训是互联网仲裁机构应尽职做到的。

第四，加强互联网仲裁宣传，增强社会公众信任。

传统仲裁以不公开为原则，保密性较高，相较于正常的法院审理程序较难示范推广。互联网仲裁在此基础上更具虚拟性，更难令公众信任。因此，要推动我国在线仲裁法律机制的顺利实施，必须先解决民众仲裁意识缺乏与信任不足的问题。首先，充分利用新闻媒体大力宣传在线仲裁小知识，比如利用微博、微信公众号等媒体；其次，深入地方企业，采用开办宣传栏，发放宣传册等多种形式，普及在线仲裁流程，推广在线仲裁服务。以此帮助民众揭开在线仲裁的神秘面纱，逐步改变民众对在线仲裁观念意识上的偏见，增强公众的信任。

第八章

案例详解

（一）P公司、X公司诉杭州D公司、Z公司不正当竞争纠纷案

【案由判定】

互联网知识产权诉讼＞不正当竞争

【基本案情】

原告为P公司和X公司。P公司是国内某知名品牌手机的制造商、某C手机操作系统产品的著作权人和所有权人，为手机用户提供软件产品服务，并通过移动应用程序预置等形式开展经营活动。X公司是P品牌手机中移动互联业务的经营者，通过某C手机操作系统对软件商店、游戏中心、浏览器等移动应用程序进行移动互联业务经营并取得收益。

被告为杭州D公司和Z公司。D公司是×××网站及案涉"×××"刷机软件的开发者、经营者，通过×××网站为其用户提供针对P品牌手机系统ROM的

开发、定制、下载及安装服务。Z公司则通过×××网站实际向用户收取费用。

原告认为被告共同运营的"×××"刷机软件及网站所实施的上述行为，妨碍、破坏了两原告合法提供的网络产品或服务的正常运行，构成不正当竞争，扰乱了市场竞争秩序并损害了两原告以及用户的合法权益，故提起诉讼。

【争议焦点】

本案主要的争议焦点是二被告的行为是否构成不正当竞争。

【裁判结果】

法院认为，原告的经营模式是通过用户使用其品牌手机而获得流量优势和移动互联网入口优势。原告的成本主要在于手机产品的研发、生产以及面世后的市场拓展。此种经营模式符合现阶段我国数字经济市场的发展特质，原告应当享有通过其获得的流量优势和移动互联网入口优势而得到的流量变现的权益。二被告为客户提供刷机破解官网软件包并载入非正规软件包的服务，均明显指向原告手机品牌。二被告的行为实质上更改、替换了原告品牌手机的官方原生系统，与手机行业公认的商业道德相违背。

二被告的运营以手机厂商的用户群为基础，通过同质替代的商业模式窃取本该原告享有的利益。一方面，其行为本身未建立在公平、正当的基础之上，且未能给用户提供正规、优质的服务，不利于我国手机市场的健康发展；另一方面，二被告为用户提供的刷机行为是不合法的，这种行为可能导致手机用户的个人数据被非法搜集和利用，存在侵害网络个人信息数据安全的风险，不利于互联网生态良性循环。因此，二被告的行为具有不正当性。

本案中，法院判令被告立即停止不正当竞争行为，并赔偿原告经济损失50万元。

【案情分析】

根据《反不正当竞争法》以及司法实践的经验，构成不正当竞争行为需满足以下条件：一是法律对该种竞争行为未作出特别规定；二是其他经营者的合法权益确因该竞争行为而受到了实际损害；三是该种竞争行为确因违反诚实信用原则和公认的商业道德而具有不正当性或者说可责性。因此，在司法实践中判断争议行为是否构成不正当竞争，应该从以下四个方面进行综合考量。

1. 两原告是否享有《反不正当竞争法》所保护的权益

在市场经济大环境下，商业模式是不同市场主体在公平的自由竞争中的产物，不受《反不正当竞争法》的保护。《反不正当竞争法》保护的是商业模式背后的市场主体的合法经营利益。如果市场主体按照法律法规进行商业活动，其通过合法、合规的竞争行为所获得的竞争优势和商业利益将受到《反不正当竞争法》的保护。

此案中，法院认定，P品牌会根据用户使用手机和移动互联网门户的优势，预先安装第三方或自行开发的协作应用程序，并为操作系统中的各种应用程序预设广告资源。合作运营游戏的业务模型和其他应用程序分发模型、提供增值服务是获得运营收入的重要方式，手机制造商应有权从后续流量中获利。因此，P品牌使用应用软件分发服务业务模型来实现利润增长，其主张并获得合法的竞争利益和商业利益应该受到《反不正当竞争法》的保护。

2. 被诉行为是否具有正当性

根据《反不正当竞争法》第二条规定，经营者在生产经营活动中，应当遵循自愿、平等、公平、诚信的原则，遵守法律和商业道德。判断一项行为是否具有正当性、可责性，应该以自由和公平的原则为基本标准，结合争议行为的目的、事实手段、行为后果等要素综合对其行为性质进行考量。在此过程中，要将商业道德、竞争秩序、利益平衡等重要标准来确认并进行综合判断。

本案中，法院认为从争议行为方式、手段、目的和结果综合认定，被告的行为主观上具有破解原告品牌手机应用系统后进行更改、替换其官方原生系统的故意，不仅是一种以营利为目的商业行为，还明显指向某一手机制造商，最终损害该手机厂商和用户的合法权益。从商业道德的角度来看，《反不正当竞争法》所要求的商业道德是指特定商业领域中市场交易参与者所普遍认知和接受的行为标准，被告提供的刷机服务行为不合法，不具有正当性，其行为具有可责性，不仅违反了基本的商业伦理，更直接干扰了两原告的商业模式，既违反了诚实信用原则，也违背了手机行业所公认的商业道德。从竞争秩序的角度看，经营者通常可以根据市场需要和消费者需求自由选择商业模式，这是市场经济的必然要求，但是使用同质替代的方式利用他人已经取得的用户资源来取得他人应得的竞争优势及利益的行为，就属于不正当竞争行为。被告作为专门提供刷机和相关服务的公司，其商业模式具有寄生性，一定程度上属于"搭便车"的行为。被告通过不正当地利用他人已经取得的市场成果，攫取了原本属于两原告的商业机会，从而获取竞争优势和经济利益。这种行为不应当被认定为符合市场秩序的竞争行为。

3. 双方当事人是否属于竞争关系

随着经济发展和商业模式的创新，服务分工日益多元化，互联网环境下的行业边界渐趋模糊，对于竞争关系的认定不应囿于同行业间关系，而应从经营者具体实施的经营行为予以考量，只要具有相同的用户群体，在经营中争夺相同用户资源或相同用户的注意力、交易机会，就应认定存在竞争关系。

本案中，法院认为原被告之间的用户群体均是手机用户，经营模式上均有通过应用分发服务获取利益，具有同质性。故原被告双方在移动互联网用户流量领域和内容服务领域高度重合，具有《反不正当竞争法》规制的竞争关系。

本案中，法院认定原告和被告的客户资源都是手机用户，尤其是双方重叠的手机用户，他们的商业模式都可以从应用程序分发服务中获得收益。双方在移动网络用户流量和内容服务领域中的重叠比例很高，在这种情况下，双方当事人构成《反不正当竞争法》语境下的竞争关系。

4. 被诉行为是否给原告造成损害

本案中，法院认为两原告通过应用软件分发商业模式的经营积累了应用软件合作商、广告商，获取了较大的商业利益，也积累了在互联网行业中的竞争优势，应用软件分发服务变现获益模式对于现阶段的智能手机制造商的意义远大于手机软硬件销售本身，成为两原告获取市场收益的主要商业模式及核心竞争力。被告提供刷机服务，实质性替换了互联网流量入口，阻断了手机厂商与合作商、广告商的联系，增加了自身服务通道，直接损害了两原告的商业利益。该行为不仅破坏了两原告的商业模式，削弱了其市场竞争优势，亦侵害了两原告的核心竞争力，破坏了互联网流量入口市场的竞争秩序。

综上所述，本案中被告行为构成不正当竞争。

本案系全国首例安卓智能手机系统刷机案，触及数字经济时代应用分发服务商业模式新业态和共生性经济经营者间的正当竞争边界。互联网环境下手机厂商、软件经营者之间在竞争过程中确实难免存在相互干扰和影响，但这种干扰和影响应具有一定的限度。竞争行为应当在法律规定的范围内，遵守诚实信用原则和公认的商业道德，从有利于手机市场的发展、秩序的稳定和消费者利益的维护出发，而非打着"维护消费者利益"的旗号，通过技术手段破坏他人正常的经营活动的方式来牟利。

（二）吴某诉某借贷公司等债权转让合同纠纷案

【案由判定】

互联网民商事诉讼＞债权转让合同纠纷

【基本案情】

2017年，吴某与某借贷公司及其法定代表人邱某签订一份网络平台投资人回购协议，约定某借贷公司回购其平台的所有债权债务，包括吴某在其网络平台投资的理财产品"年年有余"52.1万元，某借贷公司同意自2017年9月1日起，分3年六期归还吴某：第一期每月回款待收本金的1%，回款期间为6个月，自2017年9月起至2018年2月止，每月11日前回款。第二期每月回款待收本金的2%，回款期间为6个月，自2018年3月起至2018年8月止，每月11日前回款。第三期每月回款待收本金的6%，回款期间为6个月，自2018年9月起至2019年2月止，每月11日前回款。第四期每月回款待收本金的6%，回款期间为6个月，自2019年3月起至2019年8月止，每月11日前回款。第五期每月回款待收本金的4%，回款期间为6个月，自2019年9月起至2020年2月止，每月11日前回款。第六期每月回款待收本金的3%，回款期间为6个月，自2020年3月起至2020年8月止，每月11日前回款。以上合计归还132%，其中32%作为平台投资收益归还吴某。法定代表人邱某自愿对上述债务承担连带保证责任。协议还约定，若某借贷公司未按约定履行回款义务，应按每日万分之一计算违约金，发生纠纷由某借贷公司住所地人民法院管辖。

回款协议签订后，约定的第一期回款合计31260元，已于每月11日按时足额收到；第二期于2018年3月11日足额收到第一个月的10420元。某借贷公司自第二个月开始违约，2018年4月11日仅仅支付5210元。2018年5月7日，吴某向法院提起诉讼，请求判令被告支付吴某52.1万元及相应利息。吴某起诉后，某借贷公司于2018年5月14日单方面提出回款协议变更补充协议，擅自将2018年5月、6月的回款比例修改为不低于0.3%，并分别于2018年5月30日、6月29日通过案外人邱某银向吴某支付了1563元。

【争议焦点】

本案争议焦点如下:
(1) 债权分期履行合同中,违约一方的期限利益是否丧失;
(2) 本案中意思自治原则的适用;
(3) P2P 网贷平台与投资者之间法律关系及债权转让的效力。

【判决结果】

吴某与某借贷公司、邱某签订的合同系真实意思表示,且合同内容没有违反强制性法律规定,故该协议合法有效,合同当事人应当按照合同约定的内容履行。在后期无法履行约定的情况下,某借贷公司与新投资人签订新方案,遂单方面提出变更与吴某的协议,吴某不予认可,变更补充协议不能成立,某借贷公司应当根据原协议严格履行还款义务。法院判决,某借贷公司在规定期限内偿还吴某剩余欠款,邱某对上述债务承担连带责任,邱某在承担担保责任之后,有权向某借贷公司追偿。

【案情分析】

本案是一起典型的因 P2P 网络平台退出经营所引发的清退合同纠纷。

1. 对于债权分期履行合同中,违约一方的期限利益是否丧失

期限利益,指期限到来之前当事人享受的利益。一般认为,期限利益是专属于债务人的利益,在期限到来之前,债务人可以对抗支付请求,债权人不能提前要求债务人履行债务。当然,为了平衡当事人的权利和义务,防止债务人滥用期限利益损害债权人利益,法律规定了若干例外情形,如实际逾期达一定程度、债务人受破产宣告以及预期违约、债务人毁灭或减少担保、负有提供担保义务而不提供等。

本案中，争议合同是 P2P 平台的运营公司与法定代表人和投资者之间的回购合同。当回购合同中的原告和被告付款次数达到 3 次以上，且在确定期间内的不同日期进行付款，其实质属于债权分期履行合同。与该案有关的债务是分期购回的，但交易的标的是公司的债务，其特征与普通买卖不同。首先，被告的债务实质为分期返还投资人的投资款项，并非用于满足日常开销。其次，原告吴某作为债务的出让人，基于其所出让的债务为被告所欠其投资款的特点，其因分期回收投资款而承担的风险，与一般以消费为目的分期付款买卖中出卖人收回价款的风险不同。最后，被告应当退回的款项合计为投资款的 132%，其中 32% 作为投资收益退还原告。在通常分期付款买卖合同中，是买方支付的价格总和多于普通一次性买卖中买方支付的总价。

最高人民法院第 67 号指导案例的裁判要旨明确股权转让合同不适用《民法典》第六百三十四条，其中第一点裁判理由认为《民法典》第六百三十四条主要适用于消费者合同。但这一司法观点并未直接回答非股权转让的债权让与合同、商事合同是否应当参照适用该条款等问题。一般而言，在分期付款买卖合同中，买受人支付的价款之和一般高于普通买卖合同中买方一次性支付的总价款，所以，买受人的期限利益并非"无义务的权利"。事实上，在分期付款交易过程中，期限利益是买受人应当享有的权利，因此对买受人该权益的剥夺应当综合案件情况予以慎重考虑。

债权分期履行合同属于我国《民法典》中的无名合同，因此没有明确的立法制度，但就合同的内容和形式而言，最接近的是分期付款买卖合同，可以参照适用相关规定。本案中，合同是 P2P 平台的运营公司与其法定代表人和投资者之间签署的回购协议，以分期付款的形式回购公司的债权和债务。该协议中规定的付款次数达到 3 次以上，并且在特定期限内的不同日期进行付款。从本质上讲，合同属于债权分期履行合同。自签订合同以来，被告已履行了五分之一以上的义务，未履行部分超过了五分之三。按照《民法典》第六百三十四条有关规定，被告不再按照合同的约定履行义务时，按照法律规定，原告有权提起诉讼，要求法院解除合同，剥夺债务人 P2P 网贷平台（付款方）对未到期款项的支付享有期限利益。由于本案中的原告经法院解释后，明确表示不解除合同，而仅就已经构成违约的事实提出请求，因此法院依法判令支持其诉求。

2. 关于意思自治原则的适用

本案中，原告为取回投资款，与被告平等协商签订了回款协议，约定被告以分期付款的方式回购其所负债务。协议签订后，被告依约履行了第一期的回款协议，但逾期履行了第二期的回款义务，且因后续无法如数兑现，单方面提出回款协议变更补充协议，修改了最低回款比例，并与本案原告以外的部分投资人签订新方案。从法律性质上看，被告单方面提出回款协议变更补充协议应属于其对原有回款协议进行重新约定的意思表示，即要约。因重新约定未得到原告的认可，即新要约并未获得承诺，故应认定新的合同未成立。因此，在新的约定未达成合意的情况下，双方应按照原回款协议约定的内容继续履行各自的义务。被告擅自停止履行合同中约定的义务，应对未履行的回款义务承担违约责任。

3. 关于 P2P 网贷平台与投资者之间法律关系及债权转让的效力

本案中，原告对被告经营项目进行投资。在平台企业因监管政策退出经营、投资项目暂停后，平台法定代表人主动以本人及平台名义与投资人签订还款方案，承诺回购所有的债权债务，即出借人和借款人签订借款协议时，P2P 网贷平台也参与进来。因此，在借款人到期无法偿还本金和利息时，P2P 网贷平台将继受借款人债务的债权转让模式，相当于在借款合同中加入了债权转让合同。在此商业模式中，P2P 网贷平台不是信息中介，而是信用中介。换言之，网贷平台以自身的财产信用为担保，参与到借贷民事法律关系中。在《网络借贷信息中介机构业务活动管理暂行办法》（以下简称《管理办法》）第十条第（八）项规定中，此种债权转让模式被监管部门明令禁止。但是在此种债权转让模式的法律效力上分析，P2P 网贷平台的债权转让是符合《民法典》第五百四十五条规定的。借款合同是典型的财产性质的合同，不存在因合同性质不得转让的情况，在实践中，P2P网贷平台与借款人之间也不会特意做出不得转让的约定。《管理办法》的制定主体是银保监会、工信部等中央部委，该办法的位阶为部门规章，不属于人民代表大会和人大常委会制定的法律范畴。故这种合同不符合《民法典》第五百四十五条规定的不得转让的条件。至于《民法典》第五百四十五条中所描述的"法律"是否能被扩大解释，笔者认为《民法典》第五百四十五条的立法目的是将合同可以转让定为常态，而禁止转让只是例外情况，因此对该条款限制合同转让的规定应严格解释，不应随意扩大。而且，从债权实现可能性来看，网贷平台代为清偿债务以及平台实际控制人加入债权，共同承担还款责任，明显增加了清偿能力，有利于网贷投资者实现债权。故P2P网贷平台实施债权转让的行为，虽然违反了《管理办法》的规定，但是这种行为并不必然导致借贷合同无效。在全国互联网金融风险集中整治行动全面开展的大背景下，司法判决依法认可被告回购其债权债务的转让模式有效，对合同双方具有法律约束力。这不仅在法律效果上坚持了《民法典》鼓励交易的原则，在社会效果上也有利于投资者合法权益的保护和社会秩序稳定。

（三）《武侠Q传》游戏侵害著作权及不正当竞争纠纷案

【案由判定】

互联网知识产权诉讼＞著作权侵权纠纷、不正当竞争

【基本案情】

从2002年以来，M公司除拥有《金庸作品集》以中文形式出版的简体中文版本外，还拥有其系列丛书的专有使用权。W公司已获得在

指定区域和指定时间内对移动终端游戏软件进行改编的权利，并获得改编后游戏软件商业开发的独家许可授权。《武侠 Q 传》（以下简称案涉游戏）是由 H 网公司开发，由 LX 公司、WW 公司运营的一款纸牌手机游戏，包括四种类型的卡牌：角色卡、武术卡、服饰卡和阵法卡。经过比较，案涉游戏使用了案涉小说中的 76 个主要角色和 82 种武术，占案涉游戏相关设置情节 70%左右，还使用了案涉小说中的多个情节背景作为游戏场景。另外，案件涉及的游戏在角色描述、武术描述、服饰描述、训练描述和情节设置等多个方面与《金庸作品集》中的《射雕英雄传》《神雕侠侣》《倚天屠龙记》《笑傲江湖》的四部案涉小说中的部分内容具有可对应性或相似性。H 网公司自认争议游戏开发中涉及案涉小说作品的部分元素。二原告认为三被告的行为侵犯了案涉作品的改编权，构成不正当竞争，要求法院判令被告停止侵权、道歉、消除影响并赔偿经济损失 1 亿元。

【争议焦点】

本案主要的争议焦点是：

（1）H 网公司开发及与 LX 公司、WW 公司合作运营案涉游戏的行为是否构成对案涉作品改编权的侵犯；

（2）H 网公司、LX 公司、WW 公司的案涉行为是否构成不正当竞争行为。

【裁判结果】

一审法院认为，三被告不构成侵犯二原告的改编权，但三被告的行为违反诚实信用原则，构成不正当竞争。因此，一审法院判令三被告停止不正当竞争行为、消除影响、赔偿经济损失 1600 万元。双方均不服，提起上诉。

二审法院认为，本案所涉及小说中的人物角色、角色特点、角色关系、武术动作、情节以及其他特定的创造性元素是通过某种特定的方式结合在一起，以相对完整的方式表达作者对特定角色的创建或情节设计的构想。这是作品原始表达的有机组成部分。案涉游戏中的四种游戏卡牌、游戏进阶设置、名称设置和特定场景的描述与案涉小说作品中的部分内容具有很强的对应性。争议游戏中角色和武术的卡片组合规则、编队和特定场景之间相互关系的设计和安排，使案涉游戏可以反映出案涉小说作品的角色个性特征、情节体验、角色之间的关系等。因此，案涉游戏满足对案涉小说作品独创性表达的改编的要素，三被告应当共同承担侵权责任。如果认定三被告的案涉游戏不侵害原告作品的改编权，则《反不正当竞争法》将不再适用于处理和评价争议行为。二审法院在一审判决中纠正了改编权的认定，但维持了一审判决的经济赔偿数额。

【案情分析】

1. 案涉游戏是否构成对案涉作品改编权的侵犯

北京市高级人民法院认为，对于侵犯改编权行为的认定，一般遵循"接触加实质性相似"的判断方式，即从被诉侵权作品作者是否接触过权利人作品、被诉侵权作品与权利人作品之间是否构成实质性相似等方面进行判断，而判断是否构成实质性相似时，应比较作者在作品表达中的选择、取舍、安排、设计等是否相同或相近似。本案中，案涉作品在案涉游戏开发之前已经在先出版发行，H网公司在一审诉讼中亦认可开发案涉游戏时借鉴和参考了案涉作品的相关元素，据此可以认定H网公司开发案涉游戏接触了案涉作品。

在认定案涉游戏与案涉作品中大量人物名称、性格特征、兵器、武功招式等诸多内容存在相似性和对应性作出认定的基础上，判断案涉游戏是否侵犯案涉作品改编权的关键在于判断案涉游戏对案涉作品相关内容的使用是否属于以改编方式使用案涉作品的独创性表达。

就本案而言，首先，案涉游戏构成了对案涉作品独创性表达的使用，只是这种使用不是一般意义上的整体性或局部性使用，而是将案涉四部武侠小说中的独创性表达进行了截取式、组合式地使用。其次，案涉游戏对于案涉作品中人物角色、角色特点、角色关系、武术动作、情节等具体创作要素的使用，是以卡牌游戏这一新的表现形式进行再现，且由此所表现的人物特征、人物关系以及其他要素间的组合关系与案涉作品中的选择、安排、设计并不存在实质性差别，并未形成脱离于案涉作品中独创性表达的新表达。最后，若对案涉游戏的改编行为不予制止，将导致案涉小说作品的移动终端游戏改编权及相关权益很难通过同样的形式进行表达和实现。

综上所述，案涉游戏构成对案涉作品的改编，H 网公司未经许可改编案涉小说作品，属于对 M 公司和 W 公司享有的案涉作品移动终端游戏软件改编权的侵犯。

2. H 网公司、LX 公司、WW 公司的案涉行为是否构成不正当竞争行为

最高人民法院在《关于充分发挥知识产权审判职能作用推动社会主义文化大发展大繁荣和促进经济自主协调发展若干问题的意见》中指出："妥善处理专利、商标、著作权等知识产权专门法与反不正当竞争法的关系，反不正当竞争法补充性保护不能抵触专门法的立法政策，凡专门法已作穷尽规定的，原则上不再以反不正当竞争法作扩展保护。但在与知识产权专门法的立法政策相兼容的范围内，仍可以从制止不正当竞争的角度给予保护。"按照以上意见，在同一案件中，原告对于同一侵权行为，同时向法院主张侵犯著作权和违反《反不正当竞争法》第二条之规定的，人民法院可以一并审理。若是原告的诉讼请求可以根据《著作权法》获得支持，则不再适用《反不正当竞争》第二条进行处理。如果原告的主张不构成侵犯《著作权法》规定的权益，在与《著作权法》立法政策不冲突的情况下，可以根据《反不正当竞争法》第二条对争议行为进行评价。

本案中，M 公司和 W 公司系基于相同的保护对象即案涉作品，针对 H 网公司、LX 公司和 WW 公司的同一行为，同时主张侵犯改编权以及构成不正当竞争。针对同一保护对象和同一被诉行为时，《著作权

法》优先于《反不正当竞争法》,故本案不再行适用《反不正当竞争法》对案涉侵犯著作权行为进行处理和评价。

本案是对著名武侠小说进行网络游戏改编的典型案例。案涉小说作品是金庸先生创作的《神雕侠侣》等四部知名武侠小说。考虑到案涉游戏类型的特征,尽管未全部使用小说的情节,但主要角色、角色表现、角色关系、武术动作、配饰情节以及其他特定的创意元素、风格的使用构成了对案涉小说作品原始表达的一种改编。在梳理该案所涉作品的原始表述以及理清由改编权控制的改编行为与合理借鉴行为之间的区别之后,二审法院裁定三被告侵害了案涉小说作品的改编权,并且以案涉作品独家授权改编移动端游戏许可使用费800万元作为参考,认定三被告应赔偿原告经济损失1600万元,充分体现了案涉小说作品的市场价值。在法律适用方面,二审判决区分了《著作权法》和《反不正当竞争法》的适用规则,对类似案件的审判具有参考和指导意义,同时引导文学作品市场的发展和游戏行业的规范运营。

(四)李某诉某电商平台网络购物合同纠纷案

【案由判定】

互联网民商事诉讼>网络购物合同纠纷

【基本案情】

原告李某通过他的微信账户注册、登录了一个电子商务平台应用程序,并从该平台第三方商铺购买了U盘。收到产品后,李先生发现U盘的实际可用容量与产品描述不符,于是起诉电商平台欺诈,要求平台退还货款,并支付惩罚性赔偿。在答辩期内,该电子商务平台提出了管辖权异议,并向法院提交了《用户服务协议》作为证据。《用户服务协议》包含消费者单击"我已阅读并接受"按钮,以确认其已阅读并接受了本协议的所有条款；消费者完成注册过程或使用第三方账户登录平台并进行操作、使用平台的服务，视为用户阅读并完全理解本协议的内容，并自愿遵守本用户服务协议；产生争议时，由该平台所在的人民法院管辖。基于此，该电子商务平台认为，李某应根据该协议在该平台公司所在地的法院提起诉讼。李某则认为，没有在使用微信账号登录平台应用程序的购买过程中看到之前的协议，也没有点击"我已阅读并接受"按钮，也没有同意协议中的条款。

【争议焦点】

（1）《用户服务协议》是否成立，若成立合同是否有效；

（2）若《用户服务协议》成立且有效，协议中约定管辖条款是否有效。

【裁判结果】

法院经审理确认，新用户通过微信注册并登录电子商务平台应用程序，在登录过程中购买产品。此过程中，被告平台主张的，点击"我已阅读并接受《用户服务协议》"的操作程序未出现。与界面中的其他文本相比，只有底部的文本使用较浅的颜色和较小的字体来显示"查看用户协议"字样。单击链接才可以查看协议的内容。法院认定原告李某不知晓、不同意《用户服务协议》的内容。交易中约定的管辖权条款对李某没有法律约束力，因此裁定驳回被告提出的管辖权异议。经过法院调解，电子商务平台第三方销售商将货款退还给了李某，原告李某撤诉结案。

【案情分析】

合同成立的前提是合同当事人作出要约和承诺的意思表示且就合同的内容达成意思一致。只有法律明确规定或存在各方约定的情况下，不作为的默示行为才能视为意思表示，而签订电商平台服务协议不属于此种情形。因此，该用户服务协议生效、对平台用户产生法律约束力的条件应是用户以积极作为的行为表示对该协议内容的同意。在平台用户尚未知晓协议内容且未表示同意之前，协议并未生效，对该用户无约束力，电商平台不得基于协议内容限制其权利。当原告李某使用微信账号注册并登录平台应用进行购买时，没有阅读和接受《用户服务协议》的内容。也就是说，阅读和点击接受的操作不是进行交易的前置程序。使用微信账号登录购物平台应用程序，查看交易协议的链接在手机界面上显示非常不清楚，很容易被用户忽略。因此，当李某使用自己的微信账户登录该平台应用进行购买时，他没有承诺交易条款。因此，该协议不成立且没有效力，对李某不产生法律约束力，因此协议中的管辖权条款对李某不发生法律效力，李某有权向当地法院提起诉讼。根据《民事诉讼法》和司法解释的相应规定，向合同履行地即网络购物收货地法院提起诉讼，因此法院驳回了被告提出的管辖权异议。

电子商务平台需要在平台上的显著位置持续发布有关服务协议和交易规则的信息。《电子商务法》于2019年1月1日生效，其中第三十三条规定："电子商务平台经营者应当在其首页显著位置持续公示平台服务协议和交易规则信息或者上述信息的链接标识，并保证经营者和消费者能够便利、完整地阅览和下载。"电子商务平台服务协议是确定交易各方权利和义务的基础，消费者有权了解协议的内容，以决定是否接受、接受后继续进行交易。因此，电子商务平台应为消费者了解服务协议内容提供便利，而不是设置障碍，应继续依法在平台明显位置宣传协议内容，并提供保存、下载、协商和修改协议内容的方式。

电子商务平台有义务提示消费者注意服务协议中的责任限制免除条款，消费者有权要求解释说明。《民法典》合同编规定，拟定格式条款应当遵循公平原则确定各方权利义务，提供格式条款一方有义务合理提请对方注意其责任限制免除条款，并按照对方要求对责任限制免除条款进行解释说明。电商平台服务协议通常为电商平台预先拟定的格式合同，电商平台应以合理方式提示消费者注意到协议中对平台义务的限免条款，对消费者权利的限制条款，如通过字体加大加粗、标注醒目颜色、设置操作前置程序等方式使消费者更易注意到协议中的诉讼管辖、产品瑕疵归责、有效期间限定等条款，并应消费者的要求对条款内容予以正确的解释说明，避免误导消费者做出非真实交易的意思表示。

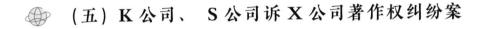（五）K公司、S公司诉X公司著作权纠纷案

【案由判定】

互联网知识产权诉讼＞著作权侵权纠纷

【基本案情】

S公司系《蓝Y传奇》的著作权人，同时也是本案案涉网页游戏的开发者，K公司系该游戏的发行运营公司，即享有《蓝Y传奇》的独家授权发行运营，亦享有《蓝Y传奇》的著作权许可。S公司与K公司二者均认为X公司运营的一款手机游戏《烈Y武尊》，在内容上基本复制了《蓝Y传奇》的整体基本表达，超越了借鉴的合理界限，侵犯了其二者的著作权。因此，二者共同提起诉讼，请求法院判令X公司即刻起停止复制、发行、运营《烈Y武尊》，以及通过网络传播等各种多样的方式向公众不断提供、宣传《烈Y武尊》的行为，并要求X公司在自己的官网首页刊登声明，以此消除不良影响，最后还要对S公司与K公司产生的经济损失以及各类合理支出进行赔偿，赔偿额共计3065万元。

【争议焦点】

本案主要的争议焦点是：

（1）S公司与K公司主张的《蓝Y传奇》游戏内容是否属于著作权法保护的客体；

(2)《烈Y武尊》与《蓝Y传奇》是否构成了实质性相似，X公司是否侵害了S公司与K公司的著作权。

【裁判结果】

杭州市中级人民法院经审理认为，著作权法在本质上保护的是具有独创性的表达，但是由于各种作品类型法定之限制，在电子游戏类型中，角色扮演型网络游戏是具备独创性但未被法律类型化的客体。此时，如果需要对该客体进行保护，就需要法律解释和漏洞填补规则。角色扮演类网络游戏构成独创性表达，一方面是通过连续动态画面来构成独创性表达；另一方面当情节需要时，创作者在进行了自己独到的创作安排，这样也可以称之为是一种独创性表达。本案的关键点在于，保护角色扮演类电子游戏，应当用哪种规则来进行评价。一审法院认为，网络游戏并不属于我国《著作权法》所规定的类似电影方法创作的作品。因此，直接将网络游戏认定为类似电影作品是违背了文义解释和立法解释的。由此可见，对该游戏的保护需要考虑运用的是法律漏洞填补方法。在独创性表达方面上，角色扮演类电子游戏与类似电影作品相近，从《著作权法》激励创作的立法目的出发，并考虑到保护该类游戏也并不会加深公众的额外负担，可以类推把类似电影作品的规则用于处理角色扮演类电子游戏的侵权纠纷中。案涉《蓝Y传奇》在连续的动态画面及游戏内容中的各种情节上均具备了著作权法保护中的独创性要求，是应当按照著作权法的内容对其进行保护的。因《烈Y武尊》的游戏内容中包含了大量与《蓝Y传奇》相同或近似的多种细致情节，且其一些游戏界面也与《蓝Y传奇》的游戏界面在外观上大致出现了相同的情况，故最终认定X公司的侵权行为成立。综上，杭州市中级人民法院判决X公司必须尽快停止对《蓝Y传奇》的侵权行为，并停止继续传播《烈Y武尊》手机游戏。

同时，考虑到一审判决还暂时没有生效，不具有强制执行力，为及时提供救济，杭州市中级人民法院还根据S公司与K公司的申请做出诉中行为保全裁定，责令X公司立即停止侵权行为。一审判决宣判后，

X 公司不服，向浙江省高级人民法院提起上诉。经审理，浙江省高级人民法院判决驳回上诉，维持原判。

【案情分析】

1. S 公司与 K 公司主张的《蓝 Y 传奇》游戏内容是否属于著作权法保护的客体

《著作权法实施条例》第二条规定，著作权法中所指的作品，是指具有独创性的一切文学、艺术和科学领域内，并能以某种有形形式进行复制的智力成果。《蓝 Y 传奇》属于角色扮演类网络游戏，属于一种智力成果，游戏的界面以及内容情节都可以做到有形复制，故《蓝 Y 传奇》游戏属于著作权法规定的具有独创性的作品。该游戏中的各类内容，包括故事情节、设定安排都类似于创作一个电影故事，随着玩家自身的不同操作而形成有伴音或者无伴音的连续动态画面，这与电影的摄制过程和成像过程非常相似，等到游戏创作结束，需要存储在介质中，然后借助电脑等数字类型的设备进行播放与传播。鉴于以上种种特征，《蓝 Y 传奇》游戏可以作为著作权法规定的类似摄制电影的方法创作的作品予以保护。

二审法院认为，一款新游戏的开发与设计往往并非从零开始，其区别于现有游戏的具有独创性的设计仍应受到著作权法保护。故在确定是否属于著作权保护的范围时，应当分为两个部分进行剔除，一个是无独创性的部分，另一个为公有领域的表达内容。除此之外，《蓝 Y 传奇》游戏对于创作元素、属性与数值的取舍、安排及其对应关系，以及在多个系统之间进行有机组合而形成自身拥有的特殊玩法规则和区别于其他游戏的情节是具有独创性的，很明显与其他游戏不同，显示出了自身高度的创新性，这一切都可以在游戏中的连续动态画面和画面中复杂多变的界面与直白的文字来显示，这种属于游戏中的整体画面中的具体表达，属于著作权法保护的客体。

2. 《烈Y武尊》与《蓝Y传奇》是否构成实质性相似，X公司是否侵害了S公司与K公司的著作权

认定在后游戏是否实质利用了在先游戏的独创性表达，应先判断两者单个子系统的特定呈现方式是否构成相同或实质性相似，再看整体游戏架构中对于单个子系统的选择、安排、组合是否实质性相似。本案中，对于角色扮演类游戏而言，具体的玩法规则、属性数值策划、技能体系等属于游戏设计的核心部分，美术、配乐等形象设计服务于游戏情节的需要，尽管《烈Y武尊》进行了美术、动画、音乐等内容的再创作，但其在玩法规则的特定呈现方式上利用了《蓝Y传奇》的独创性表达，对于普通游戏玩家而言，其所感知到的游戏整体情节相似度极高，两者整体上构成实质性相似。故《烈Y武尊》对《蓝Y传奇》游戏特定玩法规则的独创性表达进行了照搬和复制，侵犯了《蓝Y传奇》的著作权。

近些年来，网络游戏著作权侵权纠纷及不正当竞争纠纷频频发生，由此也引来了对相关法律的讨论，并产生了许多的争议。本案一审先行判决以长达5万字的篇幅，对网络游戏是否可以得到著作权法保护、具体的保护路径又该怎样选择、游戏侵权比对的方法、游戏侵权救济模式等问题进行了详细阐述。最终明确，独创性表达可以包含游戏情节，因此可以对其进行保护。未直接将游戏认定为类电影作品，而是通过科学的探讨，运用法律漏洞填补方法，进行类比推理适用法律进行加以保护。针对游戏侵权救济的迫切性，创造性地适用"先行判决＋临时禁令"模式为权利人提供救济。本案裁判重点明确的内容是网络游戏中的核心，即适用著作权法保护的核心原则，同时也对网络游戏著作权法保护中存在的漏洞进行了修补，提出了要坚守务实操作的态度，为今后其他司法案件的裁判，不仅要在理论方面加深研究，还要为社会上的众多游戏从业者在开发游戏方面怎样做到对自身进行有效保护，在防止侵权方面提供了很大的参考价值。

(六) QH 公司与 T 公司垄断纠纷案

【案由判定】

互联网知识产权诉讼＞垄断纠纷

【基本案情】

QH 公司为本案原告,是 360 安全卫士系列软件的著作权人及运营人。

T 公司是 QQ 软件著作权人,X 公司是 QQ 软件实际控制人,为本案两被告,共同运营 QQ 软件。

在本案之前,QH 公司与两被告之间就已存在诸多纠纷和矛盾,2010 年 11 月 3 日,T 公司告知其用户只能在 360 软件和 QQ 软件中择一使用。经政府相关部门的干预,360 软件和 QQ 软件重新实现兼容。2011 年 11 月 15 日,QH 公司认为 T 公司、X 公司限制交易、捆绑销售,滥用市场支配地位,向广东省高级人民法院提起本案诉讼。

【争议焦点】

本部分主要讨论以下争议焦点:第一,本案相关市场如何界定;第二,T 公司和 X 公司是否具有市场支配地位;第三,T 公司和 X 公司的行为是否属于滥用市场支配地位行为。

【裁判结果】

一审法院认为,综合性即时通信服务如 MSN,跨平台即时通信服务如飞信,跨网络即时通信服务如 Skype,文字、音频及视频即时通信,社交网站、微博服务应被纳入本案相关商品市场;而传统电话、传真、电子邮箱不应被纳入本案相关商品市场,本案相关地域市场应为全球。在市场支配地位的认定上，一审法院综合考虑了市场份额、控制交易条件的能力、阻碍或影响其他经营者进入相关市场的能力、客户黏性与网络效应、相关市场竞争状态、两被告的技术条件和财力，认为两被告不具备市场支配地位，但是两被告强迫用户择一使用产品的行为构成限制交易，其商业行为已经波及广大用户，超出必要限度。另外，原告认为两被告的行为构成搭售的主张不能成立。

二审法院认为，单一文字、音频或视频等非综合性即时通信服务，移动端即时通信服务，微博和社交网站单独提供的即时通信服务而不是社交网站和微博本身属于本案相关商品市场，手机短信、电子邮箱则不在其范围内。中国大陆应为本案相关地域市场。二审法院同样认为两被告不具备市场支配地位。两被告实施的行为虽然阻碍了用户更加方便地使用产品，但是没有明显地排除或限制竞争。另外，两被告将QQ与QQ软件管理一起安装具有一定程度的合理性，并且用户仍然可以选择卸载QQ软件管理，强制性不明显，不属于反垄断法中的搭售行为。

【案情分析】

本案遵循界定相关市场、认定市场支配地位、认定滥用行为的判断步骤，逐步得出两被告的行为是否属于滥用市场支配地位行为的结论。

1. 相关市场的界定

在相关商品市场范围的分析上，只具有文字、音频、视频中的一种或两种功能的非综合性即时通信服务与综合性即时通信服务的特性几乎完全相同，例如文字、音频或视频服务均能十分容易地以免费的方式从互联网上取得；二者至少有一种功能相同；二者之间的转变不存在较大的技术困难，故而非综合性即时通信服务应属于本案相关商品市场。与个人电脑端即时通信服务相比，移动端即时通信服务在商品特性、商品功能、商品质量、商品获取渠道等方面具有较高的一致性，并且移动端即时通信服务有超过个人电脑端的发展趋势，所以应属于本案相关商品市场。社交网站、微博本身，以及手机短信、电子邮箱与即时通信服务在特性上存在显著差异，主要功能不同，替代性可能性不高，所以不应被纳入本案相关市场范围。

在相关地域市场的界定方面，不能仅凭互联网即时通信服务在全球范围内具有可达性就将相关地域市场界定为全球范围。本案中，主要用户群体为中国大陆地区的用户，上述用户群体使用的即时通信服务主要由大陆地区的经营者提供，《中华人民共和国电信条例》和《电信业务经营许可管理办法》等对经营者开展即时通信服务限定了一系列条件，在主要境外即时通信经营者已在中国大陆地区存在的情况下，其他境外竞争者难以及时进入境内并发展成足够的规模。故而，中国大陆地区应作为本案相关地域市场的范围。

2. 市场支配地位的认定

法院主要认为：市场支配地位的认定不依赖于某个因素，需要结合多个因素进行综合评估。在市场份额方面，用户注意力是互联网即时通信领域经营者的主要争夺对象，互联网即时通信领域经营者的经营模式为提供免费的基础服务增加用户使用量，扩大用户规模，在此基础上通过提供增值服务和广告来进行营利，因此与用户有关的指标可以用来表征经营者的市场份额，比如本案中的用户有效使用时间、用户使用频率、活跃用户数等。如果采用上述指标表示两被告的市场份额，两被告在个人电脑端以及移动端的即时通信服务市场都占据超过80%的市场份额。在市场竞争状况方面，中国大陆即时通信领域存在诸多经营者，且不断有新的经营者进入，市场竞争处于比较充分的状态；在控制市场的能力方面，即时通信服务为免费提供模式，经营者无法控制用户端的价格；由于不同即时通信工具的功能用途差异不明显、用户转换其他即时通信服务的成本低，在服务提供以及交易条件上，经营者不会轻易变更，所以经营者也难以对交易条件实现控制。在财力和技术条件方面，其他经营者和两被告均具有较为雄厚的财力和技术条件，故而此项因素影响较小。在其他经营者对两被告在交易上的依赖程度方面，用户使用即时通信服务不一定非得选择两被告所提供的QQ软件，所以其他经营者在交易上不会对两被告形成很高的依赖性。在其他经营者进入相关市场的难易性上，经营者进入即时通信服务市场的门槛较低，即使两被告占有较大的市场份额，即时通信领域的境内经营者数量每年都会增加很多，并且不少经营者获取市场份额的速度较快，能够较为容易地发展下去。另外，两被告实施使用户择一使用产品行为时，数据表明其他即时通信服务提供者用户数量显著上升，也说明两被告并不具备突出的市场支配地位。

本案系"3Q大战"系列案件中的垄断纠纷案件，对于中国互联网领域和反垄断领域有重大影响。案件审判时，我国互联网反垄断执法尚处于摸索阶段，该案的判决对反垄断法在互联网行业的实施有重大的影响。其中，在互联网经济领域对于相关市场如何界定，市场支配地位如何认定，最高人民法院都进行了明确的说明。结合本案具体情况，即时通信服务行业相关市场的界定，T公司市场支配地位如何根据《反垄断法》的规定进行认定，最高人民法院也进行了详细分析。相关市场的界定应当根据案件所涉商品和服务类型选择更加适合的方法，认定市场支配地位要同时考虑《反垄断法》规定的各种因素，在相关市场边界不甚清晰、对经营者是否具有市场支配地位的判断不够确定时，还可以对被诉行为影响竞争的效果进行分析。

（七）X公司与W公司信息网络传播权纠纷申请再审案

【案由判定】

互联网知识产权诉讼＞信息网络传播权纠纷

【基本案情】

2006年，W公司向X公司出具了电影《×××石头》授权书，将其在网络上的信息传播权授权给X公司。在该授权书中规定X公司使用《×××石头》网络传播权时间为三年。随后，X 公司的委托代理人在四川省成都市公证处进行了公证。其公证内容是，在未来三年内 X 公司享有电影《×××石头》的信息网络传播权，但对《×××石头》的传播权进行限制，规定了《×××石头》的网络播放权只能从 X 公司名下的网络源头进行播放。然而 2007 年 W 公司在网络上自行播放了《×××石头》。随后，X 公司起诉 W 公司，认为该行为构成不正当竞争。

【裁判结果】

在一审中，X 公司为了证明被告存在不正当竞争行为，向法院提供了在成都市公证的公证书以及其存储的光盘，除了该份公证证明及其存储光盘以外，X 公司并没有其他证据证明被告进行了不正当竞争。法院认定了其公证内容及存储光盘的合法性、真实性，但对于该份证据与案件是否具有足够的关联性提出存疑，其载明的内容不能够证明被告进行了不正当竞争行为，因此驳回了原告的诉讼请求。该案经过二审再审，均维持一审驳回的结果。

【案情分析】

通过分析该案件可以看出，对于不正当竞争行为的认定主要是两份公证书是否足以证明 W 公司进行了不正当竞争行为。案中 X 公司仅能证明其公证书内容的真实性、客观性以及其光盘的真实性以及客观性，却没有足够证据证明被告实施了不正当竞争行为，因此法院认为该证据不能证明 W 公司进行了不正当竞争行为。根据《民事诉讼法》规定，证据要形成完整的证据链，才能证明 W 公司实施了不正当竞争行为。而原告提供的证据并不具备这一特性，因此即使被法院采纳，也依然无法证明被告行为违法的事实。

在 2018 年实施的《反不正当竞争法》中并没有明确规定这类在互联网中的授权播放的不正当竞争的类型。但通过对我国其他法律的解读可以得出，如果只有单一的公证证明并不能确认侵权行为的发生。虽然在《反不正当竞争法》中没有明确规定此类型具体行为的表现，但是可以从互联网领域中不正当竞争行为的构成来判断此类行为是否属于不正当竞争行为。互联网领域内不正当竞争行为的构成包括了主体适格、主观方面具有故意性、具有竞争关系、行为方面具有违法性、不正当性并且产生了不利后果这几个因素。

在该案中，X公司与W公司具备不正当竞争主体的资格，二者在互联网领域中也属于竞争关系。然而，被告W公司并不具有主观的恶性，其所作所为没有违反我国法律的规定，也没影响或扰乱市场竞争秩序，X公司的合法权益也并未受到损害。即便存在影响，但该影响并不是由于被告的行为所产生的。因此在该案例中被告W公司没有从事不正当竞争行为。通过对这个案例的解读可以得出，构成互联网领域中的不正当竞争行为应同时具备五个要件，缺一不可。在司法实践中对该行为进行谨慎的认定，有利于保护我国互联网领域中的市场竞争秩序，稳定市场的发展。不仅如此，对该行为用严谨的态度进行认定还保护了网络经营者的合法权益，进而促进了市场经济的发展。

在该案中，还有个方法可以判定被告W公司没有实施不正当竞争行为。根据《民事诉讼法》的规定，证据包括物证、书证、证人证言等，一个案件需要多方证据进行相互印证，相互配合，最终形成证据链以此来证明事实。本案原告只举出了公证证明以及其负载的光盘，并没有其他证据进行相互印证，无法形成证据链。因此不足以说明被告W公司实施了不正当竞争行为。

(八) 北京I公司与杭州F公司，以及吕某、胡某不正当竞争纠纷案

【案由判定】

互联网知识产权诉讼＞不正当竞争纠纷

【基本案情】

杭州 F 公司通过分工合作，采取不断更换 IP 地址的手段，连续访问了北京 I 公司运营的某视频网站内视频，在短时间内提高其部分视频的访问量，从中牟利，使得北京 I 公司的合法权益受到了损害，扰乱了其视频的竞争秩序。因此，北京 I 公司就杭州 F 公司的刷流量行为提起反不正当竞争诉讼纠纷。

【裁判结果】

在一审中，法院审理后认为被告杭州 F 公司通过分工合作的方式，采用技术破坏了某视频网站固有的、稳定的访问数据，破坏了某视频网站的经营体系。杭州 F 公司以及吕某、胡某是出于主观的恶性故意，为了赚取不当利益，损害北京 I 公司的合法权益，因此构成了不正当竞争。二审中，法院认为无论是杭州 F 公司还是吕某、胡某的行为均构成了虚假宣传，其刷流量行为是发生在互联网领域中的典型不正当竞争行为，二审维持了一审原判，驳回杭州 F 公司、吕某、胡某的上诉请求。

【案情分析】

在判断被告杭州 F 公司以及吕某、胡某是否构成不正当竞争行为的前提条件是先了解刷流量行为的性质。互联网领域，流量为王，流量是互联网领域中作为载体的网站的基石，通过网络用户访问体现网站的流量，继而获取商业价值。在本案中，北京 I 公司旗下的某视频网站属于视听类别的网站，通过网站中的视频获取用户关注，有多少流量，就意味着让其他互联网用户看到该视频网站具有观看价值的高低。网站有更多的用户基础，就能吸引更多的资源和资金，进而吸引其他用户，吸引广告，形成良性循环。因此，杭州 F 公司为了提升该视频网站内部部分视频的流量，通过不正当的推广渠道增加点击量，人为操控增加流量，借助虚假交易修改流量数据，通过这种手段让该视频网站内部的流量突然升高。这种行为就是所谓的刷流量。在庭审过程中，被告主张视频刷流量行为比较普遍，不属于不正当竞争行为，但是由于没有充足的证据证明该行为合法合理并妥当，该抗辩未被法院采纳。

刷流量行为是互联网行业不断发展的产物，随着互联网技术的不断发展，互联网领域内的竞争行为激增，这种刷流量行为频繁地出现在竞争过程中。然而，这种行为实质还是一种虚假宣传的行为，虚构视频的流量吸引网络用户，虽然表面上增加了流量，却形成了恶性循环，造成了该视频网站中视频经营者的合法权益受到了损害，间接损害了该视频网站的声誉。不仅如此，该手段还破坏了视频流量的正当竞争，造成了视频领域内部的竞争秩序紊乱，不利于视频行业的发展。

在这个案件中，法院通过对被告杭州F公司其他方面进行详细审查，最后认定杭州F公司刷流量的行为构成了不正当竞争。在当下的司法实践中，刷流量的行为已经被纳入经营者虚假宣传的范畴。

笔者认为，刷流量行为并不仅仅局限于虚假宣传一种行为方式，还会导致网站访问数据的真实性、完整性受到破坏，让网站的实体利益和精神利益均受到损害。其中的实体利益就是网站的经济利益，而精神利益就是网站对外的信誉，换言之，就是网站在市场竞争中所具备的商业名誉。一旦消费者将注意力集中在某个网站上，势必会减少其对其他同类型网站或店铺的关注度，进而减少了其他网站或店铺的交易机会。互联网流量数据的真实性、完整性受到破坏，不利于整个互联网产业的健康、有序发展。

(九) 王某诉江某、T公司不正当竞争纠纷案

【案由判定】

互联网知识产权诉讼＞不正当竞争纠纷

【基本案情】

案件为被告江某伪造了 AD 公司的签章，假冒该公司的名义在 T 电商平台上进行虚假宣传。在伪造了 AD 公司进行销售的一段时间后，江某又投诉 AD 公司代理人王某的商品存在问题，误导 T 电商平台以王某属于虚假宣传对王某进行了罚款。王某不服，遂诉至法院。

【裁判结果】

法院在案件审理过程中，确认案件事实可知，江某首先伪造了 AD 公司的签章，因此江某不具有合法的身份。而后，江某通过假冒行为，在网络上进行销售，获取非法利益。不仅如此，江某还恶意投诉王某，其行为构成了不正当竞争。法院认为，江某在 T 电商平台所经营的网店与王某的店铺高度相似，存在直接竞争的关系。在同样的竞争领域中，江某出于主观故意，恶性投诉王某，导致王某的店铺遭受损失，违背了互联网领域中正常的市场竞争秩序，具有明显的不当性与主观故意性，属于不当竞争行为，法院认定王某的诉求成立。

【案情分析】

本案的关键是江某实施的投诉行为是否构成不正当竞争。首先，王某与江某经营相似的网店，属于同业竞争，T 电商平台误认为江某是合法代理人；而江某对王某的网店进行了投诉，该投诉为恶意投诉。一方面江某的投诉是出于主观故意，为了达到让王某网店利益受损的目的；另一方面江某的投诉的确造成了王某网店的合法权益受到了损害。

恶意行为是我国法律法规所禁止的。随着互联网技术和互联网经济的不断发展，构建诚信、有序的互联网竞争秩序尤为必要，市场经济体现在网络上，也需要合法合规发展，也需要良好的竞争秩序。通过对这一案例的解读可以得知，在互联网领域中想要判断某一竞争行为是否属于不正当竞争，主观上是否具有恶意是很重要的衡量标准。在以往的司法实践中，通过观察针对互联网领域的不正当竞争纠纷案件的处理可知，如果在互联网领域发生不正当竞争纠纷，其行为人一般具备主观故意。行为人的目的是争夺他人在其市场中所占有的份额，以期获取非法利益，因此，行为人会通过种种不当行为达到自己的目的。这就使得在达到目的的过程中，很容易发生不正当竞争，该不正当竞争行为极易损害其他经营者和消费者的合法权益。

本案中，江某通过恶意投诉的行为已经侵害了王某的合法权益。江某通过此种手段使得自己经营的网店获取更多盈利。这种恶意投诉的行为已经构成了我国法律上的不正当竞争行为，是《反不正当竞争法》所不允许的行为。针对此类恶意投诉，除了《反不正当竞争法》可以规制外，我国出台的《电子商务法》也进行了详细的规定。《电子商务法》不仅约束网络购物平台，也同样约束了网络经营者。无论是从《反不正当竞争法》还是《电子商务法》中都可得知，江某的行为属于违法行为。市场经济中，要想获得利益，要想在市场中占据份额，应当通过正当的手段达到该目的。只有通过正当的手段合法地在市场中占据份额，才能够促进市场和谐有序的发展。